本书由北京市科技计划课题资助（项目编号：Z201100009519011）

创业孵化之北京范式

颜振军◎著

·北京·

图书在版编目（CIP）数据

创业孵化之北京范式/颜振军著. —北京：科学技术文献出版社，2022.4
ISBN 978-7-5189-8853-2

Ⅰ.①创… Ⅱ.①颜… Ⅲ.①企业孵化器—研究—北京 Ⅳ.① F279.271

中国版本图书馆 CIP 数据核字（2021）第 267231 号

创业孵化之北京范式

策划编辑：丁芳宇　　责任编辑：王　培　　责任校对：王瑞瑞　　责任出版：张志平

出 版 者	科学技术文献出版社
地　　　址	北京市复兴路15号　邮编 100038
编 务 部	（010）58882938，58882087（传真）
发 行 部	（010）58882868，58882870（传真）
邮 购 部	（010）58882873
官 方 网 址	www.stdp.com.cn
发 行 者	科学技术文献出版社发行　全国各地新华书店经销
印 刷 者	北京时尚印佳彩色印刷有限公司
版　　　次	2022 年 4 月第 1 版　2022 年 4 月第 1 次印刷
开　　　本	787×1092　1/16
字　　　数	262千
印　　　张	17
书　　　号	ISBN 978-7-5189-8853-2
定　　　价	68.00元

版权所有　违法必究

购买本社图书，凡字迹不清、缺页、倒页、脱页者，本社发行部负责调换

前 言

创新是引领发展的第一动力,创业是经济发展、社会进步的活力源头,二者相辅相成、融合共生。建立健全创业孵化体系能够充分激活和释放企业的创新创造活力,为科技型企业提供更高质量的要素支持和创新创业生态,对于更好地提升社会创造力,带动大众创业、万众创新,缓解就业压力,推动产业转型升级,促进经济社会高质量发展,具有重要的基础支撑作用。

创业孵化体系以创业孵化机构(众创空间、孵化器、加速器等)为核心,涉及政府、创业企业、大企业、金融机构、高校及科研院所等各类主体,以特定载体、机制和模式汇聚人才、技术、资金、政策、市场等多种资源和信息,面向初创型中小科技企业提供全链条、全周期、全流程的创新创业服务,是孵化培育科技企业和新兴产业的温床与摇篮。在加快建设科技强国的背景下,创新创业的高质量发展和数字化转型给创业孵化体系建设带来了新机遇、新挑战,创业孵化越来越向产业孵化和智能孵化延伸,朝物理空间和数字空间相融合演进,以往简单聚焦于物理载体、普惠服务的思路已然跟不上形势发展需要,必须以战略思维和系统观念统筹谋划、创新思路、优化布局、提升能力和绩效。

经过 30 余年的发展,北京创业孵化体系建设从概念导入到快速发展,再到爆发式增长,取得了长足进步,获得了多项"全国第一",并呈现出孵化机构种类及运作模式丰富多样、注重源头创新创业、多主体协同参与等诸多鲜明特色，有力促进了首都科技创新和创业经济发展。

2019年年底，我有幸接受北京市科委的委托，组建课题组，承担"北京创业孵化体系的国际对标与能力提升研究"的课题。课题组成员还有李静、吴欣彦、陈鹏、姚景民、孟珊珊、樊子瑜、刘杨、宋涛。

在一年多的时间里，课题组放眼全球创业孵化行业发展的态势与趋势，梳理总结了北京创业孵化事业发展的历史与经验，借鉴 UBI Global 等对创业孵化的分析及测算方法，构建了区域创业孵化评价指标体系，对标全球创业孵化先进区域，对 EBN（欧洲孵化器网络）、UBI Global 所评估的机构及北京、上海、广州、深圳等城市的创业孵化水平进行量化评估；参考 Startup Genome 关于城市创业生态系统的评价方法及结果，考察了北京创业生态系统在全球的位置、存在的优势和不足；运用生态学理论，从生态位的视角，对北京的创业孵化体系进行了分析，提出了未来北京发展创业孵化体系的设想。

本书在课题报告的基础上编撰而成。

目 录

引言　创业经济兴起 ·· 1

第一章　创业孵化风起云涌 ·· 3
一、从企业孵化到产业孵化 ·· 3
二、从传统孵化到智能孵化 ·· 14
三、从单点孵化到创新街区 ·· 18
四、从孵化到加速 ·· 26
五、创孵管理从粗放到专业 ·· 33
六、从管理到服务 ·· 39

第二章　创业孵化的北京"范儿" ·· 43
一、北京范式的几个特征 ··· 43
二、北京创业孵化 30 年 ·· 45
三、北京创业孵化的"第一" ··· 50
四、北京创业孵化体系色彩斑斓 ·· 61

第三章　北京创业孵化的评价与对标 ·································· 76
一、创业孵化体系评价 ·· 78
二、全球创业生态系统评价及其分析 ···································· 91
三、以生态位的视角看北京孵化 ·· 102
四、部分国外创业孵化机构案例分析 ···································· 114

第四章　北京创业孵化面临的机遇与挑战……………………………131
  一、VUCA 时代的创新与创业……………………………………131
  二、北京建设国际科技创新中心相关战略部署…………………135
  三、新形势对创业孵化体系提出新要求…………………………140
  四、北京创业孵化体系建设存在的主要问题……………………142

第五章　北京创业孵化的能力提升…………………………………155
  一、总体构想………………………………………………………156
  二、主要目标………………………………………………………158
  三、重点任务与措施………………………………………………160

附　录…………………………………………………………………168
  附录一　北京市科技企业孵化器认定管理办法…………………168
  附录二　北京地区部分创业孵化机构简介………………………171
  附录三　大企业共享创业平台建设与运营规范…………………229
  附录四　北京地区国家级孵化器、国家备案众创空间、北京市级
　　　　　科技企业孵化器名录………………………………………247

参考文献…………………………………………………………………260
后　记……………………………………………………………………264

引言　创业经济兴起

我接触"创业经济"这个概念，是 2003—2004 年在美国百森学院（Babson College）访学的时候。当时一位教授给我推荐了一份材料，是美国国家创业委员会（National Commission on Entrepreneurship）于 2002 年完成的一个报告，该报告对此前 40 年来美国公共政策对创业经济的影响做了分析。

报告讲道，在过去的 40 年里，美国的经济情形发生了引人注目的变化。从宏观经济的角度来看，一小群高成长创业公司已经成为美国经济发展中重要的推动者。概括地说，过去 20 年中不同时期收集的数据表明，这些公司创造了全美所有新就业机会的 2/3，包揽了经济领域超过 2/3 的技术创新。它们已经成为经济和社会生活的变化因素，促使国家发展新的生产力，从而从根本上改变整个产业。引用一位观察家的观点，它们掀起了一场"美国创业革命"，永久改变了国家的经济和社会结构。

报告关注了这个过程中政策的作用。公共政策创造了怎样的环境来促进这些创新公司建立和成长呢？从某种程度来说，这些政策的好处是偶然的。美国联邦政策的制定者们可能没有完全意识到，当然更不会清楚地预见政策变化的结果。他们可能并非有意识地让这些政策使创业者受益。但很显然，这些政策的组合给创业公司带来了成功。实际上，如果没有这些新政策出台，创业革命改变美国经济的难度是巨大的。

美国国家创业委员会认为，5 个公共政策关注、扶持的关键领域，为美国创业者成长规则提供了基本的根据。这些政策帮助建立和保持了创业经济的发展：完善的资本市场资助了创业型公司；使创业公司的新技术研发和知识产权受保护；投资劳动力及技术人才，并鼓励他们到创业型公司，使人员流动具有灵活性；创造创业型公司的市场机会；为创业型公司的成功提供良好可靠的基础设施。

我觉得这个报告特别有价值，就和一位同事将其翻译了出来，还把主要部分组成一篇文章，发表在《中国高新技术产业导报》。

后来发现，其实更早一些，1984 年，管理大师彼得·德鲁克就提出了创业经济（Entrepreneurial Economy）的概念。他认为，自 1970 年以来，"出现在美国的创业经济已成为事实"。德鲁克总结了创业经济出现的 4 个主要原因：一是知识和技术的快速发展推动了高科技企业的兴起；二是一些社会趋势，比如双职工家庭的增多、成人教育的加强和人口老龄化等促使更多的人创办新企业；三是资本市场为创业提供了有效途径；四是美国的企业已经开始懂得如何进行创新、创业管理。在德鲁克看来，创业经济的出现，不仅是一种经济或科技的现象，而且是一种文化与心理的现象。出现于美国的促进创业经济的因素，包括管理的全新应用，如将管理运用到新型企业上，运用到小企业上，运用到对新机会所进行的研究和利用上，运用到系统化创新上，管理是引导美国经济向创业型转变的"新技术"。

我想，改革开放政策使中国具备了发展创业经济的条件，随着创业活动的日益活跃，一大批创业企业完成了大量的技术创新、实现了大批科技成果的转化应用、创造了无数的就业机会，创业已经成为经济和社会变革的重要推动力量。我认为，2014年可以作为"中国创业经济元年"，其表征是：李克强总理提出"大众创业、万众创新"，推动创业成为国家战略的一部分；从那时起，中国每天新建企业超过1万家；阿里巴巴这样一个创业企业实现了史上最大IPO。

虽然国内外有关人员对于创业经济也进行了一些研究，但"创业经济学"尚未建立，深入研究的空间还很大。最近几年，随着"双创"及国内创业经济的飞速发展，迫切需要一些与创业经济相关的全面的研究成果，以解决发展理念、战略规划、法律法规、政策措施等方面的理论问题；创业经济的文化建设、社会环境、体制与机制变革则需要创业经济学的方法论支撑；大批新的创业者及潜在创业者能力的提升、创业孵化服务人员的培养等，都迫切需要有关方面的指导。

因此，2015年，在北京市科委软科学研究项目支持下，我牵头开展了相关的研究，试图就创业经济的测度、城市创业经济的发展及创业经济的孵化培育等方面的问题做一些探讨。

对于创业经济，目前还没有一个公认的定义，如何衡量创业经济也缺乏明确的标准。我认为，主要在3个方面分析一个国家或地区的创业经济状况：创业影响度、创业活跃度和创业社会支撑度。创业影响度反映的是一个地区创业经济的整体规模，表征该地区创业经济在整个经济社会中的影响程度；创业活跃度反映的是一个地区创业经济的发展水平，表征该地区创业经济是否活跃；创业社会支撑度反映一个地区对创业的支持程度，表征该地区的创业环境。这个研究成果汇集成一本小书，即《拥抱创业经济》（人民邮电出版社，2019年2月）。

中国的及世界的创业经济时代，已经到来。身在其中，感到幸运，也期望为这场大潮贡献一分力量。

第一章　创业孵化风起云涌

孵化器是个好东西。

从 1959 年美国诞生全球第一家企业孵化器以来，各国各地区在创业孵化的理念、模式、机制上不断探索、不断迭代，创业孵化行业由单一样式逐步发展出丰富多彩的面貌。

在当今变幻莫测的时代，世界的及中国的创业孵化向什么方向走？

2017 年，我们在科技部火炬中心的组织下，开展了中国创业孵化 30 年的研究。大家得出了一个"浅显"的结论：企业孵化器在不同时代的样式，不是偶然形成，而是有迹可循，它是由经济社会环境和创业活动这两者共同塑造的。同年，我提出，未来孵化器的发展方向，主要是产业孵化和智能孵化。

纵观包括北京在内的全球创业孵化行业，总体上，传统的孵化模式依然盛行，但最近十几年来，涌现出一批新的更受市场追捧和创业者欢迎的创业孵化模式。

一、从企业孵化到产业孵化

根据目前所掌握的资料，除极少数学者提及或倡导产业孵化概念外，其他仅散见于少量政策文件、新闻报道，而且多以产业孵化器或某某产业孵化等概念来使用。英国学者 Clausen（2011）[1] 曾在讨论挪威产业孵化器计划时提及了产业孵化器，但未作过多解释。美国学者 Mahka Moeen（2016）[2] 考察了企业在产业孵化阶段的技术投资，认为产业孵化阶段是从技术突破到首次商业化的阶段。

---

[1] CLAUSEN T, RASMUSSEN E. Open innovation policy through intermediaries: the industry incubator programme in Norway [J]. Technology analysis & strategic management, 2011, 23（1）: 75-85.
[2] MOEEN M, AGARWAL R. Incubation of an industry: heterogeneous knowledge bases and modes of value capture [J]. Strategic management journal, 2017, 38: 566-587.

国内关于产业孵化和产业孵化器的思考与探索最早来自一线实践者和行业观察者。例如，厦门国家留学人员创业园、厦门创新创业园等就是较早关注产业孵化问题的孵化器。孙大海（2007）[①]在其"轮次孵化"模式中曾提出，要"以企业孵化为基础、以产业孵化为导向、以价值孵化为归依"。颜振军（2014）[②]也较早关注了产业孵化的问题，他认为孵化器未来的发展方向之一就是产业孵化，而产业孵化可大致分为两种：一种是孵化器针对某一个产业开展创业孵化或把新生的产业孵化成熟；另一种是孵化器提供的服务能够让一个新创企业很容易进入产业链当中。吴克埒（2016）[③]认为产业孵化同技术孵化、项目孵化、企业孵化一起构成了创新孵化价值链的完整链条，而产业孵化的关键在于构建面向特定产业的加速器、引入产业资本和创投资本、构建在孵企业创新联盟和产业联盟。庄亚明等（2007）[④]则认为新兴产业孵化主要依赖于对区域集聚中的优势产业要素进行整合，并在产品化和市场化过程中孵化新兴企业和企业群，进而形成新兴产业。

产业孵化是什么呢？产业孵化是产业链中的某主体为实施其发展战略而创建的一种平台，聚焦特定产业领域，兼具促进衍生企业生长和服务外部新创与中小企业发展功能，提供投资、供应链和产业链资源导入、品牌、营销等产业服务；其服务对象为包括创业者和中小企业在内的产业链中的所有主体。从其本质来说，产业孵化既是技术和产业融合创新、协同演化的结果，也是解决科技和经济"两张皮"问题的一个新思路、新办法。

（一）产业孵化的实践

1. 挪威的产业孵化器计划

2004年，挪威政府发起了一项产业孵化器计划（Industry Incubator Programme）[⑤]，由地方政府与区域发展部下属的挪威工业发展公司（SIVA）具体实施。该计划的出发点是，许多工业区域和较大的工业公司面临着全球化加剧、行业变化和竞争力减弱的重大挑战，因此有必要实施有助于这些公司更顺利地重组和发展新项目的措施。

---

① 孙大海. 轮次孵化模式，培育企业领袖[J]. 中国高新区，2007，9：24-25.
② 颜振军. 中国企业孵化器发展的八个趋向[J]. 中国高新技术产业导报，2014，10（11）：1-2.
③ 吴克埒. 创新孵化价值链的概念与内涵[J]. 改革创新，2016，2：65-66.
④ 庄亚明，李金生. 基于区域核心能力的新兴产业孵化模型研究[J]. 科学学与科学技术管理，2007，7：130-134.
⑤ 感谢SIVA（the Industrial Development Corporation of Norway）的创业孵化高级顾问EirikLysø提供的研究报告。

该计划选择了 16 个在农村地区和城镇从事传统产业的工业公司。这些公司所处的区位，都有独特的产业优势，如造船、能源密集型加工、石油和天然气及渔业等。大多数公司拥有强大的工程部门，它们是该地区最重要的知识机构，附近没有大学或公共研究活动。这些公司大多是其社区的主要雇主，而且由于这些公司在当地雇用了大量劳动力，因此这些地区几乎不需要创业。由于经济日益全球化，特别是来自亚洲和东欧的低成本竞争，这些公司面临着参与更多"上游"活动的挑战，如基于灵活性和创新的"高科技"工程与专业化工业生产。

这些公司陷入了"结构惯性"陷阱。一方面，它们需要适应更多高科技的专业化生产和工程，因此需要裁减具有大量行业经验和相关知识但不适合公司新的整体战略的员工；另一方面，这些公司几乎没有创业和大规模组织变革的历史。在政策层面，这种"结构惯性"陷阱面临一些重要挑战：①如何在区域内保存和保留相关的工业知识（体现在失业工人身上）；②如何将这些相关的产业知识转化为新的产业活动；③如何帮助公司进行自我转型。

为了促进这些公司及其所在地区的创业精神和产业发展，挪威政府发起了产业孵化器计划。2004 年成立了 4 家产业孵化器，在其后 3 年，又成立了 12 家。

产业孵化器是由挪威工业发展公司（公立机构，作为少数股东）和一个或多个母公司（持有多数股份）成立的公私合营的股份公司。其组织结构及功能如图 1-1 所示。

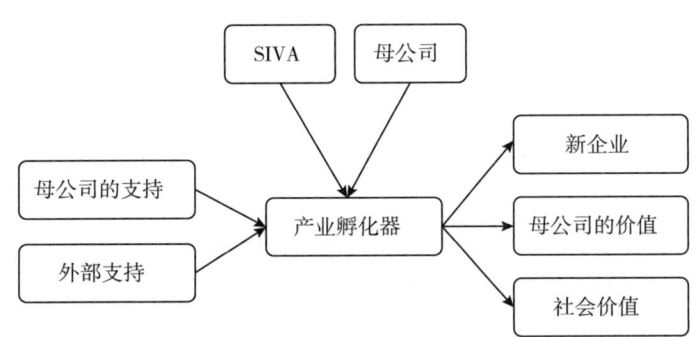

图 1-1 产业孵化器组织结构和功能

产业孵化器从母公司内部和其他来源招募创意和企业家。孵化器有 3 个最终目标：①以新企业的形式刺激创新和创业，无论是从母公司衍生出来的公司还是作为独立的初创公司；②激发母公司的创新，主要是开发内部创新项目；③更广泛地激发社会创新，特别是激发产业孵化器所在地区的创新创业。

孵化器计划的主要目标是通过刺激大型工业公司领域的成长型公司的发展，为商业界的重组和创新做出贡献。此外，SIVA 将以下标准设定为单个孵化器的目标：

——新创意的数量；

——作为商业机构实现的创意数量；

——培育具有成长潜力的公司，而不是不加区别；

——每个孵化器培育 10 家有活力的公司（超过 5 年）；

——增长能力是通过公司的财务发展和员工人数来衡量的；

——促进母公司的创新成果产业化；

——合理的投资回报。

2008 年，SIVA 委托第三方开展对其产业孵化器计划的评估，重点揭示计划的结果和效果。评估内容主要包括：

——产业孵化器投资可能产生的额外影响，包括对地方 / 区域产业和其他商业及行业的影响；

——从母公司获取创意及母公司参与产业孵化器；

——母公司从产业孵化器中获益（财务、技术、市场、组织等）；

——产业孵化器多大程度的投资导致了原本不会成立的公司成立；

——孵化器的股东结构不同对于其运营 / 开发方面的差异；

——从企业家的角度来看，哪些因素使产业孵化器具有吸引力；

——产业孵化器的服务报价和服务质量；

——在产业孵化器倡议中，将女性和年轻人的比例作为成功标准的适当程度。

在 45 名受访的创业者中，有 10 名声称没有孵化器就不会启动项目或公司。如果没有产业孵化器的帮助，样本中的大多数新创企业都不会以目前的规模建立。因此，产业孵化器发起并支持将知识和想法从母公司转移到社会，这在没有孵化器的情况下是不可能的。样本中的一些母公司有内部企业风险投资计划来协助衍生企业。产业孵化器协助从这些母公司中衍生出新的企业、商业理念和知识，如果没有产业孵化器计划，这些母公司的知识和资源就不会被衍生或转移到社会。

产业孵化器积极参与在大型工业公司内寻找潜在的商业创意，并为寻求获取这些公司内部资源的外部企业家提供资源。在许多情况下，孵化器将大型工业公司的想法与企业家和管理团队相匹配。这些公司拥有新生的孵化器企业能够获得的资源，如融资、生产设备、市场知识和合法性。因此，大多数初创企业将大型工业企业中包含的知识和资源商业化。

产业孵化器有助于保存、维持和转移大型工业公司的宝贵知识，并将其转移到社会。孵化器充当了重要的创新中介，促进了知识转移，如果没有孵化器和公共项目就不会发生这种情况。因此，孵化器作为创新中介的社会价值可以远大于其对母公司的价值。这就是为什么使用公共资金来补贴此类创新中介机构的建立的原因。

对孵化器经理和母公司 CEO 的采访表明，当孵化器经理拥有行业经验并与行业建立网络联系时，孵化器匹配流程的成功率会提高。这一发现表明，当公共代理人（如孵化器管理者）积极推动政策、拥有行业经验并与受支持的公司积极互动时，追求开放式创新政策的额外效应就会增加。

在产业孵化器计划中，SIVA 一方面扮演着开发商、质量保证者和网络协调者的角色；另一方面扮演着每个孵化器的所有者、积极的董事会参与者和共同融资者的角色。2004—2007 年，SIVA 总共为产业孵化器计划拨款 5100 万美元。产业孵化器是由母公司和 SIVA 共同拥有的有限公司。2004—2007 年，共有 2100 万挪威克朗投资于股本，4800 万挪威克朗投资于孵化器的运营补助金。

参与调查的 47 家在孵企业和项目报告称，过去 12 个月的总就业人数为 405 人年，营业额为 2.55 亿挪威克朗。在孵企业具有显著的增长雄心，超过 91% 的公司预计将在两年内进入国际市场。10 家公司和项目预计两年内出口份额将超过营业额的 50%。与产业孵化器相关的 18 家公司、项目获得了总计超过 1 亿挪威克朗的外部股权投资。

SIVA 认为，产业孵化器提供 5 个主要服务：专业服务产品、财务援助、进入孵化器网络、行政服务和物理空间。其中，专业服务产品被认为是最重要的。孵化器不是为所有类型的公司提供的服务，而是专注于培育有快速发展潜力或能力的公司。SIVA 指出，孵化器是为那些"将其推动到比一般机构倾向于达到的目标更多的东西"的公司提供的独家优惠。SIVA 的产业孵化器与通常被视为"典型"的孵化器有所不同，在孵企业通常并不位于产业孵化器中，这是因为产业孵化器中的公司是工业公司，与面向生物技术和信息通信技术公司的孵化器相比，它们对办公空间和生产场所的要求有所不同。

产业孵化器项目主要在 3 个不同层面实施。

第一，母公司是产业孵化器的共同所有人，担任董事长，并为在孵企业赋能。因此，母公司参与和积极参与产业孵化器计划实施的程度将是一个重要的评估维度，并将能够影响计划投资产生的结果和效果。

第二，产业孵化器应围绕母公司寻找和发展新的成长型企业。因此，产业孵化器将提供在孵企业发展、开发新产品和将其技术商业化所需的服务。产业孵化器提供的服务产品在多大程度上令在孵企业满意、服务产品是否有助于在孵企业的成长和创新能力，成为相关的评估维度。如果产业孵化器提供的服务产品与在孵企业需要的服务没有对应关系，就会影响产业孵化器项目的目标实现。

第三，在孵企业可能是产业孵化器计划中最重要的参与者，它们能够在多大程度上围绕母公司将新技术商业化，以及产业孵化器计划在多大程度上发展公司的创新能力和经济增长潜力，是这方面的重要评估维度。

评估发现，SIVA 每以股权的形式投资 1 挪威克朗于产业孵化器，就引发了来自外部股权的私人参与者（主要是母公司）的 3.5 挪威克朗；每 1 挪威克朗给予产业孵化器的运营补贴，就触发了来自私人参与者的近 2 挪威克朗和其他公共参与者的 0.7 挪威克朗。

2. 小米生态链

记得跟雷军第一次近距离接触，是在 2006 年，我当时在北京市科委作处长，跟着我的主任在成都高新区和他见面。当时应该是金山成都公司成立不久，我们两三个人跟雷军大概聊了两小时。后来我去北京市人大工作，雷军是科技口的全国人大代表，是我的服务对象，所以又有些接触。2015 年我给过他一个商业计划书，看小米能不能投资，他很认真地收下，委托 CFO 跟我联系。我感觉，雷军这人诚实诚恳、意志坚定、脚踏实地，是能成大事好事的人。

2017 年我提出，中国孵化器的发展方向是产业孵化 + 智能孵化。提出产业孵化，是因为看到乃至经历了这种不同的孵化形态，小米生态链是最典型的。2014 年，小米才"4 岁"的时候，就开始做产业孵化，建立了一个生态链计划——希望用 5 年时间，至少孵化 100 家生态链企业，改变 100 个行业。6 年过去了，小米生态链孵化了 100 多家专业的生态链企业，做出了各种各样的好产品。

雷军在 2020 年 8 月小米 10 周年演讲中举了个小例子："2014 年、2015 年有个热门话题，是很多中国人到东京抢购电饭煲，还成了社会现象。我当时就纳闷了，中国是世界工厂，我们怎么需要去日本买个电饭煲呢？我们中国的工业不是很强大吗？难道连电饭煲都做不好？于是我们决定孵化一个生态链企业，叫纯米，主攻电饭煲，决心一定要比日本做得好。就这样，我们干了一年半时间，2016 年这个电饭煲发布，定价 999 元。最终卖到了日本，还卖得不错。"

小米生态链采取"自主研发生产 + 投资 + 孵化"的模式，以智能手机及手机配件为核心，逐步向智能家居硬件、生活消费产品及互联网服务领域拓展，铺设智能家居 IoT。小米为生态链企业提供人力资源、市场资源、资金和支持系统等产业资源（如产品定义、工业设计、研发、品控、供应链等），提供品牌、渠道、销售和售后支持，帮助生态链企业降低成本。例如，小米谷仓学院为生态链企业提供工业设计、营销、辅导培训等产业服务；小米集团旗下的顺为资本为所有在孵企业提供投资服务。经过 8 年的运作，小米生态链团队摸索出了独特的投资孵化模式，即以从零孵化、合资、占股的形式帮助生态链企业创业；形成了聚焦于"手机、手机周边、智能硬件、生活耗材"的投资圈层，孵化了大批优秀生态链企业，发展成为一个万物互联、基于企业生态的智能硬件孵化器。截至 2020 年上半年，小米生态链企业已超 300 家，账面总价值达 368 亿元。作为最早布局开展智能制造产业孵化的企业之一，小米今天在智能生活领域的规模已遥遥领先其竞争对手。

我看小米的产业孵化，有这么几个特点。

第一，在小米的整体发展战略中，需要这样一个产业孵化平台。2013年雷军看到了IoT的巨大机会，预言这将会是下一个万亿美元的市场，于是2014年1月8日，小米联合创始人之一刘德领导的小米生态链部门随之成立，甚至比小米的IoT部门还早成立一个月。

第二，给钱。凡是纳入小米生态链的"在孵企业"，都能拿到投资。这种投资，采用的是VC方式。

第三，给方法。输出做产品的价值观、方法论。小米生态链的投资团队，集结一批小米早期员工，他们既是投资人，又是产品经理。他们用雷军和小米的价值观、方法论，帮助新企业、小企业建立产品开发的逻辑体系。

第四，给产业链资源。供应商、营销渠道、品牌等产业链资源，是新企业、小企业的刚需。

雷军说："这10年，小米改变了什么？小米这10年就是移动互联网的时代。所以说过去10年，真正让我们自豪的不是上市，不是搬家，不是这些事，而是以下3件事情。第一，小米和所有同行一起推动了智能手机的普及，加速了移动互联网的起飞。第二，小米的生态链模式带动了100个行业的变革，成就了一大批的创业者。第三，小米甚至还改变了很多人的命运。"

雷军说："优秀的公司赚取利润，伟大的公司赢得人心。"我期待，小米继续伟大。我更期待，这样伟大的产业孵化器，孵化出一批伟大的企业。

3. 海尔海创汇

2014年成立的海创汇创业孵化平台，是海尔从家电制造商向生态系统提供商转型的载体。海创汇的特点，一是其母公司海尔构建了开放式的企业组织形态，提出"三化战略"[①]，探索"人单合一"商业模式创新，建立"人人创业"的新体制机制。二是打造四大孵化模式，即内部孵化、离群孵化、众筹孵化和开源孵化。三是搭建创业教育、创客实验、融资融商、孵化加速、资源对接等创业服务平台，建立全方位、全要素、全流程的创业服务体系。海创汇平台共汇聚三大类9小项29种创业服务资源，涵盖了研发、设计、生产、供应链、渠道、创投等全产业链条。在整个孵化过程中，海尔通过自身信誉给生态链企业背书供应链。如今，来自人工智能、区块链、智能制造等15个行业的4000多个创业项目正在海创汇平台"圆梦"。截至2021年2月，海尔已成功孵化5家独角兽企业和37家瞪羚企业。

---

① 海尔海创汇的"三化战略"，即企业平台化、员工创客化、用户个性化战略。

4. 政府与研究机构主导的产业孵化

贵州省政府主导的大数据产业孵化所取得的成就有目共睹。大数据产业初显端倪时，贵州以超前的战略眼光与魄力，抓住了全球大数据发展机遇，制定了大数据产业发展战略，多方发力，大数据产业孵化成为贵州经济社会发展的新引擎。深入开展大数据产业理论研究，迈入基础研究的"深水区""无人区"；探索制定多层次、全链条的大数据产业政策，在基础制度、标准规范等方面走在了全国前列；以贵阳市、贵安新区为核心区，大力推进数字产业化，打造数据中心上下游产业、智能终端产业、特色数据融合产业等产业集群；以"数博会"为窗口，为贵州吸引聚集大量的产业资源；大力推进产业数字化，加快数字技术助力实体经济转型升级；大力推进数字化治理，提升政府管理、公共服务、社会治理的数字化、智能化水平，真正实现了大数据产业的从"无"到"有"。2014—2020年，贵州GDP全国排名上升6位，平均每一年上升一个名次。2020年，贵州省GDP达到了17 826.56亿元，全国排名第20位，GDP增速达到4.5%，位居全国第二。

研究机构主导的产业孵化的目的不在于为科研而科研，而在于立足于前沿科技、获得科技研究成果并转化为现实的生产力，致力于发展原始性创新技术，争取在新一轮科技革命和产业革命中占据主导地位，从而促进战略性新兴产业的发展，孕育和引领未来产业，引领新的产业链和创新价值链，发挥源头创新作用①。

2013年成立的江苏产业技术研究院是典型的研究机构主导的产业孵化平台。作为科技体制改革的"试验田"，江苏产业技术研究院从服务中小企业和突破产业共性技术问题切入，依托高校优势学科与创新平台、科研院所研发力量及海内外高层次人才等优质科教人才资源，聚焦科学到技术的转化环节，探索科技成果转移转化模式，统筹布局产业研发力量，通过地方与产业需求的对接，构建集研发、孵化、基金于一体的专业研究所创新生态，服务中小企业和产业创新发展。初步建成了集创新资源、产业需求和研发机构于一体，以市场为导向、企业为主体、产学研用深度融合的产业技术创新体系。截至2020年年底，累计孵化1000余家科技型企业，转化5500多项科技成果，实现研发产业产值200亿元。

（二）关于产业孵化的思考

1. 产业孵化的特征与模式

产业孵化器是产业的组织者，围绕产业链下功夫，补齐要素、活化生态。具体有

---

① 曾国屏. 创业型科研机构初探［J］. 科学学研究，2014，32（2）：242-249.

以下几个特征。

创办者拥有产业链资源。创办者在某一产业中拥有一定的产业链资源（比如，研究开发、中间试验、原材料生产、零部件供应、规模生产、市场销售、回收、产业服务等不同产业链环节的资源）。中科院理化所作为埃米空间（北京天作理化新材料科技孵化器）的创办者之一，拥有新材料产业的研发资源。

孵化器身处产业链之中。产业孵化器不是游离于产业链之外，而是自身作为产业链中的一个环节，深深地嵌入到产业链之中。有安身立命之本，在产业链中占据一个支点，才能去撬动产业链中的其他要素。洪泰智造和深创谷，都提供概念验证、中间试验和小批量试生产等产业服务。

孵化器帮助创业者低成本快速融入产业链。通常新企业寻找合适的供应商、实现产品销售（特别是新产品初次销售）都是十分困难的，需要耗费大量财务和时间成本。产业孵化器作为产业链的一环，直接与在孵企业发生业务关联和交易，将其"拉入"产业链；并促成在孵企业与其他主体交易，让企业"融入"产业链。成都蜂鸟智造，为在孵企业提供原材料和零部件的代采服务。

孵化器与在孵企业有强关系。孵化器与在孵企业两者之间需要存在紧密的相互依赖的商业关系。传统的孵化器，由于各种原因，难以与在孵企业形成这样的强关系。产业孵化器与在孵企业，则因商业交易，形成了强关系。洪泰智造，主要用技术设备的使用费、技术服务费和少量的空间使用费，与300多家在孵企业形成了股权关系。

孵化器都有投资功能。长期以来，孵化器提供的服务与在孵企业的需求之间，存在致命的反差：企业最缺的是资金，而孵化器恰恰不能给予资金支持。产业孵化器利用自有资金、管理的基金或者创办母体具备的资金能力，为相当比例的在孵企业提供投资。江苏省产业技术研究院组建7支细分领域的投资基金，专门用于投资在孵企业。

为在孵企业提供物理空间成为非必须。对于产业孵化器来说，企业经营的物理空间不再是标配；不再是先有空间然后有孵化器的运营。而且最重要的不再是企业经营空间，而是研发检验检测设施、小规模量产的生产线、企业共享空间。小米生态链至今没有集中的在孵企业使用的空间。

孵化器的收入结构呈现高级化。产业孵化器的收入中，房屋租金和基础性服务的收益，相较于产业增值服务、投资收益，变得微不足道。这样的收入结构，使得孵化器的资产收益率、劳动生产率、市场竞争力大大提高。

企业主导产业孵化"成人达己"。与以往其他主体设立企业孵化器用于扶持创业不同，大企业是由于其本身发展战略的需要而设立孵化器，主观为自己，客观为别人。小米为生态链企业提供了人力、市场、资金和支持系统等诸多产业资源，帮助生态链企业降低成本，而成功的生态链企业也为小米扩大了平台边界和产业孵化中资源的数量和质量，最终助力小米集团占据物联网产业的高地。

2. 大企业建创孵平台的 7 个好处

大企业创孵平台，是大企业出于其本身发展战略需要而设立的一种机制或模式，由独立的公司或事业部的形式来组织运作，可以有也可以没有物理空间，叫什么名字也看"心情"，创新中心、生态链、共享创业平台等，我称之为创孵平台，它是一类典型的产业孵化器。创孵平台主观为自己、客观为别人，它是大企业战略布局中的一环，是为大企业转型和发展服务的，同时又能帮助外部创业者、中小企业和产业链中的其他主体。

对大企业来说，建设运营创孵平台，有这么几个好处。

一是产业链资源的聚合。大企业拥有丰富的产业链资源，但这些内部的资源和外部的资源通常分散在不同的板块或条线，难以形成合力并产生附加价值。与投资相关的资源，包括项目池、资本合作者、专业服务商等掌握在战投部门。大规模生产资源，包括设备设施、工程师等掌握在生产部门。研究开发资源，包括实验室、专家、成果等掌握在研发部门。有了创孵平台，这些资源，特别是外部的产业链资源，可以得到系统整合，会产生新的附加价值。

二是开放创新的渠道。大企业的技术研发，特别是中国的上市公司在当前情况下的技术与产品开发，很大程度上要依赖于内部和外部研究开发资源的互动与融合。创孵平台就是这种开放创新的渠道。

三是创造第二增长曲线的可能性。企业的增长，无非是稳定的线性增长和第二曲线式的增长这两种形式。第二增长曲线出现在哪里？通常，第二增长曲线不会自动地在企业原有框架内发生。在创孵平台上，聚集可观的新成果、新项目、新团队、新模式，可以为大企业观察、测试、选择、吸纳、融合新物种、新生命创造条件，使得找到新的增长点的可能性大大提高。

四是占领新高地和成为企业转型的尖兵。小米生态链，是小米集团为占据物联网产业的高地，在 2014 年的时候开始做的产业孵化计划——希望用 5 年时间，至少孵化 100 家生态链企业，在物联网产业占据一席之地。海尔海创汇，是海尔集团由家电制造商向生态系统提供商转型战略中的一个"先头部队"。

五是拥有内部创业的网络。许多大企业都在鼓励支持内部的团队、个人，依托大企业的资源，开展内部创业。内部创业当然需要孵化——企业内部资源，需要有人帮助协调，外部资源的获取更是个难题。创孵平台利用资源优势和机制优势，在内部创业者的遴选、扶持、共生上，都有其独特的专业价值。

六是平台自身的商业价值。创孵平台本身就是值钱的。小米生态链，拥有超过 100 家企业的股权，这些企业接地气、市场好、成长快，有几个已经是独角兽企业。生态链企业已经为小米贡献了很好的现金流。生态链，极大地扩展了市场对小米的想象空间。

七是承担企业社会责任与树立社会形象。创孵平台天然地是大企业社会责任的承担者。平台做得好，对转变企业形象、树立企业形象，都事半功倍。批量化地为社会贡献新企业，补足、优化、活化一个地区的产业生态系统，培育一个城市的创业文化，都是企业"高级"的社会责任。企业投身"科技强国"，利用资源助力"双创"，扶持发展创业经济，自然会被政府、行业和老百姓认可。

创孵平台是个新东西、好东西，它内部嵌入大企业的各个板块和条线，外部撬动产业链各个环节的资源，对大企业软实力和硬实力的提升都能够发挥独特的多个方面的作用。

3. 开展产业孵化的必然性

从企业孵化向产业孵化转变，是中国创业孵化行业发展的必然趋势之一。当前形势下，产业孵化对"双循环"的实施、未来产业的培育、大中小企业融通发展，具有尤其重要的意义。在各方的探索研究和各地的实践当中，产业孵化已开始进入实质性的政策部署和实践推进阶段。

科技部火炬中心在2021年工作要点中提出，要"提升创业孵化机构专业化服务能力。推进科技创新创业服务标准化体系建设，开展国家级科技企业孵化器、众创空间的认定备案和考核评价工作，做好科技创业孵化机构税收优惠政策的评估、完善和延续工作，在重点领域推进产业孵化器和加速器建设"。

产业孵化终将颠覆创业孵化行业，为中国的产业转型升级和高质量发展贡献力量，使中国真正成为世界孵化强国。

产业孵化是孵化器和创业孵化发展演化的必然趋势，是创业经济高质量发展的必然要求。孵化器作为"舶来品"，在中国经过30余年的发展，已经成为科技管理部门推动"发展高科技、实现产业化"的重要政策工具，成为各地推动创新、创业的重要抓手。但整个创业孵化行业仍然存在很多问题，诸如运营模式单一、利益机制存在缺陷、政策依赖性大、产业资源整合能力不足等。从实践到理论各个维度，孵化器和创业孵化都迫切需要向着更高级的阶段发展演进，从创业孵化转向产业孵化、从孵化企业转向孵化产业，不仅是未来趋势，而且是现实需要。

产业孵化是技术与产业融合创新、协同演化的必然结果，产业孵化的过程就是创新链和产业链深度融合的过程。长期以来，科技和经济"两张皮"现象在中国是一个"顽疾"，时至今日依然未能从根本上予以解决。进一步彻底打破科技和经济融合发展的壁垒，加快创新链、产业链深度融合，是形势所迫，也是规律使然。这也是习近平总书记在不同场合从不同角度多次强调"围绕产业链部署创新链、围绕创新链布局产业链"

的意涵所指。而产业孵化既是技术和产业融合创新、协同演化的结果，也是解决科技和经济"两张皮"问题的一个新思路、新办法。产业孵化的最大价值正在于此。

产业孵化是战略性新兴产业融合化、集群化、生态化发展的重要途径，是加快布局培育未来产业的关键路径。培育先导性和支柱性产业，推动战略性新兴产业融合化、集群化、生态化发展，组织实施未来产业孵化与加速计划，都被明确写进《中华人民共和国国民经济和社会发展第十四个五年规划和 2035 年远景目标纲要》（以下简称国家《规划纲要》）。强调多年的战略性新兴产业发展问题在最高层面迎来了新思路和新部署。未来一段时期，战略性新兴产业尤其是未来产业的孵化培育将迎来新一波热潮。战略性新兴产业的培育和发展将成为产业孵化的主战场，而产业孵化将主要作用于战略性新兴产业的未生、将生和新生阶段。

二、从传统孵化到智能孵化

（一）智能孵化的内涵

传统孵化的特点是什么呢？是依托于物理空间，点对点、面对面的项目发现、评价及服务模式，利用本地资源开展业务。毫无疑问，这样的模式还会长期存在，因为所有的创业都是本地的，创业孵化的本地化也是自然的。但是，这样的传统孵化模式的局限性也显而易见，表现为孵化器可触达、支配的资源有限，服务能力常常不能满足创业者的需求。

随着科技进步和计算机信息技术的迅速普及，企业孵化器逐渐衍生出了新的发展模式。最初是虚拟孵化器。

虚拟孵化器的概念最早由 Hansen 等[1] 提出，研究者发现虚拟科技企业孵化器与企业化运营或者含有风险投资运营的传统孵化器相比，能够吸引更广泛的资源，在体制和规模上也比创业投资公司更具有优势。Bøllingtoft 等[2] 探讨了虚拟网络孵化器产生的

---

[1] HANSEN M T, CHESBROUGH H W, NOHRIA N, et al. Networked incubators: hothouses of the new economy [J]. Harvard business review, 2000, 78 (5): 74-84.
[2] BØLLINGTOFT A, ULHØI J P. The networked business incubator-leveraging entrepreneurial agency? [J]. Journal of business venturing, 2005, 20 (2): 265-290.

原因，并将其与传统企业孵化器进行了比较分析。McAdam 等[①]则对大学科技园的虚拟孵化网络的运作模式进行了探讨。刘晓英[②]界定了虚拟科技孵化网络的概念及其结构模式，并以大连市为例，探讨了大连市的虚拟科技孵化网络的构建思路及发展模式。赵泉午等[③]以猪八戒网为例探讨了如何有效整合资源，搭建虚拟孵化社区，拓展虚拟孵化的辐射范围。

人类社会进入智能时代，互联网、大数据、人工智能、区块链等新技术的推广与应用，将会引发众多行业的巨大变革，不断创造出新产品、新需求、新业态，为经济社会发展提供前所未有的驱动力。数字化、智能化的发展趋势将会对所有行业产生影响，引发产业形态的深度调整。孵化器行业也将借助于大数据、人工智能等先进的技术，探索新的发展模式，提高孵化服务质量和效率。我们将这种新的模式称之为智能孵化。

（二）单个孵化器的智能化

面对新一轮科技与产业革命创造的历史机遇，许多孵化器企业抓住了此次机会，为孵化器行业创造了新业态。这些孵化器的智能化，为创业企业提供了更加有效的服务供给，满足创业者的个性化需求，呈现出智能孵化时代的新模式、新特点。

单个孵化器的智能化，意味着空间的管理、服务、资源及流程的线上化。它具有服务范围广泛、管理更加科学的特点。例如，望京留创园以人工智能和大数据分析技术为手段，打造望京留创园"腾飞赋智——园区智能评价系统"。通过该系统可描绘园区大数据精准画像，评估园区各项指标孵化成效，实时跟踪服务管理效果，发展运营风险，主动预警，帮助其进行决策。此外，在服务与管理方面，望京留创园还打造 AI 赋能加速平台，平台开设高新科技、生物健康、节能环保、智能设备四大展区，帮助企业更好地展示公司形象及产品，利用人机交互的手段，增强用户感知。企业还开通"企业盒子"微信小程序大数据分析决策管理系统，搭建孵化服务创新券兑换平台，进一步完善园区企业服务体系，实现园区智能化管理。

孵化器的智能化从某种程度上来说也等同于孵化器的数字化，即利用人工智能等

---

① MCADAM M, MCADAM R. The networked incubator: the role and operation of entrepreneurial networking with the university science park incubator (USI) [J]. International journal of entrepreneurship and innovation, 2006, 7 (2): 87-97.
② 刘晓英. 虚拟科技孵化网络构建研究 [D]. 大连：大连理工大学，2006.
③ 赵泉午，刘小燕，刘川郁. 面向虚拟孵化社区的跨平台资源聚合机制：基于猪八戒网的案例研究 [J]. 中国科技论坛，2020 (12): 124-133.

先进技术汇集企业数据，自动分析企业需求，帮助企业实现快速成长。例如，北航天汇孵化器对"汇·创"专业服务平台体系进行升级，推出数字孵化概念，以其自主研发的云端孵化平台——基于人工智能的SAAS"汇·创云"系统，将中小微企业供需信息及企业成长数据汇总集合，通过孵化器传统业务开展集成多个专业化技术服务，衔接延展线下"汇创实验室""汇·创业""汇·创投"三级孵化体系，形成各链条之间的有效衔接。其中，"汇创实验室"模块以整合高校实验室成果资源、科技创新性资源、人才资源为主，挖掘硬科技种子项目；"汇·创业"服务平台为硬科技企业汇聚产业和市场资源，加速成果快速向产业转化及大中小企业的融通；"汇·创投"服务平台筛选优质企业进行持股孵化。

单个孵化器的智能化还具有服务和流程数字化、智能化的特点。例如，亚杰商会通过打造以海量数字用户资产及算法模型为核心的大数据产品、平台及解决方案，可以帮助企业高效管理数字用户资产及对产品进行精细化运营。通过数据驱动营销闭环，从而实现收入增长、成本降低和效率提升，规避经营风险，实现数据驱动精益成长。

大企业强大的资本、技术和数据优势也将会有利于其实现孵化服务的线上化。腾讯投资孵化中心利用其掌握的大数据对拟孵化企业进行筛选。依靠腾讯拥有的大数据，孵化中心可以掌握一定时期内某一区域消费者的消费热点、消费习惯等市场需求信息，以及企业供应链方面的相关信息，从而可以更精准地估计拟孵化企业的市场竞争力及发展潜力，筛选出有投资价值的企业。另外，腾讯投资孵化中心还可以利用其掌握的大数据，在营销、供应链等方面助力孵化企业的发展，提高孵化效率。

单个孵化器的智能化还包括赋能生态系统，构建智慧生态。例如，苏州火炬孵化器的博济科技园打造"互联网+园区"，致力于成为绿色智慧园区的产业培育者。苏州博济科技园采用信息化手段建设面向产业集群的创新管理与云服务平台——O'Park园区在线平台。该云平台将博济科技园10年的园区运营经验汇聚成了一套系统，全面解决园区运营过程中的人、财、物、信息、工作流的系统化管理问题。平台利用SOA构建技术，整合数据和应用，将数据转化为资源，将业务系统转化为服务能力，为中小企业提供可互动的即时通信、政策解读、金融超市、活动营销等增值服务[①]。博济科技园的特点为采用信息化手段，通过建设企业数据库系统，持续跟踪企业、服务企业，打造一个集创业孵化服务、政府政策咨询、企业绩效提升、区域产业集聚于一体的中小企业公共服务平台。

部分科技园利用区块链、大数据等先进的技术不仅实现了服务流程的线上化，更是借助先进科技来充分发挥品牌优势。例如，深圳汇聚创新园自主研发了"创业AI

---

① http://www.bojipark.com/services.

助手"小程序,线上线下联动企业数据收集及相关项目辅导,围绕企业发展的各阶段需求,提供全链条创业服务,进一步完善了园区企业服务体系,实现了园区智能化管理。不仅如此,汇聚创新园还利用区块链技术将税务服务打造成其园区的特色服务。汇聚创新园的税务部门将企业与部门之间用区块链技术连接,打通壁垒,即利用已有资源,结合数字技术,打造税务大数据平台,提高核心竞争力。

单个孵化器的智能化还包括借助于大数据、人工智能等工具开发一套先进的孵化器管理系统,来实现孵化器管理的智能化。例如,青岛中联慧云提供了一个便捷的孵化器的 SaaS 管理系统,满足孵化园区、科技产业园区、大学科技园等不同业务场景的需求。对于孵化园区,这套系统可以优化服务职能,实现对企业动态成长路径的管控,创新孵化企业管理模式,沉淀关键价值数据[①]。

(三)跨行业跨地区的智能孵化

随着经济全球化、区域经济一体化进程的加快,科学研究和技术创新的国际合作在加强,行业间的跨界融合更加普遍,产业和经济发展必须依托国际资源、面向全球市场,跨国创业活动变得越来越频繁。但是,创业者、中小企业缺乏利用国际创新创业资源的渠道和能力,创业孵化机构之间的交流合作,特别是跨国孵化存在障碍,大公司寻找、评价、投资于新技术、创业企业的需求难以满足,投资、孵化、服务、创业等主体的融合还没有实现,全球性产业创新生态体系还未见雏形。互联网等新兴技术的应用给予了新的发展机遇,借助大数据、云计算、人工智能等技术手段,便可实现全世界大公司、投资机构、服务机构、创业企业、孵化器的广泛便捷交流和智能精准融合,解决上述跨国孵化困难的问题。未来,跨行业、跨地域的智能孵化将会成为新的发展趋势。

跨行业、跨地域的创业孵化需要搭建一个智能孵化平台,即以孵化系统为平台节点,以资金、信息、知识等要素的流动为路径,以节点协议为平台稳定运行的保障,以各个节点成员间的优势互补、联合创新作为发展的动力,以大数据、人工智能等先进技术作为节约匹配时间、提高匹配绩效的工具,有效联结多种孵化系统资源,形成信息共享、资源互补、合作共赢的复杂开放、动态运行的有机网络组织。跨区域的创业孵化智能化平台可以使原本封闭、割裂、孤立、分散的成员通过智能孵化平台连接在一起,使得成员间的联系不再受到地域的限制,实现了更大范围的跨区域成员间的沟通、交流,增加了合作的可能性,从而提高了系统的资源配置效率。

---

① https://www.zlhuiyun.com/chanpinjieshao/#hxgn。

三、从单点孵化到创新街区

（一）创新街区的起源

随着经济的发展，城市的边界也在不断向外拓展，大量的人口向郊区迁移，创新资源也逐渐向郊区分布。但是，创新资源的郊区化也使得创新资源呈现出孤岛的特征，除产业功能外，这些地区在交通、娱乐、医疗、教学等方面功能不足，存在"产城分割、职住分离"问题，影响人才集聚和创新发展。

近年来，全球经济进入创新驱动发展的新阶段，知识经济与科技创新成为城市经济可持续发展的核心动力，而经济发展转型的同时伴随着城市空间的更新与发展。许多城市将中心地带的废旧工厂、衰败地区进行改造，吸引人才再一次回流，为城市中心注入了活力。中心城市的这些核心地带正成为创新创业与高科技产业协同发展的重要地区。

2014年，布鲁金斯学会的Katz提出了"创新街区"（Innovation District）的概念，认为创新街区正在兴起，并成为促进美国区域繁荣的重要途径[1]。在中国，中关村核心区2013年就在以往散落的创业孵化机构基础上，利用原有建筑与设施，建设了后来闻名世界的中关村创业大街。创新街区的建设，可以提升区域提供就业的能力，实现经济的可持续增长，优化空间环境，拓展城市功能等。目前，创新街区已经成为促进区域创新的重要力量。

（二）创新街区的3种模式

创新街区的建设在发展过程中涌现出了3种主要的发展模式，包括城市中心区再造模式、老厂房更新模式和科技园区城市化模式[2]。

1. 城市中心区再造模式

城市中心区再造模式的创新街区往往分布在城市的中心地带，周围遍布高等院校、科研机构、实验室等先进资源，是创新思维发生碰撞、新技术产生的重要地区。周围交通便捷，可以满足不同人群的交通需求。附近的医院、图书馆等公共资源也是

---

[1] KATZ B.The rise of innovation districts：a new geography of innovation in America[M].Washington D.C.：Brookings Institution，2014.

[2] 张省，曾庆珑.创新街区：内涵界定与模式构建[J].科技进步与对策，2017，34（22）：8-12.

吸引人才集聚的重要因素。通过对城市中心区再造，为高端创新人才提供舒适的工作场所、轻松的交流环境，吸引人才集聚，促进创新活动的不断发生。

例如，2013年3月，北京市海淀区政府决定对海淀图书城进行业态调整，通过"政府引导+市场化运作"的模式，将图书城进行改造，形成了如今的中关村创业大街[①]。改造后的大街吸引了36氪、黑马会、联想之星、亚杰商会等45家优质的创新创业服务机构入驻，同时还引进了清华、北大、英特尔、百度等产业创新资源，形成了紧密连接的高效创新网络，促进了各创新主体之间的联系与交流互动，带动了整个区域创新水平的提高。

中关村智造大街改造前由清华园宾馆、东升大厦一层商业区和成府路口商业区约60家商户组成，区域内多为低端餐饮，流动人员聚集，安全隐患较大。通过将原宾馆升级改造成商业楼宇，关停低端商户，使得大街的整体环境得到提升[②]。2016年7月23日，中关村智造大街正式亮相，智造大街全长380米，打造以硬科技成果产业化为核心的创新型生态链社区。中关村智造大街围绕高精尖产业的精准定位，以市场需求为出发点、以专业智能制造科技服务为支撑，完善"技术—产品—商品"转换过程，拓展"专业技术服务平台支撑科技成果转化"的硬科技发展路径，努力打造具有全球竞争力的智能制造产业成果孵化中心、智能制造标准体系创制中心、国际技术创新交流中心和科技成果辐射推广中心。

美国剑桥的肯德尔广场位于美国马萨诸塞州坎布里奇市查尔斯河西岸，与麻省理工学院（MIT）仅有一街之隔，是全球创新企业最多、创新活动最活跃的地区之一[③]。MIT在20世纪90年代初预测到肯德尔广场的孵化空间在未来会有很大的发展前景，在90年代末实施肯德尔广场（打造创业孵化空间）的改造计划，将60年代的一座传统办公大楼Badger Building改造成为剑桥创新中心（CIC），除了提供租赁空间（包括65间公共会议室、可以享用咖啡和饮食的共享餐厅，以及打印传真等日常商务服务），还会举办多种联谊活动，促进创新创业人群的交流。如今剑桥肯德尔广场已经从一个半工业区发展为全球最著名的创新中心。剑桥肯德尔广场的特点有以下几个方面。
①良好的创业基础：肯德尔广场发展的初期是将该地区的低效用地和废弃厂房进行改造，利用低廉的租金和优越的地理位置来吸引人才集聚。后期，政府出台了《肯德尔中心广场规划研究》，提出要保留和增加初创企业的生存空间，允许增加建设密度，鼓励孵化器、联合办公空间、生产服务业态的发展，区域内新增办公空间的5%应开展与

---

① https://baike.baidu.com/item/%E4%B8%AD%E5%85%B3%E6%9D%91%E5%88%9B%E4%B8%9A%E5%A4%A7%E8%A1%97.
② http://www.dzwww.com/2019/zt2_166603/lm2/201907/t20190723_18974902.htm.
③ http://kczg.ciccst.org.cn/index.php？m=content&c=index&a=show&catid=109&id=157.

创新创业相关的活动，为创新创业打下了良好的基础。②与高校的联系密切：剑桥肯德尔广场与 MIT 联系密切，许多肯德尔广场的企业、孵化器与 MIT 共享资源，例如，Whitehead Institute 与 MIT 共享教学联系[1]，剑桥创新中心（CIC）与 BioInnovation、BioLabs 共同推动在园区设立共享实验室，其中部分共享实验室的资金来自麻省生命科学中心，且得到了 MIT 的支持[2]，Lab Central 在剑桥和哈佛大学校园内有超过 100 000 平方英尺（1 平方英尺 ≈ 0.0929 平方米）实验室和办公区域，提供了条件允许的实验室和办公空间，方便哈佛和 MIT 的学生与教授的创业团队入驻[3]。③功能齐全：肯德尔广场创新区域也是生活居住街区，区域内设有固定比例的保障性住房、创新 LOFT 等，满足包括居民、工人、学生等各类人群需求。创新街区还着力塑造公共空间，设有开放式的办公区、教室、会议室及非正式的公共聚会空间，如咖啡馆、餐馆和广场等。目前，这些空间已经成为创新创业的重要场所。肯德尔广场的功能齐全，所形成的是一个集创业工作、居家生活和休闲娱乐为一体的多功能城市社区。

美国圣路易斯的 Cortex 创新社区通过州政府的若干项发展战略和城市企业的共同努力，将圣路易斯大学、华盛顿大学医学院和巴恩斯犹太医院之间 200 英亩（1200 亩左右）的走廊建设成了有活力的城市社区，集聚一批企业研发中心，推动了该市世界知名的工厂的发展和生命科学研究[4]。Cortex 创新社区在 2002 年开始将 200 英亩（1200 亩左右）的福特汽车厂等旧工业用地进行改造，随后在州税收优惠和城市资源的支持下集聚了当地的一些机构和慈善基金及许多制药和生物技术公司[5]。专业加速器 BioGenerator 的成立也帮助当地的创业企业快速成长并找到合适的融资。Cortex 区域开发项目走过了第一阶段的单一生物科学区、第二阶段的混合用途创新区，目前，Cortex 区域开发项目走到了第三个阶段，Cortex 区域开发商利用 23 亿美元的公共和私人资本，正在建设 450 万平方英尺的办公和研究区域、居住、临床、基础设施和零售空间，以及一个 MetroLink 轻轨站，预计将会创造 15 000 个直接就业岗位。Cortex 创新社区的特点有以下几个方面。①特点突出：大学校长引导与政府共同合作，发挥产业优势，集聚创新资源，把 Cortex 从零开始打造成为知名的生物科学行业的创新社区[6]。②生态良好：Cortex 创新社区拥有专业的天使投资机构（Venture Café）、创业教育平台（EdHub）、新兴技术中心（CET）等完善的创业服务机构，同时还拥有大中心艺术区、创新大厅

---

[1] https://kendallsquare.org/neighborhood/.
[2] https://cic.com/about-us.
[3] https://labcentral.org/about/what-is-labcentral/.
[4] https://cloud.tencent.com/developer/article/1112320.
[5] https://www.cortexstl.com/about/.
[6] https://drexel.edu/nowak-lab/publications/case-studies/cortex-city-case/.

（Innovation Hall）等基础设施，构建了集工作、生活、学习为一体的完备的创新社区。圣路易斯的 Cortex 创新社区在 2018 年的时候创造了 21 亿美元的经济产出。目前，圣路易斯的 Cortex 创新社区已经成为美国中西部的主要创新中心，成为名副其实的世界级生命科学中心[①]。

2. 老厂房更新模式

随着经济的发展和城市的扩张，产业结构在城市的空间布局也将有所调整，一些旧工业区由于产能淘汰或者成本高昂等因素需要迁出。因此，这些老旧工业区就迫切需要凭借地理位置的优势进行产业升级转型，构建全新的城市创新空间形态，推动区域经济繁荣发展。

例如，上海杨浦区政府于 2014 年将位于上海市中心城区荒废已久的东华纱厂和中国纺织机械厂改造，使其转变为现在著名的上海长阳创谷。改造保留了传统工业区历史建筑的文化底蕴，以较低的成本优势快速整合资源，推动城市发展与科技创新的不断融合。上海长阳创谷已经成为专为知识工作者打造的 Campus 创新街区，成功吸引了具有雄厚实力的新进研发机构，如 AI 教育平台"英语流利说"、小红书、埃森哲、"互联网+新能源汽车"爱驰汽车等支柱性企业。猪八戒华东总部、流利说、颠创集团、爱驰亿维、智能云科、储吉科技等经济资产入驻该区域。

通过对老厂房进行改造、重新定位，从而为城市创新注入活力的还有波士顿的海港区。2010 年，该市的市长将该区重新定位为创新区，对废旧的厂房和空旷的砂石地进行重新规划、整改，为处在产业最前沿的初创公司提供研发、办公和生产场所，多样化居住设施，同时建设大量方便人们社交和沟通的公共空间和公共设施，吸引大批餐饮、娱乐机构入驻，从而打造一个集创业工作、居家生活和休闲娱乐为一体的多功能城市社区。波士顿的海港区通过改造已经成为美国重要的创新枢纽和创业企业集聚地。波士顿海港区的发展特点为以下几个方面。①产业的混合：波士顿政府积极引导、提高海港区企业的补助和税收优惠，吸引了众多 500 强企业及初创型企业的入驻，涵盖了包括孵化器、金融服务、生物医药、风险投资、互联网在内的众多产业。此外，政府还增设和改造海港区公共交通，完善了海港区的基础设施，定期举办与产业协作相关的活动，吸引了更多创新要素的集聚。波士顿政府的一系列举措使得波士顿由原先的生物医药中心演化成为全面发展的科技创新中心。②功能齐全：波士顿海港区不仅是人们工作的产业园区，还是创新阶层生活、社交的全天候社区（24-hour Neighborhood）。海港区确立的是"工作、生活、娱乐"（Work, Live, Play）为主题的发展模式，可以满足人们的衣食住行各方面的需求，增强了人们的归属感。

---

① http://www.360doc.com/content/18/1127/09/32324834_797496676.shtml.

巴塞罗那22区（22 @Barcelona）曾经是世界第五大纺织品产地，是著名的工业区。2000年7月，西班牙政府开始将老工业区进行重新规划，计划把城市转型成为知识与创新中心。通过将标志性的Can Ricart和Can Framis工厂，改造成为博物馆、公共空间等，西班牙政府让城市街区的面貌焕然一新。西班牙巴塞罗那22区的特点有以下几个方面。①三链螺旋的管制模式：西班牙巴塞罗那22区的产业、高校与政府领导层共同形成有机互动网络，并通过研发中心与孵化器等创新媒介促进区域创新能力的提升①。②创新合作网络：巴塞罗那22区成立了网络组织协会，帮助企业、研发机构、高等院校、科研院所等机构建立联系，有效组合，保障研发要素能够自由流动，实现资源的跨区域配置，形成区域创新网络，有效促进区域创新。③产业突出：政府通过税收优惠和租住补贴的方式，吸引了街区附近PompeuFabra传播学院、技术研究中心等高等院校的科研人员集聚；此外，还吸引了大批像Ironhack 22@创新公司、巴塞罗那Activa孵化器、企业加速器的入驻，丰富了巴塞罗那创新街区的创业生态。巴塞罗那22区目前形成了ICT、媒体、医疗技术、能源及设计五大产业集群。据统计，巴塞罗那22区改造后已吸引4500家企业入驻，创造超过10万个就业岗位②。

3. 科技园区城市化模式

随着城市的发展，高等院校的扩张逐步向城市的偏远郊区延伸。创新街区依托高校校园，将地址选为临近郊区的高等院校周围也是一种常见的模式。这类模式与前两种的创新街区的选址有所不同，科技园区往往位于郊区，远离市中心，创新资产的密度比较抵，园区具有一定的封闭性，具有孤立蔓延式的发展特点。这类园区需要在其周围配套相关的住房，提供空间场所，以及公共娱乐休闲空间，从而满足不同创新创业主体的工作和生活需求。

例如，杭州梦想小镇于2014年的9月启动，位于余杭区未来科技城，小镇规划用地面积4500亩，其中建设用地1000亩，是浙江省首批特色小镇，国家级互联网创新创业高地。杭州梦想小镇积极推动"孵化—加速—产业化"的模式，搭建互联网创业村、天使基金村、创业集市和人工智能小镇，同步完善居住和商业等配套设施，打破小镇与周边区域之间产业、政策、招商方面的隔膜，走通"产城融合、资智融合"的发展路径，将小镇孵化出来的项目，积极推介到周边科技园进行加速和产业化。

---

① 李健.创新驱动城市更新改造：巴塞罗那普布诺的经验与启示[J].城市发展研究，2016，23（8）：45-51.

② http://ln.people.com.cn/n2/2020/0729/c378329-34190035.html.

（三）创新街区的目标与效果

创新街区的目标是通过引入新的经济活动和创新生态，将衰败城区、旧工业区等区域进行再次开发，提升创新街区提供就业的能力，打造创新创业生态，实现持续的经济增长。创新街区摒弃了创新资源"另起炉灶"的硅谷"飞地"模式，使创新资源回归大都市圈，在中心城区重新集聚，成为推动经济发展的引擎。在中国，创新街区肩负着优化创新创业布局，提高科技创业活力，推动经济高质量增长的任务。

具体来看，创新街区的目标和实施的效果如下。

1. 创新街区推动科技创业与产业高效连接，创新驱动区域经济高质量发展

科技部火炬中心发布2021年工作要点称[1]，创新街区有效集聚各类创新创业服务机构和企业主体，打造城市内的"无边科技园"，促进提高创新要素的流通配置效率，显著提升科技创业的活力与质量，推动区域经济高质量发展[2]。

中关村创业大街开街运营以来，累计孵化3841家创业团队，其中外籍和海归团队436家。累计获得融资团队1212家，总融资770.32亿元，融资比例超过三成，累计举办创新创业活动6300余场。在创业大街，已经基本形成一个创新要素齐全、联系紧密、活跃开放的创新生态，国内外的众多初创公司、大型企业、高校院所、政府部门在这里集聚、交流，创新影响力不断外溢，带动周边创新资源集聚，向全国乃至全球输出服务模式与资源，引领区域经济的高质量发展。

2. 创新街区吸引人才集聚，创造更多的就业岗位

创新街区需要顺应经济发展趋势，充分发挥本地区优势，提升城市和大都市区创造更多就业岗位的能力。在高人口密度的城市区域，创新街区可以汇集不同行业的专业人才，帮助企业家、员工、研究人员和投资人关联分散的行业和机构，促进合作，推动创意产业化，共同发明并生产全新产品并推向市场。创新街区有助于形成全新的"聚合经济"，推动更具竞争力的企业快速增长，创造更多高质量就业岗位，帮助辅助行业和商业服务行业扩大规模。

中关村智造大街将硬科技产业作为其发展核心，以全链条服务作为特色，打造独具特色的"北斗七星服务生态"，带动以智能制造和电子信息产业为核心的上下游1000余家企业提供超过5000项专业服务，累计为京津冀地区企业服务超过4万家次，服务案例超过5000项。其中关村智能智造保定科创基地，围绕智能制造产业加快推进原始

---

[1] http://www.gov.cn/xinwen/2019-12/15/content_5461353.html.
[2] 科技部.2021年科技部火炬中心工作要点[R/OL].（2021-05-26）[2021-05-27].http://www.chinatorch.gov.cn/kjb/tzgg/202105/fbc725a39e6a416da5e8611be7aa7d78.shtml.

科技创新成果转化落地、形成创新产品的实验基地，通过产业集聚，创造了更多的就业岗位，吸引了大量产业工人就业。

波士顿海港区的多种资源帮助其形成了生机勃勃、协同创新的环境。MassChallenge创业加速器，为企业提供联合办公空间和无附带条件的资金资助，支持全球高科技创业企业来此孵化发展。District Hall 是全世界第一座公共创新大楼，为创新社区的聚会和交流提供空间。63 号工厂是一个实验性质的项目，提供私人小型公寓、社交及活动场所。波士顿海港区的办公、居住和其他空间及配套设施的不断完善，为海港区人才的流入奠定了基础。据统计，波士顿的海港区自重建以来，已经吸引了亚马逊、Vertex福泰制药、通用电气等 200 多家科技、生命科学和其他企业的入驻①。海港区充足的就业岗位和种种便利吸引了大量的高科技人才不断涌入和落户，仅过去两年波士顿就新增了 5 万多个就业岗位②。

3. 创新街区实现高校、实验室间的联动，加强科研成果的转化应用

创新街区要为实验室和高校搭建有效的成果转化平台，为高校科研人员提供适宜的环境，开放科研资源，促进科研人员的联系、沟通与合作，实现协同联动，促进科学技术的跨界合作与创新。创新街区要调动科研人员转化科技成果的积极性，让科研人员及其他有想法、有创造力的员工释放活力，实现研究成果与创业企业的精准对接和高效转化，成为从科技成果到现实生产力的直通车，打通从基础研究到产业化的绿色通道③。

中关村核心区周围高校科研院所在职人才外溢，激发了海淀区硬科技创业。通过调研 2019 年入选"海淀胚芽企业"和 2020 年以来公开披露获得融资的共 733 家企业，有 90 家企业是高校科研人员参与的创业公司，占比 12%，涉及高校院所科研人员 113 人。同时，高校研究成果进入产业化的方式不局限于知识产权转让、授权许可、作价入股等狭义的成果转化方式，以人才流动为核心要素将高校、科研院所实验室前沿的、应用型创新成果导入创业项目的方式在创新街区更加普遍。

剑桥的肯德尔创新街区是软件、生物医药、电子智造行业的主要集聚区。在生物医药行业，肯德尔广场聚集了 13 家入选国际 TOP 20 的生物医药公司，吸引了 6.6 万名科技创新人才生活工作。麻省理工学院（MIT）是肯德尔广场发展的核心创新驱动力，与周边的企业有着密切的联系。MIT 在马萨诸塞州的本地关联企业超过 1000 家。此外，还通过麻省理工企业联姻计划（MIT industry liaison Program），吸引了近 200 家世界顶

---

① https://cloud.tencent.com/developer/article/1112320.
② http://www.goldstonehk.com/index.php？m=content.
③ http://www.beijing.gov.cn/ywdt/tujie/202101/t20210128_2234956.html.

级企业成为该项目的合作伙伴,成为肯德尔广场推动产、学、研互联互助,实现科技成果转化的重要力量。Genetic Engineering & Biotechnology News(GEN)根据国立卫生研究院(NIH)资助情况、风投资金金额、专利数量、实验室面积及工作岗位量等维度,对美国生物产业聚集区进行排名。从 2015 年起,波士顿/剑桥地区连续 5 年位列综合排名榜首,2020 年波士顿/剑桥地区拥有的实验室空间、专利数分别位列美国的第一和第二[1],科技成果转化效果突出。

4. 创新街区要为区域注入活力,推动包容性增长

创新街区要充分利用资源,通过精心设计且量身定制的方式将优势转变为价值,实现高产出。要将创新街区作为必要的平台,推动包容性增长。为城市周边的弱势社区注入活力,同时为城市的低收入群体提供教育、工作和其他机会。

美国的圣路易斯 Cortex 创新街区为低收入的人群提供技能培训,尝试开展中学就业衔接课程,提供可积累职业技能的学徒项目,并开展在岗培训,提高劳动技能,建立低收入群体和创新就业岗位之间的有效衔接[2]。同时,为本地居民提供其他就业机会,帮助其进入创新街区催生的二级和三级行业(如服务、零售行业)。这样的措施,一方面帮助带动了本地区的就业,缓解了相对贫困,实现了包容性增长;另一方面为创新街区提供了相关辅助服务,完善了创新街区的功能,活化了创新生态。

巴塞罗那 22 区的管理部门在巴塞罗那改造的过程中,积极雇佣、培训及支持当地人口,为其提供更多的就业机会,提高劳动力市场的参与度,为低收入就业者提供更好的职业发展路径。同时,管理部门还努力推进地区支柱性机构,包括高校、科研机构及核心企业等创新主体深入社区,通过多方面策略,如开展安全集体建设、为低学历人群提供就业指导、加强基础设施建设等,提升社区公共安全、教育质量、数字化联通水平[3]。巴塞罗那创新街区还通过专业化项目,与跨国公司、高校及科研机构建立联系,建构当地的供应链,增加了地区的就业岗位,为当地居民和低收入群体提供了更多的发展机会,减缓贫困,促进了包容性社会发展。

5. 创新街区要统筹各功能板块布局,着力优化创新创业创造生态

创新街区要统筹布局各功能板块,兼顾创业者工作、生活、商务需求,引进各类配套项目,为创业者量身打造宜居宜业、高效便捷的创新创业生态圈。创新街区要能够有效集聚各类创新创业服务机构和企业主体,打造城市内的"无边科技园",促进提

---

[1] https://www.genengnews.com/.
[2] BRUCE K, JULIE W. The rise of innovation districts: a new geography of innovation in America [R]. Washington D.C.: Brookings Institution, 2014.
[3] https://ajuntament.barcelona.cat/prevencio/es/plan-de-prevenci%C3%B3n-y-seguridad-ciudadana-2016-201.9

高创新要素的流通配置效率,显著提升科技创业的活力与质量[1]。

四、从孵化到加速

(一)企业加速器的产生

20世纪末期,随着科技的发展和社会的进步,互联网行业一片繁荣,引领了美国纳斯达克市场的投资热潮,孵化器作为盈利手段也受到社会的广泛关注。在高技术产业发展过程中,涌现了一大批规模小、成长性好的优秀企业。这类企业,无论是创始人还是其投资者,都要求其快速发展。在此背景下,企业加速器(Business Accelerator)应运而生。

加速器的目的,是改变创业或企业发展的节奏,提高成长率。加速器通过在短时间内为企业注入小批量、大规模的资源,极大地缩短了创业流程,提高了创业效率,在孵化高成长企业的同时,加速器本身也获得了显著的收益。

1996年3月,Bill Gross成立了一家专门孵化互联网服务企业的私营专业孵化器——Idealab![2],这是美国企业加速器的鼻祖。在Idealab!成立的最初两年时间里,Gross为Idealab!筹集了2.5亿美元的资金,这种运作资金方式的实质是企业创业者经营和风险投资功能的一体化。Idealab!专门设立了一家名为ICP(Idealab!的资本合伙公司)的风险投资机构。ICP的投资者包括创业资本、摩尔资本管理、戴尔电脑公司、日本的光通信国际等一大批国际知名企业和互联网投资公司,个人投资者还包括著名导演斯皮尔伯格。大机构与名流的参与使Idealab!具备强大的投资实力,也因为这些机构和名流的影响力而为新企业提供了更多的发展机会。Idealab!由创业者主导,具备强大的经营管理团队,融合传统孵化器、风险投资公司和多元化经营控股企业的特点,创造了一种特别有价值的商业模式。

1999年10月,美国西雅图iStartVentues公司建立了互联网企业加速器。随后,企业加速器迅速被其他国家和地区所接受,相继建立起加速器模式的孵化平台。

1998年9月至2000年3月,资本社会对于互联网的追捧达到一个高潮,却忽视了互联网泡沫的隐患。在第一次互联网泡沫之后,这类企业加速器遭受了巨大的冲击,

---

[1] https://mp.weixin.qq.com/s/3DL5vEufdCmToTQsVRSnBg.

[2] https://www.crunchbase.com/organization/idealab.

但很快得到了恢复。除了资本的逐利性以外，政府也将加速器摆在了重要的位置。

2005年，Paul Graham在美国马萨诸塞州建立创业加速器Y Combinator（YC）[①]。YC每年有两次加速计划，分别为1—3月和6—8月，每期时长3个月。每期加速计划都有超过10 000家公司申请进入加速器，申请通过率在1.5%～2%。在加速计划的3个月中，创业者每两周参与一次集体办公，根据需求与合作伙伴、创业导师会面；每周举办一次演讲活动，邀请专家围绕创业进行相关分享，包括初创企业创始人、风险投资者和知名科技企业高管等。为了提高路演日创业企业获得投资的成功率，在项目开启2周后，YC会举办项目原型展示日（Prototype Day）活动，创业企业之间相互进行产品展示；路演日的前一周，YC进行预演日（Rehearsal Day）活动，这是为了最终的路演日进行的首次排练。路演日结束后，3个月的加速计划也随之结束，但YC会继续通过校友网络为创业企业提供帮助。自2005年以来，YC已经资助了3000多家初创公司，拥有一个6000多名创始人的社区，公司总体估值超过3000亿美元。YC通过投资12.5万美元换取7%的股权投资[②]。这种新型的加速器运营模式，也是当前美国更为流行的加速器模式。

2006年，David Cohen、Brad Feld、David Brown、Jared Polis 4位投资人在博尔德市联合创立了Techstars。Techstars每年举办两期加速计划，每次为创业企业提供为期3个月的加速服务。第一个月的主要任务是帮助创业企业拓展关系网络。每期项目Techstars在每个城市招募点中筛选10家创业企业或创业项目，并将创业企业与创业导师进行匹配，创业企业可以得到3～5位创业导师的全程指导。第二个月的主要任务是帮助初创企业将上个月所学的知识转变为现实。创业家与导师深入交流，进行产品研发、产品推广和客户拓展等。第三个月的主要任务是解决创业企业的资金问题，最重要的形式是路演日（Demo Day）。创业家在导师的指导下，确认宣传方案，期待在路演日获得投资人的青睐。Techstars会为进入加速器内的每家企业提供11.8万元的投资，以换取7%～10%的股权，包括给予每人6000美元（每家公司3人为限，共计1.8万美元）现金资助和10万美元的可转换债务债券。此外，Techstars也会投资初创企业，主要投资种子轮及A轮。2006年以来，Techstars共计支持了1900多家初创企业。官网最新数据（2021年6月）显示，Techstars共孵育企业2379家，成功率为85.8%，共筹集资金114亿美元，市场总值为323亿美元，其中所有毕业企业市值294亿美元。

Dreamit Ventures成立于2007年，由Steven Welch、Michael Levinson、David Bookspan 3位创始人联合创办，总部位于美国宾夕法尼亚州费城。Dreamit Ventures主要关注健

---

① 潘涌，茅宁. 创业加速器研究述评与展望［J］. 外国经济与管理，2019，41（1）：30-44.
② https://www.ycombinator.com/deal/.

康科技（Healthtech）、安全科技（Securetech）和城市科技（Urbantech）3个行业领域的科技型初创企业。该加速计划为期14周：第1周项目启动；第2至第5周进行客户冲刺前准备；第6至第7周进入正式的客户冲刺阶段；第8至第11周进行投资者冲刺前准备；第12至第13周进入正式的投资者冲刺阶段。每年会安排4次客户冲刺（Customer Sprints），分别在1月、4月、7月和10月，每次持续两周，每家初创企业能够进行两组客户冲刺。根据初创企业的需求，安排创业团队与目标客户的高级管理人员会面，通常会向行业领先企业的15~25名高管进行推介，从而开发和拓展客户渠道。Dreamit Ventures每年提供3次投资者冲刺（Investor Sprints），分别在2月、6月和11月，每次持续两周，安排创业团队与美国顶级风险投资公司进行一对一会议，通常每位创始人能够会见共计20~30名投资者。这不仅提高了初创企业的资金筹集速度，同时使初创企业能够快速获得市场反馈，查缺补漏，最大限度提高获得投资的可能性。Dreamit Ventures对初创企业具有50万美元以内的投资权，并可获得少量股权。对于那些处于发展早期但仍从Dreamit Ventures加速计划中受益的公司，Dreamit Ventures可能会考虑其他投资结构。Dreamit Ventures主要投资Pre-A轮，投资限制在每个行业8~12家公司。自2008年以来，已有超过350家初创企业参与了Dreamit Ventures计划并获得了Dreamit Ventures基金的投资，其中包括100多家健康科技公司、20多家安全科技公司和50多家城市科技公司，累计筹集了超过8亿美元的后续资金，初创企业总估值超过20亿美元。

伦敦FIL（FinTechInnovationLab）加速器由纽约市合伙基金与埃森哲公司在2010年共同创办。伦敦FIL加速器的加速周期是12周，主要帮助早期到成长期科技公司在世界领先金融服务公司的支持下进行改进与扩张[1]。伦敦FIL加速器募集了27亿美元的资本，为729家公司提供了加速业务。伦敦FIL加速器的运营模式如下。

首先由金融机构高管参与遴选，入选后实验室的导师、专家、企业家将会为在孵企业提供指导与反馈，帮助企业快速扩张；在孵企业还有机会与商业领袖和投资者见面，参加研讨会，帮助在孵企业找到定位；路演日将有机会向金融机构的高管和投资人展示产品，路演日之后实验室还会为企业提供后续的机会[2]。

Starnurst加速器成立于2012年，是一家航空航天业的加速器，在洛杉矶、巴黎、慕尼黑、阿布扎比、特拉维夫、蒙特利尔、韩国和新加坡设有办事处[3]。Starnurst加速器提供12~13周的加速服务，旨在给予初创企业大量接触投资者和政府的机会，帮

---

[1] https://www.accenture.com/us-en/services/financial-services/fintech-innovation-lab.
[2] https://www.fintechinnovationlab.com/about/.
[3] https://finder.startupnationcentral.org/program_page/starburst-aerospace.

助初创公司赢得第一份100万美元以上的合同,扩大其在航空航天和国防领域的业务。目前,总共有40个初创公司从Starnurst加速器中毕业。

Technion DRIVE 加速器成立于2016年,重点聚焦大数据、自动驾驶汽车、材料、机器人、信息通信技术等深度技术领域。Technion DRIVE 加速器为处于种子前和种子期的创业企业提供为期9个月的加速计划。Technion DRIVE 加速器会为在孵企业配备顶级的企业家导师,为企业提供战略方面的长期指导,同时还会为企业提供实验室和研究中心,最多提供100 000美元的投资等[①]。

(二)企业加速器在中国

1. 探索期

2000年4月,有关机构和人士创办了中国第一家企业加速器——上海大康企业加速器,开创了国内加速器发展的先河。

天津市科技创新发展中心副主任马凤岭是创建大康企业加速器的亲历者,他回忆道:"随着互联网新经济浪潮的兴起,互联网公司孵化器(Dot.com Incubator)于20世纪90年代末在全球快速兴起,其特点是拥有强大的创业投资和缩短了孵化周期(从2~3年缩短到几个月),轻资产、重智力"。由于全新的互联网经济具有独特的快速成长性,其孵化的个别互联网初创公司迅速成长并在纳斯达克成功上市,因而这类孵化器大有成为新型商业模式之势,人们甚至把此类".COM"孵化器称之为"加速器"(Accelerator)。这种孵化器大多是营利性的,其经营模式(Business Model)在专业领域(Focus)、地理位置与数量(Number of Locations of Incubators)、孵化对象的内外部来源(Idea Generation)、投资时机(Investment Stage)、投资退出时机(Investment Time Horizon)、收费方式(Equity Stakes and Fees)等6个方面的变量因素也与传统孵化器有很大不同,在组织能力(Organizational Capacity)、公共服务(Common Service)、组织网络(Organized Networking)等3个尺度的特征强化上也区别于传统企业孵化器[②]。

"鲁斯坦·拉卡卡先生从联合国开发计划署退休后在美国创立了一个企业与科技发展公司,极敏锐地追踪着创业孵化行业发展的每一个脚步,并决定亲自将这一新模式引入中国。2000年年初,他与天津市科技创业服务中心、上海交大慧谷创业中心及上

---

① https://www.techniondrive.com/acceleration-package-1.
② MORTEN T H, NITIN N, JEFFREY A B. The state of the incubator marketplace [M]. Cambridge: Harvard Business School, 2000.

海市科学学研究所旗下的上海万博市场投资策划中心进行了细致筹划，选定了上海一家国企皮鞋厂厂房，决定共同成立上海大康企业加速器有限公司。经过几个月的筹备，2000年4月，正值世界企业孵化与创新大会在上海召开之际，在上海交大举行了协议签字仪式。由于当时的'互联网泡沫'迅速在全球破灭，大康企业加速器并未能够实质启动，成为一件憾事。"

2001年4月，北京中关村永丰产业基地发展有限公司成立后，开始探索科技企业加速器的模式[①]。天津、大连等城市有关方面也进行了探索。

与此同时，加速器在中国也得到了社会各界的关注与重视。2006年2月，中关村科技园区及其他单位联合举办了"现代企业加速器发展论坛"，对如何培育我国企业加速器进行了深入探讨。2006年6月，中关村永丰产业基地现代企业加速器在北京动工兴建，拉开了中国企业加速器建设的序幕。

2. 试点期

接着，政府出台相关文件支持科技企业加速器的发展。2007年4月，科技部在《国家高新技术产业开发区"十一五"发展规划纲要》中提出，"把科技企业加速器的建设与专业孵化器、大学科技园和创新服务体系建设等结合起来，为高速成长企业提供高品质服务。"将加速器纳入国家自主创新战略的政策体系，着力推动加速器市场化。2007年8月，中关村永丰产业基地被科技部火炬中心正式批准为我国首个建设科技企业加速器的试点单位，深圳、广州、宁波、吉林等地陆续建立了企业加速器。从此，加速器在中国的发展迈入了一个新的阶段。

3. 发展期

《国家科技企业孵化器"十二五"发展规划》提出"注重科技创新创业的全链条孵化"，围绕科技创业成长不同阶段配置所需的各项资源要素，依托"创业苗圃"和"加速器"向前向后延伸孵化服务，建设"创业苗圃—孵化器—加速器"的孵化体系，从而将孵化活动更好地对应并服务于创业活动的全过程[②]。中国的加速器是孵化服务的后向延伸，为创业企业发展提供产业化发展所需要的物理空间、风险投资、上市辅导，以及市场与社会资源等专业服务，充分满足高成长性企业对空间、管理、服务、合作等多方面的个性化需求，是孵化器功能和服务的拓展。

在2014年9月的夏季达沃斯论坛上，国家领导人提出，要在960万平方公里的土地上掀起"大众创业""草根创业"的新浪潮，形成"万众创新""人人创新"的新势态。

---

① https://baijiahao.baidu.com/s？id=1668370436867761977&wfr=spider&for=pc.

② http://www.chinatorch.gov.cn/fhq/zcfg/201312/de311d3865c446c9baad7a7bdf91a23d.shtml.

2015年政府工作报告又提出："大众创业，万众创新"①。中国掀起新一轮创业高潮，孵化器、众创空间等纷纷响应，加速器也开始崭露头角，与此同时，创业加速器的形式也多有创新。2021年，科技部火炬中心提出要建立面向未来产业领域的研发平台，组织实施未来产业孵化与加速计划②。加速器的作用日益凸显。

中国的加速器有两种类型。一类是介于孵化器和科技园之间的，服务于企业的规模扩张期。在这个阶段，创业公司开始大规模的产品生产，员工数量大幅增加，办公和生产场地需求加大，销售收入大幅提高，需要专业团队提供相应的服务支持。也就是说，孵化器服务于企业初创阶段的小规模发展，而一旦企业进入快速的成长期，加速器的作用就得以发挥。因此，这一类加速器通常位于科技园区中，成为"苗圃—孵化器—加速器—科技园区"全链条孵化体系中的一个环节。

2007年，北京中关村永丰产业基地率先建设企业加速器。目前，永丰产业基地现代企业加速器建有43万平方米的标准厂房、新材料大厦、新科技成果转移中心等基础设施。永丰产业基地现代企业加速器提供五大核心服务，包括政策解读与申报建议服务、技术指导与科技成果转化服务、融资服务、品牌推广与资源对接服务、人才引进申报和员工培训服务。利用中关村永丰产业基地在新材料、电子信息等方面的产业优势，永丰的加速器积极与北京普天德胜科技孵化器、北京科方创业科技企业孵化器、望京科技创业园、北京新材料孵化器、北京北方车辆新技术孵化器有限公司展开合作，有效连接，联合打造低能耗、低污染、高增值的产业集群③。2020年，中关村永丰产业基地入驻企业已达900家，实现总收入800亿元，上市企业18家，年度销售收入超过10亿元的企业有15家。

另一类是美国模式的加速器。企业在这个阶段，并不一定是进入大规模生产阶段，而是体现在企业竞争力的快速提升。这种加速器与孵化器的孵化对象、基本服务内容、商业模式，都基本一致，只是时间更短、资源投入强度更大、效益更好④。此外，加速器的运营模式也与孵化器有所区别，通常情况下加速器是没有运营场地的，即使有场地，一般也都是用来举办培训、交流会等各类活动，而不是直接提供给企业运营。比较典型的有AA加速器、HAX加速器、微软创投加速器等。

HAX在2011年成立于深圳，是一家专注于硬件的孵化器。目前拥有深圳和旧金山两个孵化基地，其中位于深圳的孵化器（HAX Accelerator）专注于投资和加速硬件创业公司，关注从产品原型到产品发布的全过程。而位于旧金山的孵化器（HAX Boost）

---

① https://mp.weixin.qq.com/s/OC_QPXG5yXOxsok3VJ1TNA.
② https://mp.weixin.qq.com/s/3DL5vEufdCmToTQsVRSnBg.
③ 汪艳霞，钟书华.科技园区企业"孵化–加速"耦合对接模式［J］.科技创业月刊，2019，32（6）：1-5.
④ 颜振军.拥抱创业经济［M］.北京：人民邮电出版社，2019.

的目标则是寻找能够最大规模实现销售和生产的硬件创业公司①。两个孵化器共同构成了全球最大的硬件孵化器 HAX。目前，HAX 主要关注于机器人、健康和生活消费及与未来城市相关的主题领域。根据项目类型的不同，HAX 会安排相关领域的导师及专业人才，来对其进行不同周期的孵化，投入不同数量的资金，获取不同比例的股权。HAX 的加速期为 6 个月，分为 3 个阶段加速。第一阶段：位于深圳的产品定义、设计和品牌加速期（2 个月）；第二阶段：位于深圳的制造生产前的准备期和执行期（3 个月）；第三阶段：位于旧金山的产品硅谷路演（1 个月）②。HAX 加速的新创团队生存率高达 97.5%，募资平台上推出专案的成功率是 100%，平均募资金额是 40 万美元。在加速完成后，超过七成的公司能够推出产品，其中比较知名的有小米生态链旗下的智能灯 Yeelink、创意机器人平台 Makeblock、迷你飞行器 Flexbot、智能坐垫 Darma、物联网开发模块 Spark 等。

2013 年 7 月微软创投进入中国，在北京成立加速器。微软加速器旨在做资源聚合、生态共享的创新创业平台，致力于为中国成长型创新创业企业提供全方位优质服务。每年在大中华地区进行两期海选，入选的创业公司将入驻国际化办公空间完成 4～6 个月的成长加速，并得到思想领袖、行业专家及技术专家组成的导师团的扶植与指导；每个入选团队还将得到价值上百万元的微软 Azure 云服务资源，所有资源均为免费的终身制校友服务。截至 2018 年 7 月，在中国已有 231 家创新企业从微软加速器成功加速，估值增长率平均每家超过 400%，有 4 家在"新三板"挂牌，有 15 家被兼并收购。校友企业的产品和服务在中国覆盖逾 1000 万家企业客户和 7 亿名个人用户③。

AA 加速器于 2015 年成立于北京，秉承共赢共享平等的文化和精神，致力于成为创业者和投资人共同对接、共同打造的一个创新创业服务平台。目前运营 2 只基金，总共 2 亿元，共投资了覆盖文化娱乐、消费升级、人工智能等领域的 23 个项目，专注种子轮和天使轮估值 1 亿元以下的项目，单笔投资金额通常在 300 万元以内④。2017 年，AA 加速器推出自研产品——"加速八布法"，用"工具+引导+量化+赛马"的方式帮助企业成长⑤。

---

① 徐敏赛. 竞争优势培育视角的商业孵化机制［D］. 杭州：浙江工业大学，2019.
② https://hax.co/program/phase-details.
③ https://www.microsoft.com/zh-cn/ard/innovation/msftventures.
④ http://www.pemarket.com.cn/zhuanchang/95.html.
⑤ https://mp.weixin.qq.com/s/3E9X8qmDovksF0c38eocfQ.

五、创孵管理从粗放到专业

初创企业的发展在产品需求、市场开发、经营运作等方面存在着许多差异，这就需要孵化器在企业管理、硬件设施、人员配备等诸多方面考虑到差异性，粗放式的管理已经越来越不能满足创业企业的需求，孵化器的运营和管理都需要一批有创业经历、技术背景、产业资源的人才来进行专业化管理，保证整个孵化流程顺畅进行，创业企业能够得到专业的培训和指导，提高创业成功的概率。

（一）创孵人的专业化

人才是技术创新的主体，是企业孵化器发展的关键。随着创业企业的需求越来越多样化，对孵化器管理人员的要求也越来越高。孵化器要实现有效的管理和服务，一方面需要那些拥有产业链资源或者丰富创业经历及工作经验的创始人来建立企业孵化器；另一方面还需要建立一支运营能力强的孵化管理队伍来对企业进行诊断、解决企业技术和融资方面的难题，为企业提供专业化的服务。

企业孵化器是一种特殊的经济社会组织，"成人达己"既是其理念，又是其模式。"成人"，是帮助人创业成功，培育扶持产业发展。"达己"，则是在这个过程中，实现孵化器和孵化器经理人的市场价值与社会价值。因此，孵化器有别于提供产品或服务以满足市场需求的企业，也有别于慈善机构等以满足社会需求为己任的机构。孵化器的经理人也应具备更加多样的素养。

孵化器管理人员，应当具有 6 种能力和素养。

一是社会活动能力。孵化器经理人首先应当是一个社会活动家。孵化器承诺给创业者提供所需要的所有支持和服务，但每一个孵化器，由于自身资源、能力等局限，只能直接提供有限的东西，另外的、更多的创业需求如何满足呢？只能靠其他社会资源的介入，让别人帮忙来完成这些任务。孵化器经理人得长袖善舞，利用自己广泛的人脉，随时随地精准链接需要的资源。

二是企业家精神。从历史上看，孵化器这个行业，一直在不断地迭代，不善于创新的孵化器，一定走不远。作为个体的孵化器，不管是公益性的还是营利性的，都要有恰当的商业模式，才能可持续发展。孵化器之间也存在着竞争，以创业的心态来运营孵化器，才能保持旺盛的活力。更重要的是，孵化器经理人每天与企业家打交道，包括内部的年轻的创业者、外部的大企业与投资机构管理者等，若没有不惧失败、勇于创新、开放开明的心态和气质，就没办法与创业者为伍。

三是知识积累。在知识爆炸年代的新一代创业者，大多知识面比较广，与他们打交道，不容易。做创业孵化，涉及的领域、事情、人，实在是复杂，没有丰富的知识储备、合理的知识结构，很难胜任。我觉得，除了一般性的知识以外，心理学、生态学、社会学、法学、管理学，都是需要的。

四是专业历练。专业性的孵化器，将越来越受到市场和社会的追捧。专业的人做专业的事。专业孵化器的经理人，需要具备丰富的专业历练，包括接受过专业或行业的教育，做过行业的宏观管理，在行业的大公司或创业公司工作过，等等。在一个行业里面干过，才可能掌握这个行业的规律，有这个行业的资源，才能帮助好这个行业的创业者。

五是国际视野。全球化，是已经发生的、不可逆转的。人员技术资本信息的国际流动、研究开发的国际化、企业发展的全球化、跨国的创业及其孵化，在今天都是司空见惯的。若想让自己的孵化器发挥更大的作用，孵化器经理人在思考、谋划、布局的每个环节，都要着眼于国际竞争和国际资源整合。

六是情结。情怀，可能是更恰当的词。我想，孵化器经理人应当有这样一种情结：以助人为生。不单单是助人为乐，而是从心底里觉得企业孵化器这种模式、这种事业，恰恰能够满足自己的人生追求。换句话说，我想要的生活样式，想得到的心理满足，想得到的社会地位、经济回报等社会认可，正好可以通过创办经营一个或者一些好的孵化器来实现。做孵化器是一件"有功德"的事情。选择自己喜爱的事情作为职业，是一种幸福。

很多优秀的企业孵化器，其创始人都是由拥有丰富创业经验的人担任的。例如，Paul Graham 在创办 YC 之前曾创办过两个公司，其中一个是专为中小企业提供在线电商服务的 Viaweb，最终以近 5000 万美元被雅虎收购。Idealab 的创始人 Bill Gross 也是一位连续创业者，在高中的时候就开始创办公司，在大学期间，他通过转让自己发明的装置设计，挣得了大学第一年的学费。此后，Bill 又卖出其设计的一款多媒体的儿童教育软件，成为亿万富翁。Techstars 的创始人 David Cohen 有 15 年的研发经验，曾是 ZOLL Data System、Pinpoint Technologies 等公司的创始人，还曾是 5 家公司的董事会成员[①]。Lab Central 的创始人 Johannes Fruehauf 和 Peter Parker 还是 Cequent Pharmaceuticals 医药企业的联合创始人，具有医药行业的相关背景，同时他们还是 Cambridge Biolabs 孵化器和 BioInnovation Capital 投资公司的合伙人。这些创始人都是成功的连续创业者。AA 加速器的吴玲伟在创办加速器前曾是联想集团的高管。奇绩创坛的陆奇既是技术大牛又有着丰富的管理经验和广泛的商业知识。陆奇具有博士学历，持有 40 个美国专

---

① https://www.linkedin.com/in/davidgcohen.

利,还曾担任微软的执行副总裁,负责微软在线业务部门并掌管一支10 000多人的技术团队。小米谷仓学院的洪华院长是工业设计出身,曾是北京科技大学工业设计系副主任,2010年第十六届亚运会火炬主创设计师。成都蜂鸟智造孵化器的创始人田勇,有大公司产业服务工作的背景,拥有产业链资源、产业思维等。这些创业者都曾经是知名的公司高管或者是技术大牛、投资人,他们有着丰富的管理经验、投资逻辑,懂得市场。孵化器的创始人熟悉创业的整个环节,从融资、咨询、媒体公关等各个角度都对初创企业的需要和发展有着深刻的认识,懂得如何建立一支好的管理团队,来为初创企业服务。

据美国国家孵化器协会调查,在孵化器管理人员中,约60%的人有企业管理经历,43%的人经营过自己的企业,39%的人从事过管理咨询工作,31%的人从事过金融业务,26%的人从事过财务管理,47.5%的人是研究生学历,42.7%的人是大学及大专学历[①]。2020年北京创业孵化蓝皮书显示,北京市258家孵化器中,孵化运营管理团队人员有4340人,其中1210人拥有在上市公司、跨国公司、投资机构任职经历或创业经历。

以色列的孵化器从入孵前的筛选、到项目孵化、项目管理的全过程都由一批具有专业知识背景的人来运营,他们虽然教育和工作背景各有不同,但他们均具有相关工作经验,并且会全方位、多角度深度参与在孵企业的发展过程,致力于成为在孵企业的伙伴,与在孵企业共同成长。以色列企业孵化器的经营管理者的来源主要是退休经理和职业经理人。

对比科技部发布的2010年和2018年的《科技企业孵化器管理办法》中国家级孵化器的认定条件发现,对孵化器管理人员的要求从具有大专以上学历的人员占比90%以上转变为具有创业经历、管理经验的专业服务人员占机构总数的80%以上。此外,对创业导师的要求也更加注重其实践性及专业能力。这些变化说明,孵化器管理和服务专业化的要求在提高。

(二)创孵机制的专业化

完善的服务流程是管理机制专业化的内涵,也是企业孵化器竞争力的重要体现。业务流程的专业化、熟练化将会缩短搜寻成本,帮助创业者快速匹配合适的资源,提高服务质量。因此,孵化流程体系的健全与否会对孵化器的孵化绩效产生重要影响。

---

① http://www.chinatorch.gov.cn/fhq/gjjy/201809/d5ad09ed5734490b93fd0989165c3b59.shtml.

1. 孵化业务流程

（1）专业的审核机制

LabCentral 孵化器在企业入孵前会对申请者的项目进行严格的筛选。并对申请者进行专业的面试、考核，只有符合高科学影响力、有可观前途与明确发展目标的申请人才能入选。LabCentral 孵化器不接受已经筹集了超过 750 万美元或过去一年的收入超过 300 万美元的申请人[①]。

1871 孵化器在企业入孵前会要求企业填写申请表格，并针对申请者填写的内容进行分析、考核，只有符合企业发展愿景且拥有发展潜力的企业才能入选。

（2）专业的孵化服务

1）专业的服务平台

LabCentral 孵化器首先为入驻企业提供了 54 个私人实验室和共享实验室，配置了细胞培养设备、流式细胞仪、液相色谱、成像工作站等设备及会议室、厨房、活动室等场地为企业日常活动提供便利，这些空间每周 7 天，每天 24 小时面向企业开放[②]。此外，LabCentral 孵化器还在实验室内安排了 CRO 支持人员、设备维护人员及 EHS 咨询人员，保证企业研发活动的各个环节都能够得到孵化器工作人员的支持，体现出孵化器运营的精细化管理。LabCentral 孵化器除了在研发方面给予专业的指导外，还提供与辉瑞等医药巨头交流服务、企业路演等活动机会及专业的法律、销售、市场、知识产权等咨询服务，给予创业者从研发端到产品端的全链条服务。

1871 孵化器提供虚拟孵化与现实孵化两种模式[③]。虚拟孵化除不能接受到孵化器提供的开放式共享办公空间外，其余享受的服务均与现实孵化相同。1871 孵化器的导师、顾问、客户和投资者会组成服务网络，根据每位创业者的情况，有针对性地进行分析，一对一辅导，制订计划，并通过每周研讨会来讨论创业者所需要的方向，找到业务或技术方面存在的问题，开发解决方案，制订和修改辅导计划，以便企业能够随时对外进行展示。此外，1871 孵化器还提供编程服务、网络课程服务、谷歌云服务等。1871 孵化器推出了专为拉丁裔创业者提供辅导的孵化计划，主要为拉丁裔创业者提供战略性项目、资源、科技和社交支持，包括一对一公司专业咨询、讲座等。1871 孵化器还打造了一个名叫 WiSTEM 的孵化计划，其专为女性创业者提供服务。该计划提供一个为期 12 周的项目培训课程，旨在帮助女性链接资本、社群和科技资源。1871 孵化器还打造了一个专为军人创业提供指导的非营利性机构 Bunker Labs，其主要为军人

---

① https://labcentral.org/apply/process-criteria/.
② 范月蕾，王恒哲，毛开云. 大波士顿地区生命科学孵化器的成功要素研究［J］. 世界科技研究与发展，2019，41（3）：328-335.
③ https://1871.com/membership/early-stage/.

创业提供社交及资源方面的支持，帮助军人提出创业想法、提供创业资源、对接投资者等。

GEC孵化器在企业入驻后，首先会针对企业的状况进行分析，帮助企业制订商业计划、进入市场计划和投资者准备计划，并在战略层面提供基于项目的指导。每个月，GEC孵化器都会举行有关销售和营销方面的会议，吸引来自Google、Facebook等公司的外部专家来帮助初创企业，给予建议，并鼓励初创企业向GEC社区的同行学习。此外，GEC孵化器还与MBA学校和其他商业组织合作，帮助创业企业制定进入新国家的市场策略。GEC孵化器不仅在爱尔兰拥有无与伦比的商业合作网络，而且在国外也有广泛的影响力，GEC孵化器与爱尔兰企业、IDA等政府机构、爱尔兰的国家使馆及海外国家和城市的商会密切合作，可以帮助推广初创企业，拓展海外市场。

2）专业的投融资服务

LabCentral孵化器为企业提供强大的校友网络来帮助企业建立连接，寻找投融资机会。同时，LabCentral孵化器与强生、诺和诺德、Biogen等公司建立了良好的合作关系，能够给予企业广泛的投融资渠道，为孵化器内的企业解决融资问题。

1871孵化器有8只常驻的风险基金，能够解决孵化器的融资问题。另外，1871孵化器每季度发布初创公司投资组合的财务需求，从而为全球投资者提供便捷的途径去访问初创公司并提供相关信息。1871孵化器每年还会组织10多个路演日，每个路演日平均吸引约300个投资者，能够给予企业更多融资的机会。

YC自身可以为创业者提供少量的种子资金。YC可以为创业者提供小额投资，约12.5万美元，以换取7%左右的股权。YC还同外部的红杉资本等顶级风投机构及Ron Conway、Paul Buchhei等顶级天使投资人具有紧密的合作关系，能够为创业企业提供优质可靠的资金来源。

GEC孵化器拥有自己的种子基金，可以为企业提供发展资金。同时还会举办社交活动，帮助企业扩大社交圈，与其他企业、投资者建立连接。

（3）专业的培训服务

LabCentral孵化器为在孵企业提供新兴技术的专业培训及产业发展培训，帮助企业掌握最新的发展动态。

1871孵化器将初创公司的发展分为4个阶段，并针对4个阶段的初创企业提供辅导、培训服务，主要围绕产品营销与战略方面、创业基础方面及领导力与发展方面。处于不同阶段的初创公司都会被安排到相应阶段的一个同行的社区中，从而可以连接到合适的资源。

YC开设了为期10周的免费线上创业辅导课程，邀请成功的企业家和行业领军人物进行授课，传授创业相关技能。同时，创业导师还会对企业进行培训，帮助企业快速推销自己，提高企业获得投资的概率。

（4）全面的后续跟踪服务

1871孵化器有一个称为"创始人的故事"的计划，旨在让成功的毕业企业与在孵企业的成员进行交谈，分享经验，同时也促进交流。1871孵化器在企业毕业后，仍会积极推广毕业企业，为企业的后续发展提供帮助。

LabCentral孵化器会定期举办各种形式的创新活动，欢迎在孵企业、毕业企业与投资人参加，增进研发者之间、研发者与企业、投资者之间的交流。

YC在项目结束后仍会通过校友网络为创业企业提供帮助。YC还设有YC Continuity投资基金，主要目标是通过解决YC校友企业的后续融资问题来支持他们扩大公司规模。

2. 科技企业孵化器服务规范化

科技部在2020年12月推出了《科技企业孵化器服务规范》，对孵化流程、孵化服务、管理制度等进行了进一步的规范，使得孵化器提供的服务更加标准。

（1）企业招募与申请受理

孵化器在企业招募环节应通过媒介、创业活动等渠道宣传推介自身基础条件、资源整合优势和服务能力等。孵化器还应该明示入孵条件，并通过线上、线下不同方式接受意向企业的咨询，与有意向入孵企业洽谈，了解企业基本信息及产品或资金、市场、技术等信息，并回答企业关注的问题。

在申请受理环节，入孵企业向孵化器提交《入孵申请表》、商业计划书、法人身份证、企业营业执照副本、场地需求说明等相关申请材料。孵化器向申请方说明可提供的服务内容、孵化期限、服务及收费标准、各相关方权利和义务等。孵化器受理入孵申请，并进行相应记录；不能受理的，应向申请方说明理由，退还其全部材料。

（2）评估筛选与协议签订

孵化器受理申请后，对资料进行审查，依据入孵条件及评估程序，组织评估并及时反馈评估结果。如接受入孵，准备签订协议；如不能接受入孵，向申请方说明情况，退还相关材料。孵化器与在孵企业达成共识后，签订《入孵协议》（包括孵化期限、甲乙双方的义务与责任、毕业条件等）。

（3）策划与孵化实施

孵化器应与在孵企业协商孵化目标、服务内容、资源支持等，双方制定并确认孵化计划书，建立在孵企业档案，及时记录企业发展与服务过程。在孵化实施环节，应该按照协议和孵化计划制定服务方案，并提供服务，服务过程中应加强沟通，遇到问题及时协调解决。

（4）毕业劝退与毕业跟踪

孵化器依据约定的毕业条件组织评估，根据评估结果，发出毕业或劝退通知书，建立毕业或劝退企业档案。在毕业跟踪环节，帮助毕业企业寻找或安排合适的发展场地，如加速器、高新区或其他场所，定期或不定期走访毕业企业，了解企业发展情况，收集和分析企业发展数据等，利用自身资源，继续为毕业企业提供有效服务。

（5）服务人员

专业孵化器服务人员应熟悉国家、地方相关法律法规及创新创业支持政策，并经过孵化服务相关培训或具有创业、投融资、企业管理等经验。创业导师应具备向在孵企业提供专业化、实践性辅导服务的能力，经孵化器聘任由企业家、投资专家、管理咨询专家、技术专家等担任。

六、从管理到服务

（一）美国和以色列的政府管理

1. 美国政府支持企业孵化器发展的政策框架

奥巴马政府执政时期发布了三版创新法案：2009年版的《美国创新战略：推动可持续增长和高质量就业》，2011版的《美国创新战略：确保美国的经济增长和繁荣》，以及2015版的《美国创新战略》，促进美国具有创新能力的初创企业快速成长。其具体措施包括以下几个方面。

（1）注重科技创新政策顶层设计，突出政府机构科技导向作用

奥巴马政府十分强调科技创新政策的顶层设计。联邦政府先后多次组织白宫科技政策办公室、总统科学技术顾问委员会及新建的美国首席技术官、首席信息官和首席数据科学家在内的政府部门和相关人员，开展有关国家科技创新政策的联合研究和设计[①]。

（2）主导和启动研究资金，扩大创业支持资本规模

美国联邦政府主导研究资金，将其大量用于高等院校的学术研发。联邦政府还通

---

① 董艳春，徐治立，霍宇同.从奥巴马到特朗普：美国科技创新政策特点和趋势分析［J］.中国科技论坛，2017（8）：168-174.

过小企业管理局（SBA）和进出口银行（EIB）发放贷款，为创业企业的建立、扩张和贸易活动提供支持。此外，联邦政府还资助了小企业创新研究计划（SBIR），每年投入25亿美元的资金，支持初创公司的高风险创新项目，约有25%的公司在这个计划（SBIR）资金支持下成立。联邦政府对研发行为的鼓励，扩大了对创业支持的资本规模。

（3）优化社会创新创业环境，激发私营部门创新活力

奥巴马政府致力于通过优化社会创新创业环境，激发私营部门创新活力。主要措施包括：①简化创业程序，政府部门推动在线服务平台的建设，确保能够在一天内完成所有创业审批手续。②推行一系列的创业服务为创业活动提供指导。包括为创业企业提供创业培训和咨询、指导起草商业计划书、为企业提供管理技术支持、帮助企业申请政府采购合同等。③由美国退伍军人事务部建立了首批两个综合企业孵化器，帮助退伍军人创立自己的高增长企业。州、郡、市等各级政府也重视创新创业的服务工作，为创业企业构筑了一个适宜的创业环境。

（4）遵循创新创业规律的本质要求，积极培育创业生态系统

联邦政府尤其注重发挥大学的优势，成立由美国顶尖的创业者、风险资本家、天使投资人、企业、大学、基金会及其他领导人组成的SAP联盟[①]。政府还注重引导大企业与小企业进行创新合作，规定大企业要把承担政府采购合同份额的20%转包给小企业。此外，奥巴马政府在全国范围内倡导和激励创业精神，鼓励民众为实现自己的梦想进行创新创业的尝试，引领创业文化的形成。这些法案的推行，为美国创新型创业企业的发展提供了支持，也有利于营造长期的创业生态系统。

2. 以色列政府支持企业孵化器发展的政策框架

以色列孵化器能够在短时间内迅速崛起，源于政府在创业企业早期的坚定扶持，承担最大的风险却不共享收益[②]。随着以色列科技孵化的发展，政府通过私有化改革逐渐减少了对孵化机构运营的参与、强化了孵化机构自身的盈利能力。以色列政府对孵化器的支持表现如下。

（1）以色列孵化器的组织方式

以色列首席科学家办公室（OCS）隶属于以色列工贸部，其是主管科技企业孵化器计划实施的政府部门。OCS设立的委员会聘请了首席科学家出任孵化器规划委员会的主席，高科技企业代表、大学教授及科技企业孵化器管理局局长等作为委员会成员，共同

[①] 丁宏.奥巴马政府"创业美国"计划的政策评析及其启示［J］.世界经济与政治论坛，2012（4）：70-79.

[②] 宋洋，刘明.以色列技术孵化器成功经验与启示（上）［N］.中国科学报，2019-02-28（006）.

制定有关孵化器的政策，设计支持企业孵化器的步骤，确定被孵化的项目，审批企业孵化器的预算，审查再孵企业的进展等。

（2）严格的项目筛选、准入及孵化机制

以色列的项目在入驻孵化器之前一般要经过3级筛选，评审人员均是各行各业的专家、企业家及孵化器领导。以色列政府和企业孵化器共同制定严格的企业入孵标准，保证了孵化质量。同时，以色列政府规定每家企业孵化器只能孵化8~15家初创企业[1]，确保了企业孵化器对每家企业进行深度孵化的可能性，提高了孵化的质量。创业者带着项目和政府资助的钱入驻孵化器后，企业孵化器将从人、财、物方面深度孵化初创企业。

（3）多层次的风险投资机构

政府在企业早期给予企业政策型财政融资扶持并出资，与企业共担风险，提高企业的存活率，并且按照公私1∶2或者1∶3的投资比例吸引风险投资的介入，鼓励外国投资机构在以色列设立风投基金，促进孵化器模式与机制的发展与完善，待企业孵化器发育成熟，被风险投资认可并接管后，政府就会通过并购、技术转让等方式撤出，不占有项目股权。

（4）孵化器的私有化

以色列孵化器计划在20世纪90年代取得了巨大的成功，为了进一步提高孵化效率，满足多元化的实际需求，以色列政府于2002年推行私有化改革。具体的改革计划包括：①让强大的投资者拥有孵化器的所有权，孵化器由非营利机构转变为营利性公司。孵化器（包含其他出资人）可以拥有30%~70%的股权，其余的股权可以由创业者所有。②新建立的孵化器是私营企业通过竞标的方法经营和监管，政府不干预孵化器的内部事务。③实行新的资助办法，将拨款改为软贷款，要求被资助企业6年内还清，同时，加大资助额度，将每个项目30万美元提升为35万~60万美元。2010年年底，以色列的23家孵化器全部完成了私有化改革。

（5）构建国际合作网络

近年来，以色列积极构建国际合作网络，与多个国家建立双边研究基金会、研发与试点联盟，还与美国、德国、法国、中国等40多个国家（地区）签署了双边合作协议，覆盖电子信息、新能源、农业等各个领域[2]。以色列为所有领域的工业研发和试点项目提供融资及合作伙伴匹配援助[3]。

---

[1] 殷群. 企业孵化器与自主创新[M]. 北京：科学出版社，2010.
[2] 董洁，孟潇，张素娟，等. 以色列科技创新体系对中国创新发展的启示[J]. 科技管理研究，2020，40（24）：1-12.
[3] https://innovationisrael.org.il/en/page/international-collaborations.

（二）中国政府的相关角色演变

近年来，随着重大创新战略和政策的提出，中央和地方层面纷纷出台推动与促进孵化器建设及发展的意见、措施。虽然各个地区政府的政策存在一定的差异，但从整体来看，政府对孵化器支持的角度和模式，有如下几个变化。

1. 在政府角色定位上，从孵化器行业的组织者向协调者转变

中国的孵化器最初均是由国家创办并运营，政府及其有关部门和机构充当了整个孵化器行业的组织者和实施者。2000年前后，开始出现一批民营孵化器，随后越来越多的民营资本进入孵化器行业。政府的角色也从原来的组织者转变为协调者。政府优化了企业孵化器的创办流程，给予更多企业孵化器优惠、资助，为企业孵化器营造了良好的环境。孵化器行业发展到今天大约只有30%是国有孵化器，70%是民营孵化器。未来，还会有越来越多的企业家、大学生或将要离职的公司员工选择创业，政府要让孵化器和企业充分发挥作用，自身则充当协调者的角色。

2. 在支持手段上，从相对单一的手段向综合手段转变

随着我国孵化器行业的发展，政府在支持孵化器行业的政策选择方面逐渐从相对单一的财税政策工具向综合使用金融政策、用地政策、知识产权政策等政策工具转变。例如，建立风险补偿机制，对投资失败或者首次贷款出现坏账的情况给予一定比例的补偿。政策工具的多样性也体现出政策的作用对象、作用阶段更加全面，内容更加丰富。

3. 在政策理念上，从管理理念向服务理念转变

早期科技企业孵化器的政策往往围绕认定条件、认定程序、监督管理、政策措施等，偏重于管理色彩。随着服务型政府建设进程的不断推进和"放管服"改革的持续深入，政府在孵化器行业的政策也更多地体现出服务的理念。例如，明确规定了责任主体，确定了各个部门在科技企业孵化器建设中的职责和分工，加强了部门间的合作和沟通，在工商注册、税收优惠、人才引进、土地规划、基础设施建设等方面提供了高效优质的服务。

第二章 创业孵化的北京"范儿"

北京的科技创业孵化事业在改革开放的浪潮中孕育,伴随着城市的发展不断成长,在组织形式、创业孵化模式、国际合作等方面进行了积极的探索,创造了多个"全国第一",形成了自身鲜明的特色,为创新、创业、城市建设和经济社会发展,发挥了重要作用。

一、北京范式的几个特征

北京有其特殊的文化底蕴和城市功能。在这片土地上生长起来的创业孵化机构及创业孵化体系,历经30余载,形成了独特的范式。如同在丰沃的土壤里生长出的美丽花朵,得益于先进的创新创业文化、得天独厚的创新资源、活跃的技术创业,北京的创业孵化事业起点高、需求大、资源足、模式多元、快速迭代、引领潮流。具体呈现出以下几个明显的特征。

(一)中关村生态完善

中关村是中国高科技的一面旗帜。改革开放以来,中关村一直是全国科技体制改革、科技成果产业化、高科技产业发展的引领者。创新创业生态系统的各种要素,包括研究开发、技术转移、研发服务、人力资源、知识产权、天使与创业投资等非常发达;要素之间的连接充分,协会、联盟、共同体等体制化社群十分活跃,正式与非正式的日常交流频繁,通过"三三会"这样的定期活动,各式各样的论坛、沙龙等建立了各种要素间熟悉、连接、产生化学反应的机制。

在北京,孵化器的建立与运营,天然地受益于中关村创新创业生态系统,各种协同服务相对容易获得,因而创业孵化能力和绩效的起点较高。同时,强大的创业孵化系统又推动了中关村生态系统的演化和完善。

（二）政府的恰当定位

北京市政府及其相关部门，特别是北京市科委和中关村管委会，在30多年的孵化器发展历程中，发挥了恰当的作用。第一轮，亲自干，20世纪80年代末，市科委发起并组织指导了第一批创业孵化机构；第二轮，着重发挥政策的导向作用，1999年实施的首都"二四八"重大创新工程，其中的"二"就是两个体系：创新服务体系和创业孵化体系，北京在全国率先出台了刺激孵化器发展的财政政策并取得了显著的成效；第三轮，前瞻性地转变孵化器发展方向，2004年以后，在全市重点推动专业孵化器的发展；第四轮，打破孵化器传统样式的窠臼，2012年，中关村管委会和北京市科委在科技部火炬中心的支持下，把一批"创新型孵化器"纳入创业孵化系统，此举为两年后提出的"双创""众创空间"及其后全国创业孵化大发展，提供了重要的实践基础和理念基础；第五轮，优化考核评价的"指挥棒"，2020年，北京市出台新的《北京市科技企业孵化器认定管理办法》，颠覆性地改变了政府对孵化器的认知、评价和管理（详见附录）。

（三）孵化对象供给充分

北京在科技创业资源上，有得天独厚的优势。北京科学技术研究开发的设备设施、人力资源、活动、产出的密度，是全球首屈一指的。因此，这个城市的原始创新活跃，在几乎所有科技领域、产业门类上的早期项目异常丰富，技术创业者数量众多，提出的创业孵化需求旺盛。同时，全国各地及海外的早期技术创业项目，由于依赖进一步研究开发的设备设施、技术人力资源，常常会首选北京。简而言之，科技企业孵化器在北京天然有市场。

（四）孵化人来源多样

孵化人，就是创业孵化机构的运营者，特别是其发起人和（或）主要管理人员（我觉得其英文应是incubater，这是目前不存在的一个单词，开玩笑地说，这是我对英语的一个贡献）。

做孵化人很难，需要具备多重素质、多种能力，领域或行业的"老炮"才可能胜任。北京有全国最多的高校、最多的独立科研院所、最多的外国官方机构、最多的央企、最多的跨国公司研发中心、最多的天使投资。这些机构为北京提供了丰富的孵化人。

（五）持续求新求变

北京的大多数老牌孵化器都经历了几轮的经营模式迭代升级，包括北京高技术创业服务中心、海淀创业园、海淀生物医药园、瀚海、汇龙森等。

全世界孵化器、加速器的各种样式在北京都能找到，如创新工场、奇绩创坛、AA加速器、优客工场等。

十几年前那一批创新型孵化器，包括亚杰商会、创业邦、36氪、车库咖啡、联想之星等，完全是"四不像"，却开创引领了一股潮流。

"双创"以来，北京内生出一批新模式，如小米生态链、百放英库、谷仓创业学院、埃米空间、洪泰智造工场等。

（六）布局全国全球

许多北京的创业孵化机构，并不把自己限定在北京市场，它们积极地"开疆拓土"，在全国和全球布局。北京瀚海集团，是全国最早在海外建设孵化器、科技园的民营孵化器，在美国、加拿大、德国等都建有分支，在国内多地也在运营创孵机构。启迪之星在全球已经建立了近200家创业孵化机构。这种情况在北京很普遍，据统计，北京1/4的孵化器在外地有分支，40%的众创空间在北京以外建有分支机构。

二、北京创业孵化30年

北京市第一家科技企业孵化器——北京高技术创业服务中心于1989年成立，拉开了北京市创业孵化事业的序幕。30多年来，北京创业孵化行业主要经历了3个发展阶段。

（一）概念导入期

1989—1999年是北京市创业孵化事业的概念导入期。1988年，在"中国高新技术产业开发计划"（简称"火炬计划"）的指导下，北京市孵化事业不仅在制度上进行了一系列的改革，形成了事业单位企业化管理、经费自收自支等机制，还在孵化功能的提升、孵化服务的深入方面进行了艰难的探索。起初由于办公面积有限，只能实行"场外孵化"，仅为初创企业提供简单的政策咨询。随着孵化办公场地的建设，后期的孵化服务新增了关于金融证券、企业管理、经营管理、对外贸易等方面的培训指导，以及举办一些关于分享创业体会和经验的交流会，这些服务对成长中的中小企业的发展壮大起到了非常重要的作用。

在这一阶段，创业孵化行业呈现出以下一些特点。

① 注重创业孵化的公益性。在这一阶段，科技企业孵化器的服务更加突出社会效益，不追求自身的经济利益，不以营利为目的，孵化器的正常运转仅靠少量房屋租金和开发收益。

② 实行孵化器的"事业单位企业化管理机制"。在这个阶段，北京的创业孵化机构绝大部分为事业单位体制。一是因为创业中心作为火炬计划总体的一部分，与作为事业单位承担国家任务的属性完全契合，且当初规划建立创业中心时是由国家科委通过地方科委和高新区逐层传导"任务"建立起来的；二是在创业中心初建阶段作为一个事业单位有利于打好基础，可得到政府的重视和支持。这样的政府背景，也是在政府职能由直接管理向间接调控转变过程中，探索和积累政府对高新技术产业发展进行引导的宝贵经验；同时，政府事业单位的背景也是政府保护和支持民营科技企业的重要体现。此外，我国经济体制改革深化发展，建立全额拨款的事业单位已不合时宜，创业中心也更应探索在服务中发展，通过政府提供初期的必备条件，建立自我发展的良性循环。

③ 多种类型的孵化器崭露头角。北京孵化事业的发展在这一阶段就已经开始了类型上的衍生和分化，出现了面向特定领域的专业技术孵化器，如1997年成立的北京生物医药高科技孵化器；依托国有企业雄厚的资源而成立的国有企业孵化器，如1999年成立的全国首家依托国有大企业的产业孵化器——北京北内制造业高新技术孵化基地有限公司；为留学归国人员服务的留创园，如1997年创建的北京市留学人员海淀创业园；利用大学的人才、技术、试验设备、信息和图书资料等综合的智力优势资源而建立的大学科技园孵化器，如1994年开始组建清华科技园发展中心；建立满足经济全球化发展趋势的国际企业孵化器，如北京的IBI等。

④ 率先布局孵化网络建设。在北京市创业孵化事业发展的早期，就十分注重孵化器发展的整体布局，做好政府、科研机构、大学、创业者、会计律师事务所等中介机构的互动和交流。以"切实推动北京市行政区域内各种企业孵化器的建立和发展，培育高新技术产业的生长源，营造优越的区域创业环境"为总体目标，1997年北京市科委组织成立了"北京高科技企业孵化器网络"。1998年，孵化器网络依托北京科教信息网，搭建了国内当时为数不多的创业网站——"北京创业网"。

（二）快速发展期

2000—2011年为北京创业孵化行业的快速发展期，创业孵化在经济科技发展中的市场影响力不断提升，重要性逐步凸显，有更多的社会力量加入孵化事业的发展当中。

在这一阶段，政府强力推动创业孵化的发展，出台了一系列政策支持创业孵化器事业的发展。

一是注重创业孵化体系的建设。2000年，北京市政府印发了《首都二四八重大创新工程实施纲要》（京政办发〔2000〕64号），明确了以发展高科技为主线，重点建设首都创业孵化体系和首都经济创新服务体系。建设首都创业孵化体系的主要目标是：在政府的引导和支持下，运用市场经济规律，集成资源，把孵化服务机构、创业资本市场、中介服务机构及其他资源有机组合成完整的体系，为科技企业的诞生、发育和壮大提供一个良好的环境。2001年，北京市科委发布了《首都创业孵化体系建设纲要》，再次明确了建设"首都创业孵化体系"的重要性。

二是积极推进孵化服务载体的建设和发展。2000年，《北京市关于加快科技企业孵化器发展的若干规定（试行）》发布。其主要内容是：①鼓励境内外机构、企业和个人设立科技企业孵化器。②建立北京市技术创新创业资金，由专门机构管理，按市场化运作。鼓励各类风险投资机构及民间资本向在孵企业进行股权投资或与科技企业孵化器共同出资建立种子资金。各类投资可通过企业股权回购、产权交易等方式撤出。③鼓励利用国有企事业单位闲置厂房、设备投资兴建科技企业孵化器。④允许科技企业孵化器的经营者和管理骨干实行年薪制或股权激励；允许科技企业孵化器经营者获取在孵企业的认股权或购买在孵企业的期权股份。⑤允许以科技企业孵化器为单位统一办理在孵企业的各种行政性和社会性收费及其他行政性和社会性管理事项。⑥对高新技术产业孵化基地征收5%营业税，自开办之日起两年内免征企业所得税。同时，由于大学科技园是另一种更靠近技术创新主体、更容易为创业者提供创新支持的孵化机构，2001年年初，北京市科委、北京市教委启动"北京市大学科技园"评审认定工作，并印发了《北京市大学科技园管理实施办法（试行）》，确定了北京航空航天大学、北京理工大学、北京科技大学和北京工业大学等6个大学的科技园为第一批"北京市大学科技园"。同年，清华大学科技园和北京大学科技园率先成为国家级大学科技园。

三是将"专业化"作为创业孵化机构发展的重点发展方向。2010年，北京市科委发布了《北京市高新技术产业专业孵化基地认定和管理办法》（京科发〔2010〕700号），提出要引导科技企业孵化机构专业化、市场化发展，加强专业能力建设，提升整体服务水平，完善北京创业孵化机制。该办法在专业孵化基地的认定、管理、服务等方面做了具体规定。

这一时期的北京市创业孵化行业的发展呈现以下特点。

① 多元化发展模式。北京市科技企业孵化器的发展运营主体不断多元化，除了政府的力量，投融资机构、大学和科研院所、外资企业等力量都逐步进入孵化器的发展当中，相继出现民营企业及中外合资等孵化器类型。

② 营利型孵化器开始出现。大家普遍开始注重孵化发展中的营利性问题，一批民营性质、营利型孵化器探索形成了孵化器商业模式和运营机制。

③ 一批"创新型孵化器"进入创业孵化行业。一是诸如联想之星、亚杰商会等以培训辅导为特色的孵化器；二是诸如创新工场、天使汇等以投资服务为特色的孵化器；三是诸如微软云加速器、云计算产业孵化器等提供产业内专业化服务的孵化器；四是诸如创业家、36氪、创业邦等主打媒体宣传服务的孵化器。这些新型创业服务机构的服务范围包括项目筛选、团队搭建、项目指导等，提供包括投资、培训、媒体打造等多重环节的服务，在服务过程中会重点突出某个环节的服务，来提升自己的品牌影响力和竞争力。

经过这一段时间的发展，北京市孵化事业的运作模式更加先进、专业服务水平不断提升、孵化平台建设不断完善，为后续"双创"在全国范围内的兴起奠定了实践基础。

（三）爆发增长期

2012年至今，是北京创业孵化行业爆发式发展阶段。北京在孵化器的新模式、孵化机构集聚、创业生态系统建设等方面做了前瞻性的探索。这一时期的北京市创业孵化行业的发展呈现出以下特点。

一是新型孵化载体"众创空间"异军突起。2012年，党的十八大报告明确提出实施创新驱动发展战略。同时，随着互联网的发展，尤其是互联网开放平台带来的创新创业生态、天使投资的快速壮大、众筹互联网金融的活跃、市场信息和服务信息的快速获取，使创新创业获得了社会低成本的协同配合，降低了创新创业的门槛和成本，机会窗口逐渐被打开。此后，全社会表现出强烈的创业意愿，创业的巨大能量开始释放。此次创业浪潮呈现出由精英走向大众的鲜明特点，出现了以大学生等"90后"年轻创业者、大企业高管及连续创业者、科技人员创业者、留学归国创业者为代表的创业"新四军"，包括返乡农民工在内的草根群体也越来越多地投身创业，创新创业已经成为一种价值导向、生活方式和时代气息。面向新一代创业者的需求，众创空间应运而生。市场和政府协同发力，各类投资者进入众创空间领域，极大地丰富了众创空间的形态和内涵，使得众创空间呈现出市场化、多样化、国际化、轻资产、重服务、协作共享等鲜明特点。

二是"硬科技"创业成为鲜明特色。据2017年调查显示，76%的中关村创业企业属于新一代信息技术、人工智能、医药健康等十大高精尖产业。从数量上看，新一代信息技术依然是中关村创业最集中的领域，21.8%的创业企业属于这一领域。医药健康企业数量虽然仅占7.7%，但是收入占整体的15.8%，营收能力突出，具有持续发展的潜力。同时，高端装备制造业数量占比变化不大，但是收入占比明显提高，保持了良好的发展趋势。2018年授牌的27家中关村示范区硬科技孵化平台，落地在海淀、昌平、丰台、房山、大兴、怀柔等多个中关村分园。平台主要聚焦服务新一代信息技术、医药健康、智能装备、人工智能、集成电路、新材料等高精尖产业领域。

三是"走出去"的步伐加快。孵化器、众创空间等孵化载体瞄准市场需求，超过1/3向京外输出品牌，不仅在京津冀和环渤海地区形成区域协同效应，还在经济发达、资源丰富的地区，如上海、深圳、广州、成都、西安等区域设立自身的分支机构，在全国孵化行业的发展中起到了牵头引领的作用。有些具有国际资源、孵化模式先进的孵化载体更是走出国门，在海外设立中心，发展业务。

四是出现创业孵化集聚区。随着行业的发展，产生了创业孵化机构集聚的需求，中关村创业大街、中关村智造大街等行业集聚区相继建立。中关村创业大街以建设具有全球影响力的科技创新中心为引领，按照"政府引导、市场化运作"的方式，旨在构建全球创新创业生态圈，着力建设以产业创新和全球创新为特征的全球创新创业高地。中关村创业大街以创新创业需求为导向，积极推动政府、大企业、资本、创新创业者对接和融合。目前，街区汇聚了包括联想之星、创业黑马、北创营、清华经管创业者加速器、车库咖啡、氪空间等在内的45家国内外优秀创业服务机构，联合一大批大企业、高校、风险投资机构等各类合作方，不断探索模式创新和服务升级，打造各具特色的创新创业服务，在各个垂直领域形成矩阵式服务体系。同时，中关村创业大街及入驻机构在国内拥有分支总数超过100家，向全国输出创新创业理念、服务与资源。中关村创业大街积极链接全球创新资源，建设全球创新平台，持续拓展国际合作网络，加快从本地运营向全球创新升级。中关村创业大街及入驻机构在海外拥有分支机构与办公室近10家，与美国、以色列、芬兰、瑞典、法国、新加坡、澳大利亚、印度等20余个国家和地区的50余个机构开展合作，吸引全球创新资源和人才汇聚，助力高精尖技术与项目落地，积极打造成为全球创新资源进入中国的窗口和平台。

三、北京创业孵化的"第一"

30多年的时间里,北京的创业孵化行业不断探索,不断迭代,有一批勇于"吃螃蟹"的人,创造了一批"第一"。

(一)北京第一家科技企业孵化器

1988年,北京市政府批复了市科委关于实施火炬计划的意见。根据这个意见,北京市科委着手成立北京高技术创业服务中心(简称"创业中心"),成立了精干的筹备小组,组长由当时北京市科委高新处处长刘培温兼任。1989年3月7日,北京市编制委员会办公室批复北京市科委:"同意成立北京高技术创业服务中心。为市科委直属事业单位。实行企业化管理,经费自收自支。"3个月后,北京第二家科技企业孵化器——海淀创业中心成立。

初期的创业中心承担了北京市科委委托的北京火炬计划的落实工作,负责管理1500万元火炬基金,对中小科技企业进行扶持。创业中心最早的办公地点在二里沟研究院,条件简陋,仅有10平方米的办公场地,8名工作人员,对企业只能实行"场外孵化"。

1990年年初,创业中心的条件得到初步改善,办公地点搬到了西直门,有了3间办公室,共100多平方米,员工人数增加到13人,配备了比较齐全的办公设施,组织架构初步形成,成立了三部一室,即企业部、投资部、技术部和办公室。由于一年来工作成效突出,创业中心获得了在北京市科委的领导下对火炬计划项目完成情况进行验收的资格,这增强了创业中心对政策导向、科技企业发展方向的把握能力,使其能够更好地为创业企业提供服务。

1989—1995年,创业中心利用创新基金实现有偿的滚动发展,使基金实现了保值增值。创业中心主要通过这种方式维持自收自支,在艰苦的条件下为在孵企业提供支持。北京工业大学电子厂的UP微型打印机就是这一时期创业中心扶持的成果之一。该项目在火炬基金的支持下,多次利用孵化基金滚动资助,顺利完成了成果转化,投入市场,成功实现了商品化、产业化,取得了良好的经济效益。

创业中心初期的主要工作就是走访项目,无论寒冬酷暑,创业中心员工仅靠一辆自行车走遍了京城的项目承担单位。尽管条件艰苦,但创业中心的全体员工发扬"特别能吃苦、特别能战斗"的精神,勤勤恳恳、不知疲倦地开拓着创业中心的事业,一心一意在为企业服务,力所能及地组织有关政策法规、管理、科技等方面的培训,并同时组织企业间的交流活动。

1990年8月，由国家科委主办，创业中心承办的第一次全国创业中心大会在北京举行。会议指出，高新技术创业服务中心是改革开放的产物，是经济体制改革与科技体制改革的产物，是为高新技术成果商品化、产业化的创业阶段提供服务的机构，是实施火炬计划的重要手段和措施，是高技术产业支撑服务体系的重要组成部分。会议还提出"服务为主，开发为辅"的方针，这是创业中心与一般科技开发机构的主要区别。创业中心的基本工作方式是从项目孵化入手，培育企业和企业家。会议对资金、场地、政策、评价等问题展开了讨论。这是我国创业中心初级阶段的重要会议，组织起一批在创业中心工作的专门人才。本次会议加强了全国各创业中心之间的联系，促进了全国孵化器事业的发展。

1992年，在南京召开的火炬计划第二次全国会议上，北京市副市长陆宇澄同志提出了两个"五千"，即"五千万的资金，五千平方米的孵化场地"。1992年，创业中心投资并参与了"863"项目的国家一类新药中试基地的筹划组建工作。该项目获得国家火炬计划批准，最终建成了符合国家GMP标准的生产厂房，成为一流的生物医药中试基地。创业中心支持了这个具有自主知识产权的项目并取得了较为丰厚的回报。

1993年12月，北京创业大厦（现在创业大厦C座）正式落成启用，这在创业中心的发展史上是一件里程碑式的大事。从此以后，创业中心就有了属于自己的孵化场地，告别了"场外孵化"的历史，实现了创业中心发展的重大飞跃。宽敞、良好的孵化场地、一系列相应配套的优秀设施，为科技企业服务创造了更好的条件，大大拓宽了服务内容，提升了创业中心的孵化功能。创业中心为入孵企业配备了基本商务服务、物业管理、公共会议室、活动厅等，还增设了生活服务、银行、邮局等各种机构的上门服务，方便了入孵企业全身心投入主攻项目。C座孵化面积有8300平方米，当年就有10家高技术企业进驻。

随着新的孵化场地的建成，孵化能力的进一步提高，创业中心增加了新的孵化服务形式，开设了各种培训班，有金融、证券、企业管理、对外贸易、经营管理方面的培训班及创业体会和经验交流，邀请知名专家、教授或领导企业发展的实干家来讲授或交流一些专业问题。这些政策性指导的培训对于成长中的中小企业的发展壮大起到非常重要的作用，使北京创业中心的旗舰作用也越来越充分。

在北京市科委的支持下，创业中心陆续承担了科委委托的更多新任务，进一步拓宽了服务内容，不断提升服务质量，创业中心的发展进入新的阶段。

1997年，全国创业中心成立十周年纪念活动在武汉举行，北京高技术创业服务中心等10家单位被国家科委认定为首批国家级创业服务中心，创业中心主任冯光钧同志被国家科委授予"创业中心老战士"荣誉称号。

30多年来，创业中心一直在北京的创业孵化行业中发挥着领头羊的作用。创业中心是北京创业孵育协会的发起者，2000年出了5万元注册经费，提供了场地，提供了人力。创业中心帮助了一批孵化器的建立，曾拥有过10多家孵化器的股权。

（二）第一家专业技术孵化器

专业技术孵化器是为特定技术领域的创业企业提供服务的孵化器。它除了具有综合性孵化器的基本服务功能外，还能够为创业企业提供专业化的公共技术服务，包括专业化的技术开发、测试等设施，专业化的辅导团队，专业化的投融资服务等，是孵化器深化发展的产物。

北京生物医药高科技孵化器，1997年由北京市科委、北京医科大学共同组建，由北京北医联合生物工程有限公司运作，总经理是宋东女士，由国家卫生部和北京市科委共同授牌成立，被认定为北京市第一批高新技术产业孵化基地，是北京最早出现的专业技术孵化器。

北京生物医药高科技孵化器的主要任务是将大学和科研院所生物医药领域的科研成果转化为具有市场价值的技术产品。该孵化器以北京医科大学为技术依托，广泛吸收来自国内外各种研究机构生物医药领域的高科技项目，对这些项目进行技术经济评估，筹措风险资金，进行中试放大，申报新药和临床前及临床研究等开发工作，使这些项目成为成熟的、有工业化价值的高科技成果，再输出给企业。同时，负责对企业的孵化，包括对企业技术人员、项目管理人员的培训及对企业有关生产工艺、厂房设计的指导等，直至企业能独立生产合格的产品。形成"依托高校、政府支持、企业运作"的鲜明特点。北京生物医药高科技孵化器多次承担国家级火炬项目、北京市级火炬项目、"1035"工程项目、"863"计划项目、"95"攻关课题10多项，申报国家发明专利及PCT国家专利近10项。

（三）第一家国有企业孵化器

国有企业孵化器是指国有大型企业创办科技企业孵化器，利用国有企业的各种资源，结合大专院校和科研院所、专业性公司及相关机构的优势，为科技创业人员提供更良好的环境、条件和服务的孵化基地，是具有典型中国特色的企业孵化器类型，其产生和发展为国有企业改革发展探索了一条新路，也为我国企业孵化器事业的发展注入了新的活力。

北京内燃机集团总公司（简称"北内"）曾经是我国最大的内燃机生产企业。该集团于20世纪80年代引进的新产品未能形成新的增长点，而此时，老产品已经越过成熟期，市场需求量大幅下滑，多种因素导致这家大型国企陷入困境。在认真调研了深圳及整个珠江三角洲地区飞速发展的原因后，决定走出一条在国企中做"特区"以吸引中小企业的创新发展之路。作为第一个试点，1998年，北内引进了一家锁具企业。当时，北内将厂房免费提供给这家企业，条件是该企业要吸收北内的50名职工，并且承担工人们所有的费用。最终，锁具厂同意了北内的条件，50名工人正式上岗，闲置的厂房得到了利用。随后，获得国家发明专利的几万把新型锁具也在市场上站稳了脚跟。这迈出的第一步让北内人尝到了甜头，此举也得到了时任科技部副部长徐冠华的肯定。1999年8月，我国第一家国有企业孵化器——北京北内制造业高新技术孵化基地（简称"北内孵化器"）正式诞生。"把高新技术企业吸引进来，和原有资产进行组合，形成新的利益增长点。"在这种理念的指导下，北内孵化器在充分利用自己的厂房、工人、设备等资源的基础上，打破条条框框，降低进入门槛，在成立一年多的时间里，接触的项目和企业就达到100多家。首都网络化制造服务平台是北内孵化器的另一个尝试。资源闲置和资源短缺并存的现象在制造业中屡见不鲜，一般来说，在该行业中，资源很难得到最大限度的有效利用。与此同时，由大量数据库支撑的网络服务平台却有不少都处于闲置状态。北内孵化器的网络服务平台不但可以为企业提供物资、人力资源信息，帮助企业实现资源的合理配置，而且一路畅通不设密码，对任何浏览者都完全免费。同时，北内孵化器的工业设计中心等单位也支持这个项目，为制造业中小企业提供技术设计、财物管理等专业化服务。北内孵化器的网络服务可以使许多制造业中小企业省去聘请大量的技术、财务人员的费用。这个具有自主知识产权的网络平台有效解决了制造业内资源配置不合理问题。

（四）第一家注册为企业的孵化器

为了充分发挥市场的良性作用，寻求最有利于孵化器发展的模式，北京市开始探索孵化器的企业化运作，建立产权清晰、权责明确、政企分开、管理科学的现代企业管理制度和运营方式。

1999年4月，北京市科委与北京航空航天大学共同组建成立"北京北航天汇科技孵化器有限公司"（简称"北航天汇"），这是全国首家企业化运行并以"孵化器"作为企业名称的科技企业孵化器。该孵化器启动资金来源于北京市政府支持，北京航空航天大学则以技术实力、人才和基础设施支持为主。组建有限责任公司以后，董事会成员以北京市科委下属事业单位、北京航空航天大学所属公司委派的人员组成。同年，另一家企业孵化器——清华创业园（启迪之星的前身）注册成立。

20多年来，北航天汇得到了北京市科委和科技部的大力支持与高度认可。2000年被北京市科委认定为首批高新技术产业孵化基地，2004年被科技部认定为国家级孵化器，连续多年被评为国家级 A 类优秀孵化器。

自成立以来，北航天汇依托北京航空航天大学的学科优势，充分发挥创新源头引领作用，聚集电子信息、AI、VR/AR、智能制造及航空航天领域等创业群体，广泛整合社会服务资源、科技创新资源，创建战略新兴产业源头企业专业化服务模式。截至2019年年底，拥有在孵企业 227 家，主要集中在新一代信息技术、集成电路、智能制造领域；其中，国家高新技术企业 50 余家，科技型小微企业、中关村高新技术企业占比 70% 以上。自成立以来累计孵化企业 1200 余家，在孵企业累计融资额 25 亿元，累计授信额 6.2 亿元，企业主要集中在电子信息、虚拟现实、智能制造等人工智能及相关领域，挖掘了一批创业家、企业家，毕业企业留京千余家。目前，从北航天汇已经走出了上百家国家新技术企业，其中包括智明星通等在内的 19 家知名高科技上市公司。

（五）第一个新经济产业孵化器

2014 年 1 月，小米生态链正式成立，标志着我国第一个新经济产业孵化器的诞生。小米并不借助传统的收购或加大研发投入等手段进入新领域，而是通过小米生态链对生态链公司进行"投资+孵化"，不断拓展自身业务领域，突破成长瓶颈。

小米生态链主要为生态链企业提供产品定义、工业设计、研发、品控、供应链等诸多资源，提供品牌、渠道、销售和售后支持，支持和帮助生态链企业降低成本。同时，成功的生态链企业也为小米生态链带来了市场、人才和系统支持的全方位反馈，扩大了平台边界和产业孵化中资源支持的数量和质量。随着越来越多的高质量架构资源进入小米产业孵化平台生态系统，使得新孵化生态链企业成功率上升，又进一步增加了整个生态系统对外部资源提供者和创业企业的吸引力。

经过 7 年多的运作，小米生态链团队摸索出了独特的投资孵化模式，即以从零孵化、合资、占股的形式帮助生态链企业创业；形成了聚焦于"手机、手机周边、智能硬件、生活耗材"的投资圈层，孵化了华米、云米、紫米、石头科技等一大批优秀生态链企业，发展成为一个万物互联、基于企业生态的智能硬件孵化器。

2016 年年底，小米生态链上已经拥有了 77 家企业，生态链企业整体销售额超过 1000 亿元，16 家企业的年销售额破亿元，出现 4 家独角兽企业。截至 2018 年 3 月，小米投资或孵化超过 210 家公司，包括 90 家专注于发展智能硬件及加强小米生态系统的公司。通过独特的生态链模式，小米投资带动了更多志同道合的创业者，截至 2020 年上半年，小米生态链企业已经超过 300 家，账面总价值达 368 亿元。同时，小米建成了连接超过 2.9 亿台智能设备的 IoT 平台。连接智能设备 5 件及以上 IoT 产品的用户超过 560 万人，连接的产品服务全球 6000 万家庭；平台已接入产品超过 2000 款，且有数十个品类的产品销量行业领先。

（六）第一家企业加速器

2006 年 2 月，中关村科技园区管委会等单位联合举办了"现代企业加速器发展论坛"，对如何培育我国企业加速器进行了深入探讨。2006 年 6 月，中关村永丰产业基地现代企业加速器（简称"永丰企业加速器"）在北京动工兴建，拉开了中国企业加速器建设的序幕。

2007 年，北京中关村永丰产业基地率先建设企业加速器。目前，永丰企业加速器建有 43 万平方米的标准厂房、新材料大厦、新科技成果转移中心等基础设施；提供"三个保障、四大平台、五类服务"。作为永丰产业基地的核心，永丰企业加速器立足当地优势产业，在空间布局、产业发展方面与外部环境良性互动，加速客户产业成长，推动区域产业完善和发展。鉴于永丰产业基地在新材料、电子信息等产业上的优势和基础，永丰企业加速器积极与北京普天德胜科技孵化器、北京科方创业科技企业孵化器、望京科技创业园、北京新材料孵化器、北京北方车辆新技术孵化器有限公司展开合作，有效连接，联合打造低能耗、低污染、高增值的产业集群。

永丰企业加速器目前已吸引用友、航天电子、安泰科技、钢研高纳、北斗星通、四维图新等高新技术企业入驻，形成新一代信息技术、新材料、导航与位置服务三大主导产业格局。今后将聚焦人工智能、金融科技、商业航天三大硬科技领域，致力于将中关村壹号打造成为全球硬科技（人工智能）创新中心。2020 年，永丰产业基地入驻企业已达 900 家，实现总收入 800 亿元，上市企业有 18 家，年度销售收入超过 10 亿元的企业有 15 家。

（七）第一个创新街区

2013 年，国内第一个创新街区——中关村创业大街在北京成立。中关村创业大街的特点有以下几个方面。一是发展历程独特。车库咖啡、3W 咖啡等创业服务机构的出现为周边高校大学生创业及大型互联网工作人员离职创业提供了必要的场所、营造了创业氛围，这种自然的集聚为创业街区的打造奠定了基础。此外，在中关村创业大街的建设中政府也发挥了作用，为创业人员优化创业流程，提供合理的优惠补贴，吸引了海内外创新人才的集聚。二是积极构建全球产业创新生态。中关村创业大街自成立以来已经从创新创业要素集聚的阶段逐步发展到创新创业生态的阶段。在国际化的趋势下，中关村创业大街逐步演变成了全球产业创新生态。中关村创业大街从一条街逐步发展成了一个生态，使得中关村创业大街更加活跃开放，功能完备，也更注重创新项目的产业对接和落地。如今，中关村创业大街在全球有200多个合作渠道，联合入驻机构在海外设立10余家分支机构，吸引近10家国际服务机构、创业社群等落地，服务的30多支海外团队落地。

（八）第一个创业孵化行业协会

北京市在创业孵化事业发展的早期，就十分注重孵化器的整体布局、行业共治。1997年12月，北京市科委组织成立了"北京高科技企业孵化器网络"，探索行业推动的模式。该网络的总体目标是：切实推动北京市行政区域内各种企业孵化器的建立和发展，培育高新技术产业的生长源，营造优越的区域创业环境。

我有幸于1998年6月进入北京市科委系统，负责"网络"的运营。这个网络，是北京市科委提出整合首都创新资源的"五网一桥"的一部分，由北京市科委新技术处负责。当时，北京有12家创业孵化机构，在该网络组织下，大家都很积极地相互交流协作。当年开始编撰《北京创业孵化年度报告》。当年上线了"北京创业"网站，这是全国比较早的创业类网站。

1999年，意识到"网络"的局限性，我提出成立一个专门的协会，还起了个有特色的名字：北京创业孵育协会。这个建议得到了北京市科委领导的支持，开始组建。因为这是一件新鲜事，所以还是费了点功夫。一是关于名称和业务，跟社团办的工作人员沟通了许多，得到认可和支持。二是按照规定，发起协会得有30家以上的创始机构，但孵化器只有12家，所以找了另外一些机构参加，包括清华大学产业技术研究院这样的研发机构，还有一些投资机构、服务机构等。

2000年6月，北京市各企业孵化机构、咨询服务机构、投融资机构、科研机构和高科技企业等自愿联合发起成立"北京创业孵育协会（Beijing Business Incubation Association）"，经北京市社会团体登记管理机关核准，注册登记为非营利性社会团体法人，成为首家全国孵化行业协会，我任秘书长、法人，有幸请到了科技创新领域的大咖——孔德涌先生作理事长。该协会旨在加强北京市孵化器同科研机构、中介服务机构、风险投资机构、其他地区孵化行业组织的联系；协调各方面的行动，举办各种培训，提供信息服务；增强首都各企业孵化器的孵化能力，使其促进科研成果转化、孵育创业者和新建高科技小企业的潜力得以充分发挥；推动首都高新技术产业的发展。

（九）第一个上市的众创空间

2020年11月，优客工场完成与特殊目的收购公司（Orisun Acquisition Corp.）的业务合并，通过新型上市融资方式——特殊目的收购公司（SPAC）途径正式登录纳斯达克。此次赴美上市，优客工场实现融资6650万美元（折合约4.36亿元），并成功超越共享办公行业领跑者——美国WeWork，成为全球共享办公行业第一股。

优客工场成功上市为创孵机构资本运营提供了新的思路，开创了众创空间发展的新领域。首先有利于补足众创空间资本运作的短板。上市后，优客工场又成功完成2000万美元的募资增发，进一步壮大了自身的资金实力。同时，优客工场积极推广自身成功上市的模式，大幅扩展了自身的商业版图，发起成立了新的特殊目的收购公司（SPAC），作为壳公司在纳斯达克挂牌上市，寻求对全球，尤其是亚洲地区在电商、新能源、企业服务、教育、生物医学领域的高成长性企业进行投资。优客工场成功上市也有利于规范其经营管理，形成强大的品牌影响力，获得市场的广泛认可，在更大范围内集聚全球创新、创业资源，推动优客工场进入发展的快车道。数据显示，截至2020年年底，优客工场业务覆盖城市56个，同比增加10个城市，增长率达22%；项目总数239个，增长率达13%；轻资产项目总数125个，同比增加78个，增长率达166%；轻资产项目总面积351 461平方米，增长率达105%。

（十）第一个产业技术联盟联合会

2009年，中关村国家自主创新示范区的13家产业技术联盟成立了中关村产业技术联盟联合会（简称"联合会"），这是一个会员单位为产业技术联盟、具备社团法人资格的科技创新型社会组织，已被认定为北京市市级"枢纽型"社会组织、第二批科技服务业行业试点单位等。联合会紧紧围绕服务中关村产业技术联盟这一中心工作，在政治上发挥桥梁和纽带作用，在业务上发挥引领和聚合作用，在日常服务管理上发挥平台和枢纽作用，有力地促进了中关村产业技术联盟的发展。同时积极创新工作模式与机制，推动联盟之间协同创新、跨界融合，助力"京津冀""长江经济带"等国家战略及"一带一路"倡议。截至2019年年底，联合会共计有会员单位158家，关联高校和科研院所数百家、企业近万家。

中关村产业技术联盟联合会主要提供以下几种服务。一是打造中关村优势产业集群。中关村国家自主创新示范区作为国内第一个国家级高新技术产业开发区，是中国的高科技产业中心。联合会聚焦前沿信息、生物健康、智能制造和新材料、生态环境与新能源、现代交通、新兴服务等中关村重要优势产业领域，建立产业集群，积极推进产学研合作、促进产业链上下游合作，推动产业链协同创新和优势产业集群发展，为打造首都"高精尖"产业结构、建设具有全球影响力的科技创新中心和高技术产业基地做出重要贡献。二是搭建中关村产业技术联盟信息服务平台。中关村产业技术联盟具有发展最早、规模最大、产业领域覆盖面广、发展质量全国领先、产业智库特征明显、人员专业化年轻化、跨界融合趋势显现等特点。联合会打造了中关村产业技术联盟信息服务平台，利用互联网技术整合联盟资源，搭建国际合作平台、金融服务平台、创新创业服务平台等，提升联盟和企业创新能力、增强产业集群联动效应、促进产业发展。同时，搭建协同创新服务平台，使联合会成为联盟与联盟、联盟与政府、联盟与社会之间交流合作的桥梁和枢纽，促进有关各方协同创新、合作共赢；关注京津冀区域合作，依托产业联盟的集群优势，结合京津冀地区的产业资源和需求，推进京津冀地区协同创新与发展。三是建设创新型科技服务体系。联合会为会员单位提供培训交流、沙龙论坛等服务，为各产业技术联盟搭建了相互交流和学习的平台，促进了联盟间的跨界融合；政策宣讲，帮助中关村产业技术联盟及其成员企业及时了解中关村的最新政策；产业研究，以产业链、产业技术路线图、产业联盟研究为基础，为企业和政府的决策提供产业咨询与研究服务，具体服务内容包括：产业技术路线图、产业链及产业联盟规划、城市发展规划、多规合一、区域战略规划、产业发展规划、园区发展规划等。此外，联合会积极走访联盟，加强了联合会与会员单位之间的沟通交流，加深了联合会对成员联盟的了解，为联合会更好地开展服务工作，促进中关村产业联盟的发展，起到重要的作用。

（十一）第一个全球智能孵化网络

2018年1月20日，全球智能孵化网络（World Intelligent Incubation Network）在"首都科技发展战略研究院新年论坛"上正式发布。韵网（全球智能孵化网络）是首都科技发展战略研究院（中国知名智库，由科技部、中国科学院、中国工程院和北京市政府等组建）联合国内外相关机构和人士，发起成立的跨行业跨领域的国际性创业孵化服务平台。2018年3月20日，包括首都科技发展战略研究院、联合国绿色工业平台中国办公室、国内各地区孵化器、各地区孵化行业协会组织等在内的近100家单位成为该网络的发起机构。

全球智能孵化网络旨在以遍布世界主要城市的创业孵化机构为主要节点，借助大数据和人工智能等技术手段，实现大公司、投资机构、服务机构、创业企业、创业孵化机构、孵化者的广泛便捷交流和智能精准融合，完善全球化和智能化时代的创业生态系统，创建新时代"人类创新创业共同体"。

3年多来，韵网联合了美国、欧洲、以色列、非洲、日韩等国家和地区的200多家孵化器、加速器和创业孵化行业组织，开展创孵行业研究、创业孵化产业咨询、创孵人员培训、在孵企业智能服务，其会员有3000多家孵化器、1万多家创业企业和近百家大企业与投资机构。2019年7月，在科技部火炬中心的指导支持下，韵网与14家优秀创业孵化机构共同发起了全国新材料产业孵化共同体。2021年8月，韵网与君通电竞等机构联合发起了全国电竞产业孵化网络。

（十二）第一家国际企业孵化器

在经济全球化的背景下，我国在20世纪90年代，探索建立了国际企业孵化器，以提升我国中小企业的国际化竞争水平，帮助中国的高新技术企业开拓国际市场，逐步实现跨国经营与发展，同时帮助国外的中小型科技企业和研发机构进入中国市场。1997年5月，北京丰台、天津、上海、苏州、武汉、西安、重庆和成都作为科技部确定的8家国际企业孵化器试点单位，率先开展了国际企业孵化器建设。

北京国际企业孵化中心（简称"北京IBI"）自成立以来，充分发挥国际科技合作基地作用，加强行业沟通，拓宽国际合作渠道。举办国际培训班，通过导师授课、参观交流、项目推介等方式，为入孵企业搭建国际交流与合作的平台。从2001年开始，共举办国际研讨班20期，培训了来自欧、美、亚、非61个国家的399名学员，与30余个国家的科技园区及孵化器组织建立了长久而紧密的合作关系。"走出去"开拓国际市场，率企业赴巴基斯坦开展项目交流活动，达成实质性合作；承办"第四届中国海外学人高新技术产业发展论坛"、中关村孵化器发展论坛，促进国际交流与合作。

（十三）第一批留学人员创业园

为了更好地吸引和用好留学归国人员，最广泛、最充分地调动广大留学人员回国创业发展的积极性，并考虑这一群体的具体情况和面对的特殊困难，创造有利于发挥他们聪明才智的环境，从中央到地方都相继制定了一些鼓励政策，并依托高科技产业园区和科技企业孵化器（科技创业服务中心）探索建立专门的服务机构，留学人员创业园就此应运而生。

1997年年初，为落实国家留学政策，北京市留学人员工作主管部门提出了"根据留学人员的不同需要逐步建立若干个特点不同的留学人员创业园，最终形成北京市留学人员创业园网络"的总体构想，同时设计了由北京市留学人员服务中心分别同各区县有关部门、开发区、工业园区签订协议，共同创建留学人员创业园的总体规划。1997年10月，北京市留学人员服务中心首先与中关村科技园区创业服务中心签订协议，共建了北京市第一家留学人员创业园——"北京市留学人员海淀创业园"（简称"海淀创业园"），并率先构建了"提供专门的场地、专门的优惠政策、专门的管理机构与人员，以及专业化的优质服务"的"三专一优"的组织框架，这也成为日后留学人员创业园建设的一个重要参照标准。海淀创业园的成立进一步为留学人员创业园的创建提供了可供借鉴的模式，各地纷纷结合自身条件和需求建立留学人员创业园，并在短时间内快速成长。

经过多年的建设，目前海淀创业园已经拥有三大孵化基地，构建了"一个中心、三个平台、六方面服务"的完整的孵化服务体系，培育了一批又一批的优秀企业和企业家，得到了党和国家领导人、各级政府及社会各界的广泛关注与认可。2000年江泽民同志到海淀创业园视察；2003年胡锦涛同志接见了海淀创业园优秀毕业企业的创办人；海淀创业园先后被科技部授予国家高新技术创业服务中心、国家高新区先进孵化机构、国家科技计划（火炬计划）实施二十周年先进服务机构；获得科技部、人力资源社会保障部、教育部、国家外专局授予的"国家留学人员创业园首批示范建设试点单位"称号；被人力资源社会保障部认定为"全国创业孵化示范基地"；被北京市科委列为北京市高新技术产业孵化基地，认定为首批"首都科技条件平台"试点单位；荣获荷兰科学联盟颁发的"最佳社会投资收益奖"等。

截至2019年，海淀创业园累计孵化企业2000余家，其中，国家高新技术企业200余家，共引进1500余名留学归国人员入园创业，其中，博士738名，硕士724名。累计孵化出奥瑞金种业、启明星辰等25家在国内外资本市场上市及挂牌企业，培育和引进了152名海外高层次人才。

（十四）第一家海外民营孵化器

北京第一家民营企业孵化器——瀚海集团，是民营孵化器开展国际化的先行者。2012年2月，瀚海集团在美国硅谷圣何塞市重资产投资购置一栋位于圣何塞Brokaw路97号，占地25亩，建筑面积8000多平方米的独立写字楼，并以国内外派和当地招聘相结合的形式，打造专业科技孵化和运营团队，建立运营了中国民营企业在美国硅谷的第一家科技孵化器——瀚海硅谷科技园（简称"瀚海"），于同年4月开业运营。该项目也是在时任国家副主席访问美国，在中美经贸论坛中的签约项目。这标志着中国民营科技孵化器走出国门，走向世界，参与全球孵化境内加速的新篇章。

在硅谷科技园成功建立后，瀚海在接下来的几年中积极在海外布局，地域范围从美国硅谷拓展至旧金山、洛杉矶和波士顿,乃至德国和加拿大,行业领域也从电子信息拓展到生命科学、清洁技术和智能制造等国外技术领先、国内需求迫切的领域。

(十五)第一批创新型孵化器

2000—2011年是北京创业孵化行业快速发展时期,为满足创业企业的不同需求,涌现出的一批运作模式新、创新能力强、专业水平高、平台搭建好的新型孵化服务组织,大致可分为以下5种类型。一是投资促进型,这类孵化组织聚焦解决初创企业缺少资金的难题,聚集天使投资人、投资机构等资金资源,为初创企业提供融资服务,并帮助企业对接投融资的配套资源。典型代表有创新工场、车库咖啡和天使汇等。二是培训辅导型,这类孵化组织充分利用丰富的人脉资源,邀请知名企业家、行业专家、创投专家等为创业者提供专业的创业教育和培训辅导等服务。典型代表有联想之星、亚杰商会等。三是媒体延伸型,这类孵化组织主要由关注创业企业的媒体创办,利用媒体宣传的优势,采用线上+线下相结合的方式,提供包括宣传、信息对接、投融资资源对接等在内的服务。典型代表有创业家、创业邦和36氪等。四是专业服务型,这类孵化组织主要依托行业内的龙头企业建立,主要提供行业社交网络、专业技术服务平台及产业链资源支持,协助优质项目与资本的对接等。典型代表有云计算产业孵化器、诺基亚体验创新中心、微软云加速器等。五是创客辅导型,这类孵化组织是在互联网技术、硬件开源和3D制造工具基础上发展而来的,以服务创客群体和满足个性化需求为目标,将创客的奇思妙想和创意转化为现实产品,为创客提供互联网开源硬件平台、开放实验室、加工车间、产品设计辅导、供应链管理服务和创意思想碰撞交流的空间。

四、北京创业孵化体系色彩斑斓

当前,北京以创业孵化机构为核心、多主体参与、促进创新创业的创业孵化体系呈现出几个鲜明的特色。

（一）创业孵化机构类型丰富

北京市目前拥有"众创空间—孵化器—加速器—产业园区"完整的孵化链条，拥有多种孵化模式，拥有一批绩效显著的孵化机构。根据科技部火炬中心的统计，2019年北京市共有创业孵化机构375家。其中，孵化器130家，众创空间245家。创业孵化机构面积超过610万平方米。其中，孵化器面积330万平方米，众创空间面积280万平方米（表2-1）。

表2-1 北京市创业孵化机构数量及面积

分类	2016年	2017年	2018年	2019年
创业孵化机构数量/家	234	290	299	375
孵化器数量/家	101	105	152	130
其中：国家级孵化器	49	54	55	61
众创空间数量/家	133	185	147	245
其中：国家备案众创空间	111	149	143	139
创业孵化机构面积/平方千米	3.45	4.62	5.15	6.1
其中：孵化器面积	2.23	2.50	3.13	3.3
其中：众创空间面积	1.22	2.12	2.02	2.8

民营企业、国有企业、事业单位、高校院所等主体积极参与孵化器建设，集聚了大批拥有上市公司、跨国公司、投资机构任职经历或创业经历的高端复合人才。在孵化器运营方面，创业孵化服务精细化水平稳步提升，"投资＋孵化"长线盈利模式不断深化，市场化水平逐步提高，可持续发展能力不断增强。根据北京创业孵育协会统计，北京市超过八成的孵化器开展各类专业服务，服务类别既包括研发众包、大数据、工程技术实验室、检验检测、中试、供应链建设等企业技术试验、产业链配套服务，也涉及如技术研发团队组建、创业培训、各类资质认证、工商财税法、知识产权等企业通用类服务；2019年孵化器实现营业收入92.18亿元，平均营业收入3573.04万元，营业收入中位数1157.22万元。

北京市众创空间发展迅猛，越来越多的高校院所和大企业开放资源、搭建平台。清华大学、北京大学等10余所高校科研院所创办众创空间，微软、腾讯、百度、京东、联想、大唐、航天科工、首农、普天、小米等16家大企业进入"双创"大军。众创空间创始人多数为有经验的高素质人才。根据北京市科委的调查，众创空间的创始人中有企业管理背景的占76.5%；有高校院所科研人员背景的占8.6%；有企业技术人员背景的占4.9%；有海归背景的占8%；有公务员背景的占6.2%。众创空间在北京市海淀、朝阳最为集中，分别占全市的52%、12%，在通州、丰台、亦庄发展迅速。众创空间成为腾退空间产业转型的重要载体，运营面积200余万平方米，其中盘活腾退闲置楼宇115.9万平方米。海淀区通过转型升级，带动了智能硬件、生物医药、高端装备制造业态的发展，分别占创业企业的38%、20%、12%；朝阳区智能硬件、生物医药、新能源等新业态快速发展，分别占创业企业的52%、14%、12%。

北京市孵化器行业的机构主体日益多样化，融合发展态势明显。世界范围内几乎所有类型的创业孵化机构都有相应的"北京样本"；依托大学与研究机构、关注早期项目、重视国际化发展、政府恰当发挥作用，形成了独特的"北京样式"。

1. 启迪之星——大学孵化器的典范

启迪孵化器传承于1999年的清华创业园，隶属于启迪控股集团，以启迪之星为孵化器旗舰品牌。启迪之星是科技部火炬中心认定的首批国家级孵化器，坚持"孵化+投资"的发展模式和专业孵化器的发展方向，通过"孵化服务+创业培训+天使投资+开放平台"等方式，打造系统性的垂直孵化链条。目前，启迪之星在全球80余个城市布局了超过150个创业孵化基地，运营孵化空间面积超过40万平方米。每年举办近3000场创业大赛、创业论坛等活动，覆盖人数超过20万人。

启迪之星坚持"孵化+投资"的商业模式。除孵化服务外，同时构建了自身的投资体系即启迪之星创投，专注于种子轮及天使轮的早期创业投资，在管基金涵盖天使母基金、市场化基金、孵化器基金等。投资领域重点关注高科技、高成长型的初创企业，如TMT、集成电路、大数据、AI人工智能、5G通信、IoT物联网、节能环保、新能源、新材料、大健康、先进制造、教育、企业服务、大消费等。

启迪之星创投包括三大品牌活动：一是Demo Day，通过启迪梦想舞台、项目推介会等多种活动形式，链接多家投资机构；二是启迪之星创业营，这是一个面向全球创业者发起的大型公益性创业培训与天使投资计划，通过"创业培训+孵化服务+开放平台+天使投资"等方式进行创业培育；三是创孵汇，每周五下午邀请一位投资人嘉宾为创业者做创业培训，分享创业投资经验，同时作为启迪孵化器的日常投融资对接平台，每期有来自各领域的创业项目20个左右，平均每期有3～5个项目达成投资意愿。

目前，启迪之星共计孵化企业超过1万家，投资企业500多家，培育"钻石企业"69家，"金种子工程"企业127家，已有41家企业成功上市。

2. 汇龙森——传统孵化器的转型升级

2002年，汇龙森国际企业孵化（北京）有限公司（简称"汇龙森"）在北京经济技术开发区成立，这是亦庄的第一家民营科技企业孵化器。

经过19年的发展，汇龙森孵化器面积不断扩大，从最初的1.6万平方米，到如今超过100万平方米。模式也不断迭代，历经物业型孵化器（2002年）、专业型孵化器（2008年）、专业+投资型孵化器（2012年）、全链条孵化器（2014年）、产业孵化器（2015年）5个发展阶段。

目前，汇龙森已经实现了传统孵化器的转型升级，产业服务能力大大增强。建有"早期创新药物筛选转化平台""创新医疗器械公共技术服务平台""中医药产业技术公共服务平台""先进陶瓷材料公共技术服务平台""智能硬件公共技术服务平台"五大公共服务平台；围绕主轴企业（昭衍生物、双鹭药业、赛升药业等龙头企业）和主轴院所（清华大学、北京大学等）建立了产业加速平台。

3. 全球创新社区——中关村的窗口

2017年5月，全球创新社区成立，位于中关村创业大街6号楼及12号楼。全球创新社区积极链接全球创新资源，持续拓展与国际知名创新创业服务机构、高校院所、政府机构、企业的国际合作网络，致力于为全球化发展的国内外创新人才与科技创业公司提供优质的创新创业服务，打造创新资源出海桥头堡、海外人才和企业落地第一站。目前，全球创新社区共有在孵企业23家，累计毕业企业68家。其中，外籍和海归团队29家，分别来自意大利、英国、澳大利亚、韩国等10余个国家和地区。

目前，全球创新社区旗下拥有1个服务载体，即中关村国际青年创业平台；2个驻外办公室，位于法国巴黎和阿联酋迪拜；3个国际创新中心落地运营，即中意众创空间、中关村—法国巴黎大区产业创新中心、智利在华技术创新中心。

4. 埃米空间——新材料产业孵化样板

埃米空间新材料孵化器（简称"埃米空间"）成立于2015年，是北京高技术创业服务中心参与投资成立的新材料领域专业投资型孵化机构。埃米空间专注于发挥基础支撑作用的新材料领域，聚焦电子信息、新能源、生物医疗、节能环保、高端装备、军民融合等产业应用方向，采用"深度培育+产业加速"双核驱动发展模式，从技术、团队、资金、市场4个维度构建服务体系和链接产业资源，打造新材料领域专业化产业孵化加速平台，解决科技成果技术产品化和产品商业化核心难题，作为"创业合伙人"帮助新材料企业跨越"死亡之谷"。2020年4月，在北京市科委、顺义区政府的大力支持下，由埃米空间联合北京市顺义区赵全营镇政府共同打造的产业孵化加速平台——埃米空间新材料培育加速基地在顺义区落地。该基地孵化总面积达到17 000平方米，拥有5000平方米全场景研发办公楼、8300平方米中试生产车间、高端人才公寓、餐饮、足球场、篮球场及健身房等生活功能区。

埃米空间联合北京科大分析检验中心整合形成了"材料制备、化学分析、物理性能测试、力学性能测试、组织结构分析、金相及热处理"六大分析测试服务体系，在埃米空间新材料培育加速基地合作建设了"北京科大分析检验中心顺义分中心",为园区入孵企业、孵化项目、科研团队提供分析检测、中试研发等服务。

埃米空间现有在孵企业22家,均为高精尖产业领域科技型中小微企业,其中新材料领域企业占比100%,毕业企业2家均落地北京。在孵企业中获得投资的企业占比50%,获得投资的企业中埃米空间自投企业占比36%,拥有有效知识产权的在孵企业比例为59%。

5. 京仪孵化器——优秀的国企创孵平台

北京京仪科技孵化器有限公司(简称"京仪孵化器")位于海淀区大钟寺东路9号,成立于2007年2月,是北京京仪集团有限责任公司直属全资国有企业。京仪孵化器自成立之日起,就围绕新一代信息技术、智能装备、人工智能三大重点产业方向,为入驻企业提供科技条件、专业咨询、技术转移、市场推广、专业投融资等方面的专业孵化服务。通过将集团产业化资源、科技型小微企业的研发成果和社会资源进行结合,实现产、学、研、用联合,促进专业化协作,培育更多的战略性新兴企业,逐步将京仪孵化器打造成京仪集团展示"双创"科技成果的窗口、京仪集团培育新兴产业的平台和产业化平台。

京仪孵化器整合仪器仪表行业技术领先的京仪研究总院及行业龙头企业,共建硬科技孵化平台。联合国家激光器件质量监督检验中心、国家分析仪器质量监督检验中心等9家单位搭建了公共专业技术服务平台,整合京仪集团实验检测及测试加工设备168台(套),为企业提供实验测试、工艺加工、产品技术研发及产业化技术指导等服务;与北京理工大学光电学院、北京科技大学、北京工业大学机电学院等首都10所高校院系建立合作,为企业成果转化提供技术服务。经过不懈的努力,京仪孵化器探索出"现场式"、"量身定做式"和"一站式"等3种服务模式。

定期组织京仪集团企业与在孵企业进行成果转化和技术对接,同时充分发挥京仪集团遍布全国的市场销售网络,帮助创业企业将产品推向全国市场,形成京仪孵化器独有的服务方式。

目前,京仪孵化器拥有2个国家级孵化基地、2个国家备案众创空间,拥有科技创新项目近400个,累计毕业企业100余家。聚集了一批有潜力的科技企业和创新资源,孵化服务体系初步形成,创业服务能力不断提升,呈现出良好的发展态势。

6. 中关村东升科技园——乡镇发起的创业孵化机构

中关村东升科技园是北京市第一个由乡镇自主建设、所有权和收益权归全乡农民集体所有的科技园区。园区定位为高端产业的研发区、高科技成果的辐射区、高科技服务的配套园区,是集绿色生态办公、科研与湿地景观、生态农业、休闲运动为一体的绿色生态科技园区。创新地打造了集总部基地、高科技产业研发基地、加速器及企业孵化基地、高新科技成果展示及相关配套服务于一体的科技孵化服务体系。形成了从创业、孵化到加速服务的全链条创新科技服务模式。

园区设有孵化器1家，加速器1家，其中东升加速器被授予国家级孵化器称号，东升孵化器被授予国家级众创空间称号。园区以企业全生命周期为出发点，构建多层次的科技服务体系。通过举办"东升杯"国际创业大赛，选拔和培养优秀企业，为创新赋能，已举办六届，吸引了国内外项目5000余个。旗下针对早期项目设有创业基金、孵化基金，针对偏后期项目设有夹层基金进行股权投资、股债结合投资、并购投资等，同时对外以LP身份参与涵盖医疗健康、移动互联、信息安全等领域的4只专业基金。

目前，东升科技园已累计孵化服务企业超3000家，每年举办接近2000场创新创业活动，培育了大批优秀科技企业，包括中持环保、亿华通、天智航、鼎普科技等在内的数十家上市公司，以及以纳恩博、转转、乐道等为代表的独角兽企业。

7. 百放英库——早期新药发现引擎

2018年，为解决原创技术转化难、风险高等问题，加快北京原始创新技术和成果的转化孵化，北京市科委提前布局，引进礼来中国研发中心单倍博士与清华大学鲁白教授，建立一个能够提供评价、筛选、技术、资金的国际化专业团队，在海淀区建设专业的生物医药孵化器，并在资金、实验设备、场地等方面提供了投资入股、房租减免等政策支持。2019年5月，单倍领衔的礼来中国研发团队正式将百放英库落地北京，定位是一家源头创新的生物制药平台公司。

百放英库孵化器聚焦于原创药物转化孵化，是北京市首个面向药物IP项目的医药创新与转化平台。百放英库设计并构造了一个以原创科研成果和系统性全球药物研发标准为动力的早期新药发现引擎，这个引擎能够真正做到从"0"到"1"，源源不断地开发出全球性原创临床化合物，造福人类。

经过3年的建设，2021年3月，百放公司正式在贝伦产业园开始运营，建成了4000平方米的包括生物、化学等可支撑药物早期开发的专业实验室，并与天坛医院创新中心、礼来亚洲基金及多个AI药物研发公司合作，通过连接"源头—资金—孵化—毕业"，创立创新型"一站式"医药孵化器的新模式，加速国内外高校和研究机构的原创技术和成果转化。目前，百放英库已经开展了7个原创新药项目，覆盖心脑血管疾病、代谢性疾病、免疫肿瘤、呼吸系统疾病等领域，其中已有2个项目进入新药开发阶段，多个项目正在申请全球专利。

8. 奇绩创坛——中国的YC

奇绩创坛（Miracle Plus），成立于2019年11月，起步是YC中国。加入YC中国业务前，陆奇曾担任百度集团总裁兼首席运营官，他更早之前还曾供职于微软、雅虎和IBM等企业。YC中国是YC的首次海外扩张，沿用YC在硅谷的投资方式、有一定的本土化策略，开局也很漂亮：2019年11月，YC中国招募的首期入营公司路演日结束后，有超过40%的团队拿到了TS。该期创业营最终成了YC在中国的收官之作。YC新任CEO Geoff Ralston上任后决定撤回海外落地项目，将所有创业营活动回归到美国本土运营。

陆奇接下了YC在中国的团队和运营，将其转化为一家独立资本、独立团队、独立实体、独立操作的全本土创业加速营，即奇绩创坛。奇绩创坛保留了YC中国的原班人马，以"投资+创业辅导"的模式运营。

奇绩创坛每年开设两期创业加速营，每期3个月，分别在春季和秋季。目前，奇绩创坛创业营已举办五届。初创企业填写创业申请表申请加入创业营，通过筛选后的创业团队将得到面试机会，通过面试的初创企业将得到奇绩创坛提供的初创期资金，相应换取一小部分股权。2021年，春季创业营共计收到3494家创业公司的报名申请，比上一届增加了60%，最终33个创业项目被录取，录取率是0.94%，不足1%。录取的都是科技公司，创始人平均年龄35岁，88%以上拥有硕士及以上学历。

毕业后的初创企业将进入奇绩创坛的校友网络，校友们互相帮助。校友网络最内层是同一批创业营的学员，他们可能成为彼此产品的内测版用户，或通过自己的专业知识帮助彼此。随着奇绩创坛每6个月资助一批初创企业，校友网络不断壮大，其作为奇绩创坛所提供的服务，价值越来越大。借助校友网络，奇绩创坛能够为创业团队提供更多的服务，如提供基础测试用户及反馈、在陌生城市找一个落脚点、提供技术支持、引荐人脉资源等。

9. Plug and Play（中国）——硅谷孵化器落地中关村

Plug and Play始于硅谷帕罗奥多大学路165号，1998年开始为科技初创企业提供办公场地和早期投资，先后成功投资和孵化包括Google、PayPal、Dropbox、LendingClub、Guardant Health在内的多家科技巨头公司。目前，在全球超过28个国家和地区建立了创新生态空间和区域办公室，年平均进行早期科技投资超过250笔，累计投资孵化科技企业近10 000家，累计为超过350家全球500强企业提供开放创新服务，年平均举行初创企业和大企业间的对接交流活动超过700余场。

2015年，Plug and Play在北京中关村核心区设立总部，开设投资、大企业开放创新、初创公司孵化与加速、全球城市跨境创新及创新生态空间等五大业务板块，构建了较完备的创新生态平台，覆盖线上和线下创新平台，并配套构建了包括高校科研联合创新平台、政府机构、风险投资机构、创新生态研究院、城市创新伙伴等多维度的创新生态伙伴体系。

目前Plug and Play的收入中，专业服务收入占比超过85%，是收入的主要来源。作为全球性高科技投资型加速器，与高校及科研院所保持着活跃的关系。创业导师中集合资深投资人、连续创业者、大企业高管、行业技术骨干、高校教师等为创业者提供服务。创业导师每周至少会有2次对创业者进行一对一的指导。

Plug and Play搭建了一个国际化的可持续运转和快速发展的生态体系，辐射全球28个国家和地区，14个垂直行业应用领域技术积累，涵盖近300个技术方向；平均每年举办200多场创新活动，包括中国创新生态大会、夏季峰会、秋季峰会、冬季峰会4场大型品牌活动。

（二）拥有早期项目资源和投资孵化能力

北京市和国内其他地区相比，政府、孵化机构及投资机构等对早期项目十分关注和支持。

1. 早期项目得到重视

① 专注科技成果转化"0"到"1"阶段，打造具有全球影响力的"前孵化"创新服务集团。按照北京市委市政府的部署，2014年统筹组建了"北京首都科技发展集团"，该集团作为科技投资服务集团主要专注于科技成果转化"0"到"1"阶段，以全球性的视野，聚焦生物医药、新材料、人工智能等重点领域，并以"推动国内外具有重大价值、技术尚处于应用探索研究或预先研究阶段的重大科技成果转化项目在京落地"为核心任务，在全国率先开展原始创新科技成果转化"前孵化"工作的探索和实践。

② 设立科技创新母基金，更多支持原始科技创新企业而非模式创新企业。2018年6月，北京市科技创新基金启动大会在北京召开，300亿元规模的科技创新母基金正式宣布成立。科技创新基金投资范围不局限于北京市行政区划。科技创新基金重点投资光电科技、新一代信息技术、纳米技术、战略性新材料、新能源、生物医药、智能制造、现代农业、现代交通业、节能环保、脑认知与类脑智能、量子计算与量子通信、大数据、人工智能等14个高端"硬科技"领域。

科技创新基金投资分为原始创新、成果转化、高精尖产业3个投资阶段。母基金投资比例按照5∶3∶2安排，即原始创新、成果转化、高精尖产业的投资分别占50%、30%、20%。北京市科委、中关村管委会和北京市经济和信息化委员会受市政府委托，分别指导3个投资阶段的投资管理工作。母基金的管理以主要出资人为主组建基金管理公司，实现专业化管理。子基金以市场化方式选聘专业化团队运作管理。在原始创新阶段，重点投资高校院所和人才团队拥有的高端硬技术原始创新、前端应用研究，引导具有市场预期、符合首都战略定位的重大科技成果在京落地孵化。在成果转化阶段，重点引导国内外优秀的天使投资机构、创业投资机构，以社会资本为主体，投入前沿科技和重大原创科技成果转化，推动符合首都战略定位的成果在京落地转化，支持创新创业、孵化培育和企业快速发展。在高精尖产业阶段，重点和龙头企业合作，引导社会资本。围绕全国科技创新中心建设总体布局和高精尖经济结构部署，聚焦新兴领域、高端环节，推动高精尖产业领域企业通过技术改造和重组实现优化调整和做优做强，鼓励行业重点企业对接资本市场，通过兼并收购加快整合科技创新资源，加快构建高精尖经济结构。

③政策引导科技企业孵化器重点关注"早期硬科技"项目。北京市科委在2020年新颁布的《北京市科技企业孵化器认定管理办法》（京科发〔2020〕13号）中引导科技企业孵化器要重点关注"早期硬科技"项目。该管理办法强调，科技企业孵化器是指聚焦高精尖产业垂直、细分领域，配备专业服务团队，主要为"早期硬科技"初创企业及创业团队提供培训、辅导、路演、投资及技术、人才、供应链、市场渠道等各类资源对接服务的创业孵化服务机构。孵化器应保持专注，密切跟踪全球前沿技术发展趋势，建立"早期硬科技"创新项目的发现、评价、筛选、培育机制，积极开展垂直孵化、深度孵化。

2. 早期项目投资活跃

北京、上海与广东长期以来是我国经济发展领先区域，投资活跃度相对较高。据前瞻产业研究院①近几年关于我国投资市场的报告分析显示，无论是投资案例还是融资金额，北京在全国地区都处于领先方阵，成为天使投资最宠之地（图2-1）。

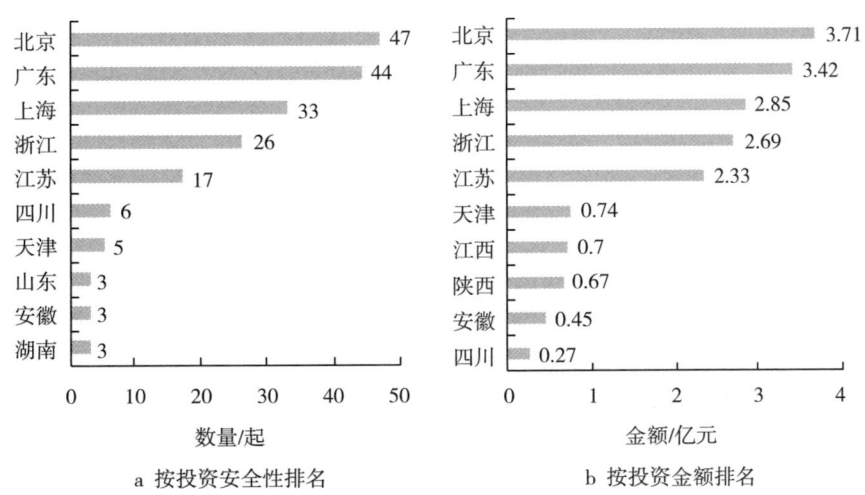

a 按投资安全性排名　　　　b 按投资金额排名

图2-1　2020年第一季度我国早期投资市场各区域投资变现TOP 10
（资料来源：私募通　前瞻产业研究院整理）

---

① 前瞻产业研究院：https://bg.qianzhan.com/.

在新冠肺炎疫情对资本市场冲击的背景下，2020年第一季度北京仍然实现了我国早期投资市场双料冠军，完成早期投资案例47起，实现投资金额3.71亿元，均排名全国第一；广东省则以44起早期投资案例与3.42亿元投资总额紧随其后；上海市排名第三，完成早期投资案例33起，实现投资金额2.85亿元。此外，除北上广外，江浙地区2020年第一季度在早期投资市场亦取得不俗表现。

2021年第一季度中国早期投资市场投资活跃度稳步上升，投资节奏加快，投资总量维持在近3年的较高水平。上海、北京、深圳分别以69起、62起、47起案例数位列前三甲，是投资交易最为活跃的3个地区，交易总数占总案例数的58.7%，呈现出较强的集中度。

（三）发挥辐射引领作用

北京作为首都，其核心功能之一是科技创新中心，"以建设国际科技创新中心为新引擎"，意味着北京将以更开阔、更高层次的国际视野谋划和推动国际科技创新中心的建设和发展。

根据北京创业孵育协会的统计，全市近1/4的孵化器在国内进行辐射布局，共设立国内分支机构127家，分布于天津、上海、南京、重庆等62个城市，其中，津冀24家。同时已有14家机构开展国外布局，共设立国外分支机构18家，主要分布于美国、德国、以色列等国家。众创空间瞄准市场需求，四成以上向京外输出品牌，设立分支机构183家，分布在15个省市和9个国家。国内设立分支机构157家，京津冀及环渤海地区协同效应显著，津冀鲁三地分支机构数量占全国的25%；经济发达、资源丰富地区成为区域合作重点，上海、深圳、广州、成都、西安五地分支机构占全国的38%。境外分支机构有26家，以发达国家为主，美国硅谷有15家最为集中。

启迪之星在全球80余个城市布局了超过150个创业孵化基地，运营孵化空间面积超过40万平方米。成立于2003年的瀚海集团，着力构建"全球孵化、创新加速"的国际科技文化交流及创新合作平台，被科技部评定为"中国首家民营海外孵化器"。目前，国内在北京建立运营了5家国家级孵化器，在天津、杭州、佛山、无锡、嘉兴等地共建立了5家国际创新中心，海外在美国、加拿大、德国等3个国家，涉及电子信息、生命科学、文化创意、清洁技术、先进制造等五大领域，建设运营了8家海外科技文化园区，构建了国际化创新创业生态网络和全球孵化加速体系。2019年7月，由韵网（全球智能孵化网络）发起的全国新材料产业孵化共同体正式成立。来自北京、上海、广东等地的15家共同体成员共同发布了倡议书，号召行业孵化机构抱团作战，纵向联合、垂直整合资源。倡议书中约定，共同体的成员孵化器要向其他成员开放与孵化服务相关的资源，这种开放将为孵化器及其在孵企业提供连接相关机构的机会及获取服务的便利与优惠。成员孵化器还应向其他成员推介优秀在孵企业，使这些企业得到其他成员的关注、支持，实现共同孵化，并可推荐与其相关联的大公司、投资机构、专业服务公司加入共同体。

（四）龙头企业建设创业孵化平台

北京拥有绝大部分的央企总部和400多家上市公司的大企业优势，成为创业孵化的重要参与力量。小米、京仪集团、中航集团等大企业投入到创业孵化事业当中，创办大企业孵化平台，为中小企业的成长赋能。2019年，海尔海创汇和韵网（北京）科技有限公司开创性地起草了《大企业共享创业平台创建与运营规范》，为有转型升级需要的大企业建立共享创业平台提供模式指引。

1. 小米生态链

小米通过自建"投资+孵化"的生态链进入智能硬件领域，突破了自己的成长瓶颈。以产业链、供应链、创新链的整合为主要手段，形成了聚焦于"手机、手机周边、智能硬件、生活耗材"的投资圈层，孵化了华米、云米、紫米、石头科技等一大批优秀生态链企业，发展成为一个万物互联、基于企业生态的智能硬件孵化器，目前已经成功孵化了100家企业，其中包括5家独角兽企业。

2. 京仪孵化器

北京京仪科技孵化器有限公司（以下简称"京仪孵化器"）是北京京仪集团有限责任公司直属的全资国有企业，是依托京仪集团有限责任公司雄厚实力和产业资源，以"整合行业专业资源，加速社会高科技成果向行业转化；培育高新技术企业和企业家，促进高新技术产业发展"为宗旨建立的国家级专业孵化器，同时是中关村管委会认定的中关村京仪海归人才创业园。

3. 中航联创

中航联创科技有限公司成立于2014年，是中国航空工业集团有限公司为响应和落实国家创新驱动、军民融合发展战略、"大众创业、万众创新"、"互联网+"行动计划等一系列顶层战略部署，面向全社会打造的科技创新服务平台，是航空工业国家"双创"示范基地和军民融合国家专业化众创空间的主要建设载体。

4.《大企业共享创业平台创建与运营规范》团体标准

2020年9月15日，由海尔海创汇和韵网（全球智能孵化网络）起草的《大企业共享创业平台创建与运营规范》团体标准由中国技术创业协会正式发布。该标准致力于为有转型升级需要的大企业建立共享创业平台提供模式指引，规范共享创业平台的组织功能与评价体系结构，开启"第二增长曲线"；中小企业可以依托大企业构建的新型产业及智能孵化载体，获得使产业链资源加速的驱动引擎，提高创业成功率，通过接入自身及合作伙伴的产业链与供应链资源及服务，加速创业者及中小企业成长。此外，大企业通过投资入股创业企业获得相应股权收益，并通过开放产业应用场景与创新技术的相互促进，促进业务新的增长点。

（五）政府发挥恰当作用

在北京创业孵化体系的建设和发展中，政府多层次推进创业孵化事业的发展，发挥了重要的不可替代的作用。近年来，这种作用在持续增强。

一是政府各部门充分发挥对创业孵化载体的政策作用。孵化载体及其入驻创业实体，符合中关村"1+6"先行先试政策及"新四条"政策、北京市科技型中小企业技术创新资金、支持中小企业发展专项资金、就业专项资金和失业保险基金、北京青年创业就业基金和YBC（中国青年创业国际计划）创业启动资金等扶持条件的，由相关部门给予优先支持，最大限度发挥各部门扶持政策效能。

针对北京市孵化器存在收入以房租等基础性服务为主、与区域主导产业定位结合度不高、专业服务能力有待提升、市场化、精细服务存在不足等问题，引导全市孵化器朝着专业化、市场化、国际化方向发展，北京市科委制定了《北京市科技企业孵化器认定管理办法》（京科发〔2020〕13号，以下简称《办法》）。《办法》从专业服务、创业导师、早期投资、运营团队、孵化成效等方面提出北京市孵化器的认定条件。①在专业服务方面，引导孵化器的收入不过度依赖房租等基础性服务，而是更多地为在孵企业提供专业平台、供应链、资源对接服务，要求上年度取得的专业服务收入占总收入的比例应不低于30%，或近两年专业服务收入平均增速不低于5%。②在创业导师方面，要求孵化器建有创业导师营，为在孵企业提供技术、财务、市场、经营、管理、知识产权、商务等方面的培训和指导。每年组织导师服务应不少于50人次。③在早期投资方面，要求孵化器设立天使或创业投资基金，或利用自有资金开展早期项目投资。上年度在孵企业中获得投资企业占比应不低于30%，且获得投资企业中孵化器投资的企业占比应不低于10%。④在运营团队方面，要求孵化器拥有专业化、职业化的运营团队，团队负责人具有相关产业领域的从业背景，以及投融资、生产、销售、供应链管理等方面的工作经验。⑤在孵化成效方面，不再以孵化面积的多少作为考核指标，而是以孵化器内在孵企业的成长作为绩效的重要考核方向。要求孵化器在本市行政区域内注册的在孵企业应不少于20家，在孵企业近两年营业收入平均增速应不低于10%。已申请各类知识产权的在孵企业占比应不低于50%，或拥有有效知识产权的在孵企业占比不低于30%。

二是大力扶持青年群体和留学回国人员创业。积极筹措资金，对孵化基地内以青年群体和留学回国人员为重点的优秀创业项目提供资金支持，充分发挥青年群体和留学回国人员在科技创新和促进就业方面的引领作用。

三是加大小额担保贷款支持力度。在示范基地内开辟小额担保贷款绿色通道，对符合条件的创业实体，简化贷款审批流程，提高贷款效率。

四是探索财政贴息新模式。加强资金扶持政策的研究，对孵化基地内符合该市产业导向和市人力社保部门执行的小额担保贷款政策扶持范围的创业实体，在金融机构获取商业贷款并按时还本付息的，可根据其带动就业情况给予贴息支持。

五是完善创业培训补贴政策。对孵化基地内初创企业法定代表人或主要负责人开展创业培训，提高其创业成功率。对参加培训的创业者给予培训补贴。

六是将创业孵化事业作为经济发展的重要组成部分。《中共北京市委关于制定北京市国民经济和社会发展第十四个五年规划和二〇三五年远景目标的建议》强调优化创新创业生态，完善创新创业服务体系，推动科技企业孵化器、大学科技园、众创空间等专业化、品牌化、国际化发展是加快建设北京市国际科技创新中心的重要环节。

近年来，北京市主要领导十分重视发挥孵化器的作用。2019年11月2日，在视察未来科学城时，蔡奇书记强调："积极推广科技成果转化政策的可行机制，建设开放共享的专业孵化器。"2021年3月20日，蔡奇书记在部市共建北京国际科技创新中心现场推进会上指出："加大对创新型中小微企业扶持力度，推动各类创新服务平台、科技企业孵化器、众创空间等专业化发展，培育更多硬科技独角兽企业、隐形冠军企业。"在2021年政府工作报告中，陈吉宁市长提出："支持公共科技服务平台建设，吸引国内外创投机构聚集，推进专业化孵化器能级提升。"2021年6月，陈吉宁市长到朝阳区调研新消费品牌孵化基地时指出："引入专业投资机构等创新要素，健全消费品牌孵化体系，为企业提供投资、团队建设、品牌运营等孵化咨询指导服务，探索培育消费新品牌、打造商业街区发展新模式的有效路径。"

（六）创新创业生态活跃

北京是我国科技基础最为雄厚、创新资源最为集聚、创新主体最为活跃的区域之一，拥有90多所大学、1000多所科研院所和近3万家国家级高新技术企业。全市有140余万人从事科学研究和技术服务业，从事研究与试验发展（R&D）的人员将近40万人。北京研发投入连续多年占GDP的6%以上，在全球排在前列；布局高能同步辐射光源等约20个重大科技基础设施、128个国家重点实验室、68个国家工程技术研究中心，以及近 2.9 万家国家级高新技术企业、93 家独角兽企业。这些优势是北京构建良好的创业生态系统的基础。

北京是全国天使投资人最密集的城市，聚集了真格基金的徐小平、金沙江创投的朱啸虎等天使投资行业内非常出名的投资人和投资机构。投资机构种类非常丰富，不仅有专投中后期项目的投资机构，也有大量关注早期项目的天使投资机构。中关村成为国内天使投资最活跃的地方，汽车之家、聚美优品等都是从中关村开始创业并拿到天使投资的。除此之外，包括创新工场在内的新一批早期 VC，都把中关村作为自己的根据地和大本营。

北京市技术交易市场活跃。根据科技部火炬中心数据，2020 年中国登记技术合同约 55 万项，成交额 2.8 万亿元，比 2019 年增加 26.1%。北京、广东、江苏位居成交额前三。其中，北京输出技术合同成交额最大，2020 年，北京全市认定登记技术合同 84 451 项，成交额 6316.2 亿元，同比增长 10.9%，落地本市、输出外省市和出口技术合同成交额分别为 1721.7 亿元、3718.5 亿元和 875.9 亿元。输出津冀技术合同 5033 项，成交额 347.0 亿元，增长 22.7%。生物医药和电子信息领域防疫相关技术交易增长明显，涵盖新型冠状病毒检测试剂研发、抗病毒药物研发、智能测温、疫情舆情监测、医院疫情急救信息管理、疫情联防联控管理、全球疫情信息交互等方面。这些创新成果不仅在本市落地转化，也输出外省市及国外，为精准管控、科学防控提供了有力支撑，彰显了北京科技创新中心的辐射引领作用。

作为科技创新中心建设实施主体和重要力量，北京市科技服务业持续发展。据统计，2019 年北京市科技服务业机构总量达到 73.7 万个，较上年增长 1.6%，占北京市各行业机构总量的 40.6%，科技服务业的平稳发展为科技创新中心建设打下了坚实基础。"三城一区"所在的海淀、昌平、大兴、怀柔 4 个区的科技服务业机构数量稳步增加，2019 年数量达 39.5 万个，占全部科技服务业一半以上，其中作为中关村国家自主创新示范区核心的海淀区，科技服务业机构总量和新设数量分别为 17.2 万个和 1.7 万个，居全市首位。

北京市出台一系列政策改善营商环境，市场准入门槛大幅降低，企业开办时间压缩至 5 天，登记便利化改革取得突出成效，市场主体总量稳步增长，企业数量增速领先，户均资本规模居全国首位，推动市场主体结构持续优化。2020 年年底，全球共有 586 家独角兽企业，分布在 29 个国家、145 个城市。从国家来看，中国拥有 227 家独角兽企业，数量位居全球第二。从城市来看，北京以 93 家名列第一，旧金山 68 家排第二，上海 47 家排第三，纽约 33 家排第四。北京远超全球其他城市，成为"全球独角兽第一城"。在北京的独角兽企业中，既有字节跳动、滴滴出行、快手这样全国知名的大型平台企业，也有商汤科技、旷视科技、寒武纪等一批人工智能、大数据、云计算等前沿技术企业。

北京市拥有丰富的国际创新创业资源。2015年，拥有全球创业资源的孵化机构Plug and Play在北京海淀区设立总部，开设投资、大企业开放创新、初创公司孵化与加速、全球城市跨境创新及创新生态空间等五大业务板块。韵网（全球智能孵化网络）旨在连接中国与世界，为创业加速，为孵化赋能。将以遍布世界主要城市的创业孵化机构为节点，借助大数据和人工智能等技术手段，实现大公司、投资机构、服务机构、创业企业、创业孵化机构、孵化者的广泛便捷交流和智能精准融合。中关村论坛汇聚来自全球的顶尖科学家、企业家、国际机构负责人，探求打破国界深度合作的科技创新模式。761工场致力于在国际技术交流合作、科技成果转化等方面为企业提供深度服务。众多优质的国际资源汇聚在北京，为创新创业赋能。

北京创业孵育协会、中关村创业生态发展促进会、中关村技术经理人协会等行业组织充分发挥联动作用，汇聚各方资源，联合孵化载体、科技园、留学生创业园、天使创投机构等各类创新创业服务主体，共同推动创业生态体系的完善、交互、融合与循环发展。

北京作为中国的首都、文化中心、科技创新中心、世界性大都市，是一个充满创业机会和创新基因的城市。中关村作为中国独特的文化品牌，一直以来都是创新创业的热土和风向标。高校和科研机构林立，在吸引人才、技术、资金等方面具有区位优势和资源条件。这些优势资源为北京市创新创业文化的建设提供了丰富的素材和多元的视角，为创新创业文化的发展、推广和传播提供了众多路径。

北京丰富的文化资源、庞大的文化产业为创新创业文化建设提供了重要的发展条件。全国最密集的科技创新资源为北京市创新创业文化建设提供了强大的技术支撑。国内外优质人才资源的汇聚使得中西文化在北京汇合和交融，不断丰富着创新创业文化的内涵。北京市目前已经形成以科技企业孵化器、众创空间、大学科技园为基础，创业投资机构、技术转移机构、知识产权服务机构、专业咨询机构等有机联系和互动的创业服务体系，在政策的带动下，创新创业服务体系不断完善，创新创业活动日益活跃，营造了良好的创新创业文化环境。

第三章　北京创业孵化的评价与对标

先来谈谈"大众创业与小众孵化"。

这60年来,创业孵化在世界上都是极其小众的事情。在中国,自从"双创"以来,创业孵化一下子变成了"大众"的东西。这是好还是坏?

创业,可以是大众的。在这方面,尽管有争论,但总体上容易接受。现在创业的成本很低,门槛很低,许多人都可以去尝试。"理想是要有的,万一实现了呢",这句话有些道理,特别是看到那些不怎么样的人开个不怎么样的公司,居然有人力挺,居然还能上市,就更激励人们去大胆尝试。摆个地摊、开个餐馆、做个电商,各式各样的创业,虽不容易,但不至于高不可攀。

创业孵化,就完全不同。创业孵化一定是小众的。其主要原因是,做孵化太难了,需要心、力、能。首先要有"心"行善,做有功德的事,以"成人达己"作初心。可以是公益的,但要真正能帮到创业者;可以是盈利的,但是要跟创业者结成利益共同体,创业者发大财、孵化器发小财。

还要有"力",就是力量。孵化器的经营者,至少要能和创业者对话,让人家对你开放需求。达到这个前提,就很不容易,你至少要创过业、懂得企业管理、懂得人情世故,人家才可能向你"倾诉衷肠"。然后,你还得有能耐帮到人家,出主意、找门路、给点钱等。所以孵化器经理还得是个社会活动家,知道那些资源在哪儿,挖出来,然后用利益把它和小企业捆绑在一起,和孵化器捆绑在一起,来提供这样的服务,这个能力是非常重要的。另外,很多时候这种资源要跨地域去整合,如果在一个三线城市,可能缺的资源就会很多。再有能力的一个人在本地翻遍了天也找不到那些资源。那怎么办?需要智能孵化,需要类似韵网这样的平台,这样就能跨地域、跨国界,甚至跨行业找到一些资源。

做孵化,还要有"能",就是能量。除了自己直接给创业者提供帮助,创业者的其他需求,要孵化器通过整合资源,间接地提供。而这就需要孵化器有圈子,有资源。大家想想看,心、力、能都具备了,才可能做好孵化。而天下哪里有那么多符合条件的人呢?

最近这些年，我经常参加行业里的一些研讨，当有孵化器从业者问："我们没法提供直接的服务，又没有别的资源，怎么开展孵化业务呢？"我就会说："您可能就不该干这个事儿。"

孵化是小众的，还有一个缘由，就是孵化器不能只提供那些普适性的、大众性的服务。一定至少有一项是自己独特的服务，才能在竞争中站稳脚跟。比如有的孵化器号称能提供20项服务，但这个服务都是一般化的，谁都能做的，就没有意思。相反，你某一项服务是独特的，别人不能替代你的，而且企业很依赖你的，这才是你的特色。这个特色没有高低之分。比如有一些好的官办的孵化器，就是对本地的政府渠道和政策的理解把握和接入非常强，这也是一个特色。因为政府需要，市场也需要，不是谁都能把握这个东西，政府的政策千变万化，又政出多门，而且政策语言老百姓看不懂，那谁去翻译，谁去选择合适的这些主体来享受这些政策呢？所以这也是很好的特色。比如记账，做财税管理和服务，这也是很好的服务，这服务是刚需。当然要能在技术服务、投资、国际化、营销、设计这些方面有自己的特色，这才是孵化器应当去追求的。

如何避免或者纠正孵化器的"大众化"？我想，最终会是市场选择。为节省市场选择的成本，行业评价是一种办法。要通过评价和评级，让一些好的模式浮出水面，形成行业共识。

目前对孵化器的评价，大致有这么几类。一是科技部对国家级孵化器的评价有一套完善的指标，每年对所有经认定的国家级孵化器评价一次，还评出ABCD 4个等级，连续两年得D，就会被取消资质。二是首都科技发展战略研究院和韵网于2018年推出了一套评价指标体系，依据各孵化机构的年度统计数据对孵化器和众创空间分别评价。在韵网的会员平台上，有一个"傻瓜版"的评价软件，孵化机构可以用以自评。三是韵网的国际合作伙伴UBI Global，在过去5年里评价了几百家大学孵化器，这个位于瑞典的机构有一套完善的评价指标。最近，韵网与其合作，邀请国内孵化机构参加他们组织的全球性评价。四是在科技部火炬中心指导支持下，创头条和首都科技发展战略研究院组织的2019年"寻找100家特色空间"活动，分10种类型，分别用不同的评价指标来进行筛选评价。

回到最初那个问题，孵化的"大众化"是好是坏？我的回答是，亦好亦坏。好处是，让更多人了解孵化、参与孵化，孵化的队伍就会壮大起来，特别是那些有产业经验、投资经历、行业资源的人进入这一行，创业孵化的深刻变革就可能很快地发生。坏处是，这会让孵化器的口碑变得很差，即使是好的孵化器也会变得难以吸引优质创业者，孵化行业就会变成鸡肋，"嫌贫爱富"的那些资源就会远离孵化器，"锦上添花"的政府就会抛弃孵化器。所以，当下，需要政府、行业服务组织、孵化者形成共识、共同努力，让创业孵化行业健康发展。

创业孵化之北京范式
Business Incubation Paradigm of Beijing

既然孵化器是"小众"的，对其评价就需要多维度、个性化。对一个城市创业孵化体系的评价，要更复杂一些。我和我的课题组在实施北京市科委课题的过程中，关于北京创业孵化体系的综合评价，做了3个方面的工作。一是课题组依据对创业孵化体系的分析和国内外资料的掌握，构建了一个创业孵化体系评价指标框架，并选取 UBI Global①、EBN②、上海、广州、深圳、南京、杭州与北京进行对标分析。二是对 Startup Genome③关于全球300多个城市的创业生态系统的评价进行分析，衡量北京市创业生态系统在全球的位置，发现北京市创业生态系统的优势和不足。三是从生态位的视角出发，对北京市的孵化器发展进行评价分析。除了利用各类指标对北京创业孵化体系进行综合评价外，还选取国外先进的代表性创业孵化机构，从具体案例出发，对北京市创业孵化机构存在的不足进行分析。

一、创业孵化体系评价

基于对创业孵化体系的分析，课题组从孵化载体状况、创业社会网络和城市创业状况3个维度构建了指标体系框架。综合考虑数据可得性，选取 UBI Global 研究、EBN 研究及国内孵化器的部分具有典型代表性的指标作为基准进行对比，在国内选取上海、广州、深圳、南京、杭州来进行对标分析。

（一）创业孵化体系的定义

创业孵化体系指以孵化器为核心，聚集人才、技术、资金、政策、市场等多种创新创业资源，服务于初创中小科技企业的有机体系，如图3-1所示。

---

① UBI Global 统计了全球82个国家的364家科技企业孵化器和加速器的相关数据。
② EBN 是一个由大约140家经过质量认证的欧盟商业和创新中心与100家为创新企业家、初创企业及中小企业发展和成长提供支持的服务机构组成的网络。它还是一个专业服务人员的社区，这些专业服务人员致力于协助企业以最高效和可持续增长的方式发展。
③ Startup Genome 是全球领先的政策咨询和研究机构，主要为政府和公共、私人合作伙伴提供服务。10多年来对150个城市的100多万家公司进行了独立研究，掌握大量一手数据和资料，并由于其在创业孵化和城市创业生态研究领域的突出贡献，2019年获得了全球创业大会研究冠军奖。

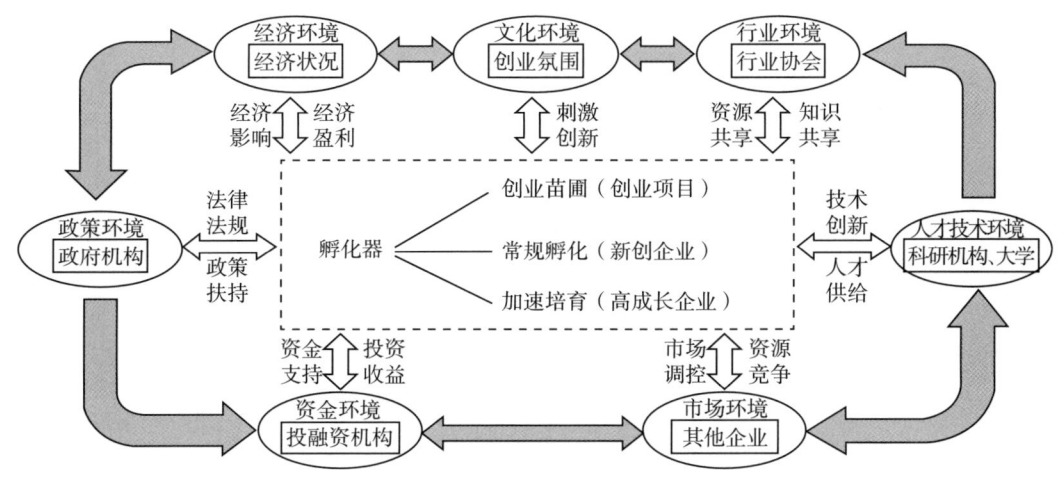

图3-1 创业孵化体系示意

（二）评价思路

孵化器等创业孵化机构是整个孵化体系的核心节点，既可以直接向科技企业提供孵化服务，也可以作为网络中间人帮助科技企业链接孵化资源，在推动城市（区域）创业方面具有重要的地位和作用。与此同时，社会网络作为一种纽带和关系集合，连接着信息和资源，具有稳定性和持久性，个体通过它可获得社会支持。此外，在一座城市（区域）中，创业活动与经济发展之间往往呈现密切的正相关关系。

通过与国内外主要城市（区域）创业孵化体系进行对标分析，一方面掌握北京创业孵化体系的整体发展状况；另一方面发现北京创业孵化发展中的短板及不足，为北京创业孵化体系能力的完善和进一步提升提供参考。

（三）指标选取原则

通过相关研究我们认为，一个区域内部创业孵化机构的整体发展水平是对该区域创业孵化水平的有力解释。构建基于创业孵化机构的"城市创业孵化指数"，能够以更加直观的方式反映城市的创业孵化水平，从而评价城市创业孵化体系发展整体水平。在构建指标体系时，秉持以下几个方面的原则。

客观性原则。强调对可考可查的真实运行数据的采用，尽可能减少人为合成指标，运用可以检测和查阅的基础指标，通过可以评价和修正的权重进行计算，避免指数的灰色性、模糊性和不可追溯性，指数分析方法客观、可复制。孵化器是创业孵化机构中数量最多、分布最广、在孵企业最全、社会经济价值较高的一类创业孵化机构，是城市创业孵化事业的重要组成部分。因此，在设计指标体系时，全面考虑孵化器对于城市创业孵化事业的推动作用，设计与孵化器高度相关的特色指标，全面反映孵化器的发展情况。

全面性原则。指标体系的构建尽可能从多个角度来反映北京与其他区域主体创业孵化体系发展的真实水平，城市创业孵化体系指标研究将有一定的延展性，依据不同区域创业孵化体系新进展、社会反馈意见和建议进行修正、补充和完善。

科学性原则。指标论证经多轮次业内专家意见征集和专家委员会研讨确认，每个指标都能反映北京与相关评价主体某一方面的特征，各指标共同组成系统的指标体系，逻辑关系严密，符合一致性、有代表性、相关性和相对独立性要求。

权威性原则。所选指标主要来源于国内外权威数据，数据规范、稳定、口径统一，数据易于比较和计算，评价指标含义明确。本书有关国内孵化器的数据均来自科技部火炬中心的统计调查报表，该统计调查报表覆盖了孵化器多维度具体指标，搜集了全国各地区孵化器的调查数据，数据具有极高的准确性和可比性。国外数据来自两个国际机构的统计和调查。

（四）指标体系及计算方法

1. 指标体系

UBI Global 是总部位于瑞典的一家咨询公司，专门对全球范围的孵化器、加速器进行调查分析，每两年发布一次评价结果。在其 2019 年的评价中，选用了 21 个关键绩效指标（Key Performance Indicators，KPI）对全球范围内的 364 个孵化项目进行了比较分析。这些关键绩效指标构成了 7 个子类得分的基础。而 7 个子类得分又形成了 3 个类别得分。3 个类别得分用于计算所有孵化项目的影响得分和绩效得分（Program Impact and Performance Scores，PIPS）。

EBN——欧洲商业和创新中心网络（European Business & Innovation Center Network，EBN）是一个非营利、泛欧洲的企业支持组织协会，是由 100 多个经质量认证的企业创新中心（EU|BICs，也就是孵化器）组成的网络。EBN 每年会搜集 BICs 的活动数据来监测是否符合设定的质量标准，2019 年，EBU 对 100 个欧盟 BICs 提供的相关数据，建立多个关键绩效指标并对其进行评价。

基于 UBI Global 的关键绩效指标，对比 EBN 和国内孵化器的相关评价指标，课题组筛选出 8 项指标[①]，分别为毕业企业数量、孵化器内企业数量、开展创新创业活动场

---

① 对于 EBN 和 UBI Global 在个别指标出现数据缺失情况下采用其他城市（区域）均值进行合理补值。

次、配套创业导师数量、直接财政支持、获得投融资企业数量、孵化器总收入、孵化器运营成本。

考虑到国内外不同城市（区域）孵化载体体量不一，故评价指标采用"相对值"，即以评价主体内的孵化器数量为基数，各项指标数值与孵化器数量的比值作为评价体系中的指标。最终构建的评价指标体系包含孵化载体状况、创业社会网络、城市创业状况 3 个一级指标，二级指标包括孵化器平均收入、孵化器平均运营成本、孵化器开展创新创业活动、孵化器平均配套创业导师、孵化器平均获得直接财政支持、孵化器内平均获得投融资企业、孵化器平均毕业企业、孵化器平均在孵企业。具体指标体系如表 3-1 所示。

表 3-1 评价指标体系

一级指标	编号	二级指标	权重	属性
孵化载体状况	1	孵化器平均收入	12.5%	正
	2	孵化器平均运营成本	12.5%	负
创业社会网络	3	孵化器开展创新创业活动	12.5%	正
	4	孵化器平均配套创业导师	12.5%	正
	5	孵化器平均获得直接财政支持	12.5%	正
	6	孵化器内平均获得投融资企业	12.5%	正
城市创业状况	7	孵化器平均毕业企业	12.5%	正
	8	孵化器平均在孵企业	12.5%	正

注：数据来源于科技部火炬中心调查统计数据、UBI Global、EBN 最新年度报告。

2. 计算方法

本书国际数据的获取主要基于 UBI Global 及 EBN 最新发布的 2019 年度报告，国内数据的获取主要基于 2019 年科技部火炬中心统计的科技企业孵化器相关数据。所有一、二级指标指数测算结果均采用"百分制"。测算方法主要包含指标权重设置、指标无量纲处理和指标合成 3 个部分。

（1）权重设置

本课题采取指标等权重的方法确定指标权重。具体而言，评价指标体系共有 8 个二级指标，所以每个二级指标权重均为 12.5%，对应一级指标中的孵化载体状况权重为 25%、创业社会网络权重为 50%、城市创业状况权重为 25%。

（2）无量纲处理

由于评价指标体系中的二级指标反映不同的内容，各指标的计算单位和量纲有很大差异，往往数值也差距较大，因此不能直接进行合并计算，必须先对各指标进行无量纲处理，将其变为无量纲的指数化数值后，才能进行综合计算。

正向指标（指标值越大，其个体指数值越高）：

$$Y_i = 60 + \frac{X_i - X_{i,\min}}{X_{i,\max} - X_{i,\min}} \times 40 ; \qquad (3-1)$$

逆向指标（指标值越小，其个体指数值越高）：

$$Y_i = 60 + \frac{X_{i,\max} - X_i}{X_{i,\max} - X_{i,\min}} \times 40 。 \qquad (3-2)$$

其中，Y_i 为第 i 项指标的个体指数，X_i 为该指标在报告期指标值，$X_{i,\max}$ 为该指标的上限值（在整个试算期内所要测评城市该指标中的最大值基础上确定），$X_{i,\min}$ 为该指标的下限值（在整个试算期内所要测评城市该指标中的最小值基础上确定）。

（3）指标合成

根据各项指标的无量纲化指数值及其权重，构建线性组合模型，用于计算城市创业孵化体系指标的综合指数值。指数值越高，说明该城市的创业孵化能力越强。

具体的城市创业孵化体系指数模型为：

$$X = \sum w_i X_i 。 \qquad (3-3)$$

其中，X 为城市创业孵化体系指数的综合指数值，X_i 代表第 i 项指标的无量纲化值，w_i 为该指标的权重。根据该城市创业孵化体系指数测算模型，可以对各个城市的创业孵化能力进行综合评价、排序、比较和分析。

（五）测算结果及分析

1. 总指数解读

（1）城市（区域）创业孵化体系发展水平存在明显差异

从测评结果总指数可以看出，指数由高到低的城市（区域）依次为 EBN、北京、UBI Global、上海、深圳、南京、杭州、广州。其中，EBN 总指数达到 92.6 分，远超其他城市（区域），具有显著优势。北京同样表现亮眼，仅次于 EBN，高于 UBI Global 及国内其他主要城市。总体来看，不同城市（区域）创业孵化体系发展水平存在明显差异（图 3-2、图 3-3）。

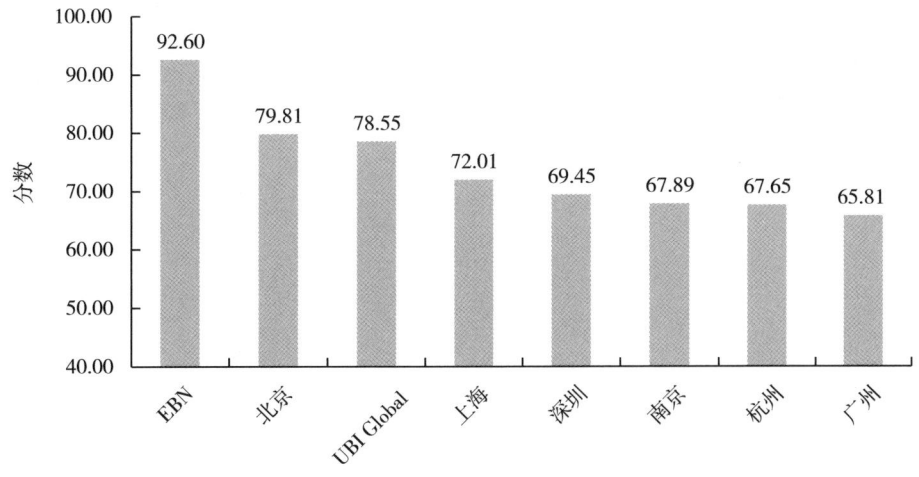

图 3-2 城市（区域）创业孵化总指数得分情况

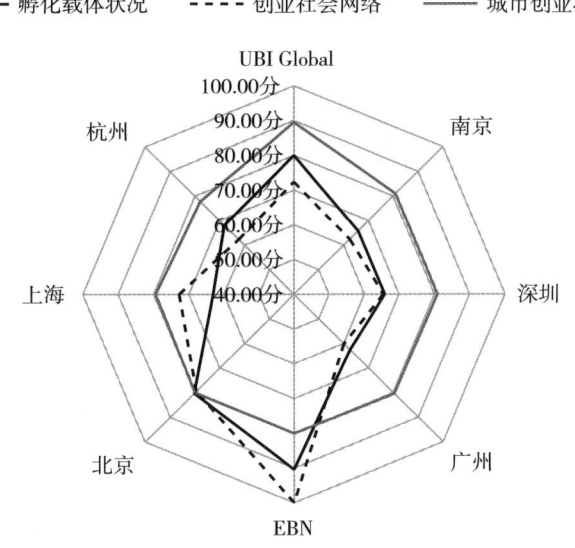

图 3-3 一级指标雷达图

（2）欧洲区域创业孵化体系整体发展水平更高

从空间结构来看，欧洲区域（EBN）不管是总指数得分还是孵化载体状况、创业社会网络得分都远远超过全球平均水平（UBI Global），且高于北京及国内其他主要城市。

（3）北京创业孵化体系发展水平超出全球均值，且优于国内其他主要城市

北京创业孵化总指数得分为 79.81 分，超过全球均值（UBI Global），且高于上海、深圳、南京、杭州、广州等国内主要城市（区域）。

2. 孵化载体状况

孵化载体状况作为本指标体系的一个一级指标，主要由孵化器平均收入和孵化器平均运营成本两项二级指标来衡量。根据孵化载体状况一级指标指数得分，排名由高到低依次为 UBI Global、南京、深圳、广州、EBN、北京、上海、杭州（图 3-4）。

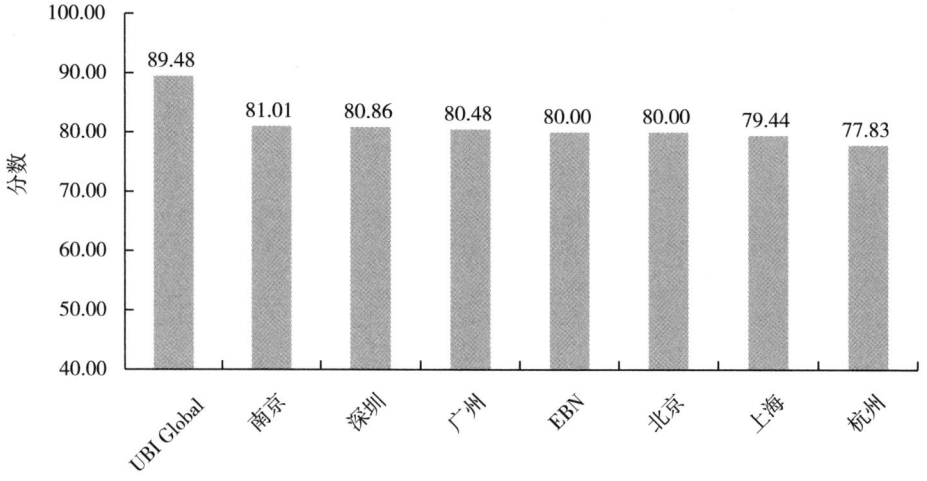

图 3-4 孵化载体状况指数得分情况

孵化器平均收入表达的是不同城市（区域）创业孵化体系中单个孵化器的总收入情况。根据该指标得分情况，排名由高到低依次为北京、UBI Global、深圳、广州、南京、上海、杭州、EBN。北京该项指标表现优异，远超国内外其他城市（区域），如图 3-5 所示。

孵化器平均运营成本表达的是不同城市（区域）创孵体系中单个孵化器的运营成本情况，该项指标为逆向指标，得分越高表明平均运营成本越低。根据指标得分情况，排名由高到低依次为 EBN、UBI Global、南京、上海、广州、杭州、深圳、北京（图 3-6）。

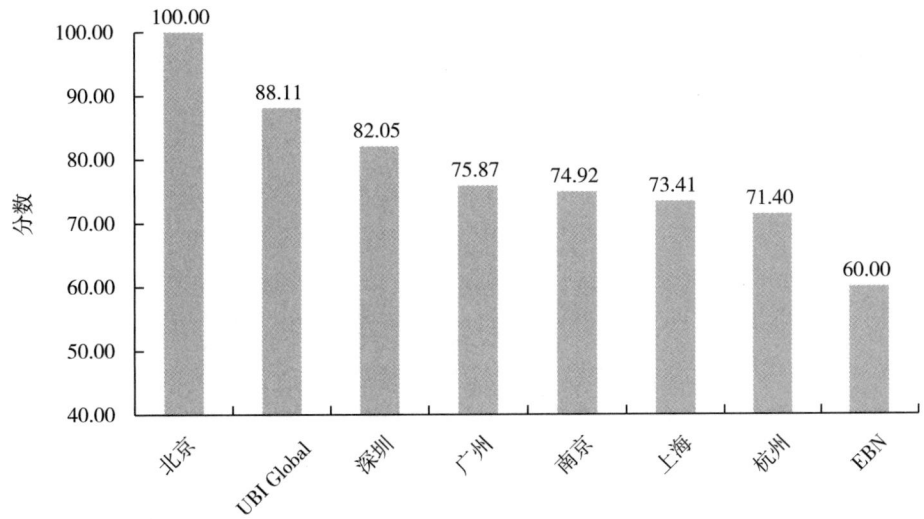

图 3-5 孵化器平均收入指数得分情况

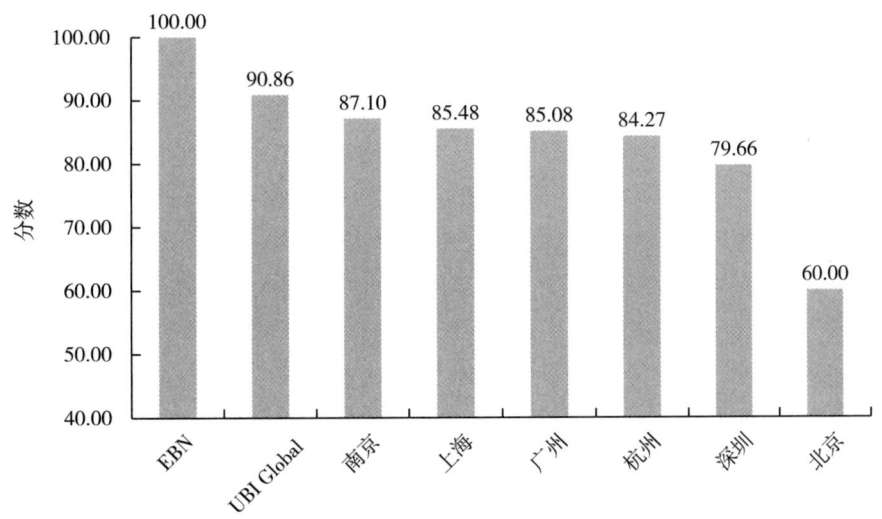

图 3-6 孵化器平均运营成本指数得分情况

3. 创业社会网络

创业社会网络作为本指标体系中的一个重要一级指标，由孵化器开展创新创业活动、孵化器平均配套创业导师、孵化器平均获得直接财政支持、孵化器内平均获得投融资企业四项二级指标构成。根据创业社会网络一级指标指数得分，排名由高到低依次为 EBN、北京、上海、UBI Global、深圳、南京、杭州、广州（图 3-7）。

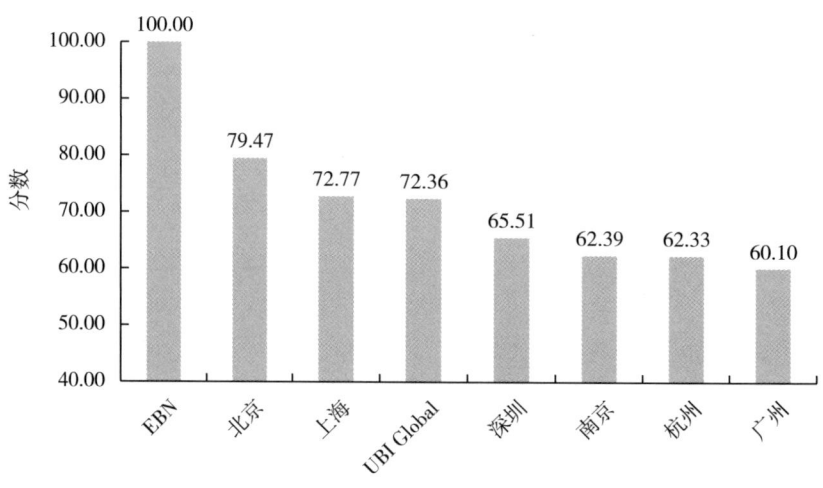

图 3-7 创业社会网络指数得分情况

孵化器开展创新创业活动表达的是不同城市（区域）创业孵化体系中单个孵化器内平均开展创新创业活动概况，根据该指标指数得分情况可知，排名由高到低依次为 EBN、北京、UBI Global、上海、深圳、南京、杭州、广州（图 3-8）。

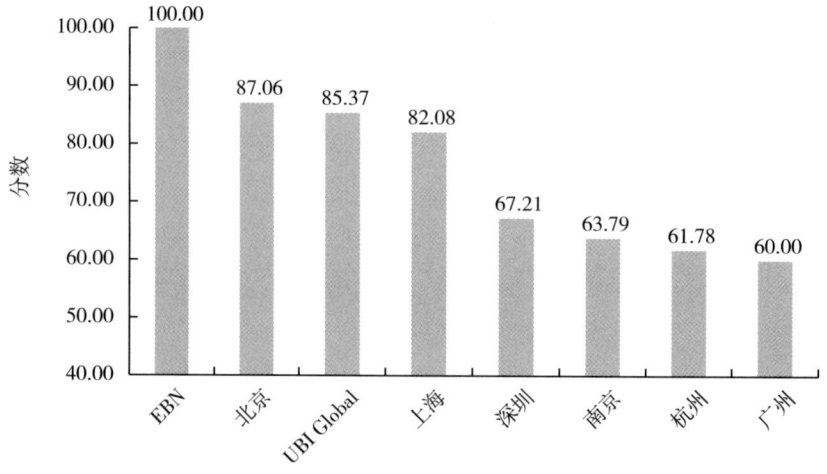

图 3-8 孵化器开展创新创业活动指数得分情况

孵化器平均配套创业导师表达的是不同城市（区域）创业孵化体系中单个孵化器所配套的创业导师情况，从该项指标得分指数可以看出，排名由高到低依次为 EBN、UBI Global、北京、杭州、上海、南京、广州、深圳。EBN 和 UBI Global 占据前两位，北京排名第三，超过国内其他城市（图 3-9）。

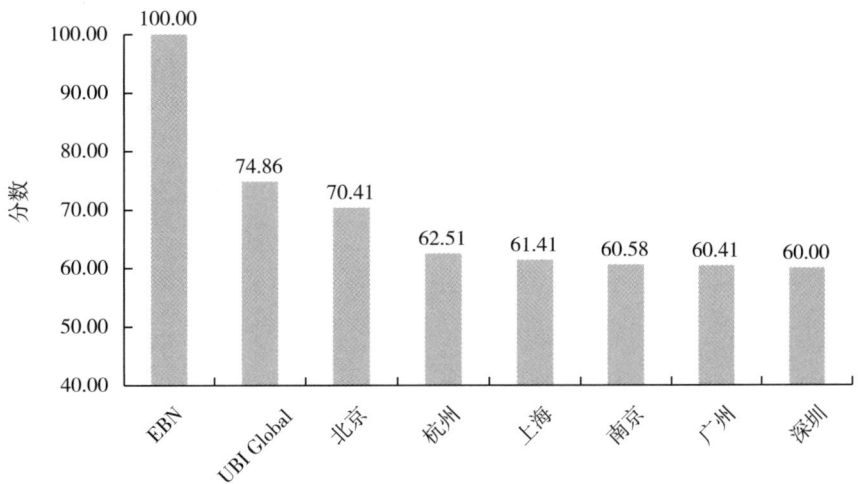

图 3-9 孵化器平均配套创业导师指数得分情况

孵化器平均获得直接财政支持表达的是不同城市（区域）创业孵化体系中单个孵化器获得直接财政资助情况，根据该指标的得分情况，排名由高到低依次为 EBN、北京、上海、深圳、UBI Global、南京、杭州、广州。EBN 排名第一，北京排名第二（图 3-10）。

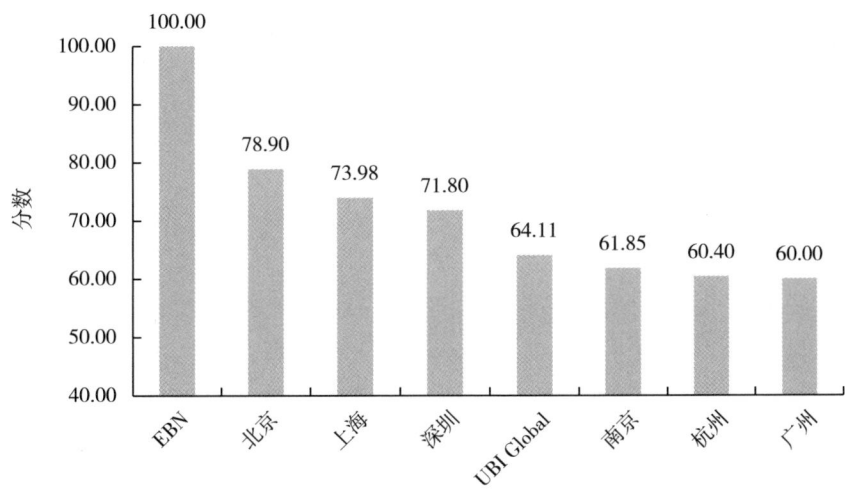

图 3-10 孵化器平均获得直接财政支持指数得分情况

孵化器内平均获得投融资企业表达的是不同城市（区域）创业孵化体系中单个孵化器内获得投融资的企业情况，根据该指标的得分情况，排名由高到低依次为 EBN、北京、上海、UBI Global、杭州、南京、深圳、广州。EBN 排名第一，北京紧随其后

（图 3-11）。

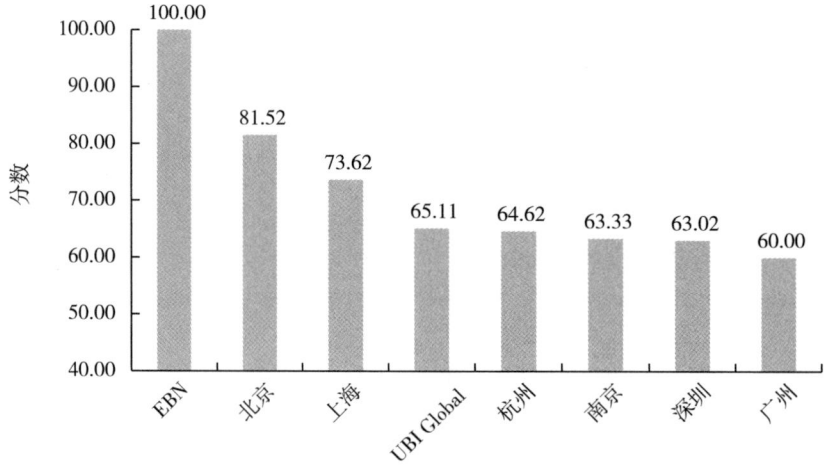

图 3-11　孵化器内平均获得投融资企业指数得分情况

4. 城市创业状况

城市创业状况作为本指标体系中的一级指标，主要由孵化器平均毕业企业和孵化器平均在孵企业两项二级指标构成。根据城市创业状况一级指标指数得分情况可知，排名由高到低依次为 EBN、北京、UBI Global、杭州、深圳、南京、上海、广州（图 3-12）。

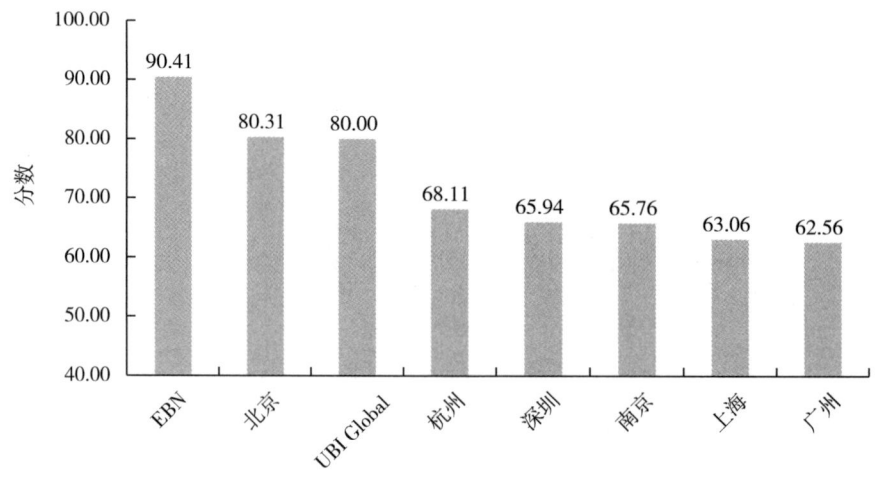

图 3-12　城市创业状况指数得分情况

孵化器平均毕业企业指标表达的是不同城市（区域）单个孵化器平均毕业企业概

况，根据其指标得分情况可知，排名由高到低依次为 UBI Global、北京、EBN、杭州、深圳、南京、广州、上海。UBI Global 拥有绝对优势，北京紧随其后，优于 EBN 及国内其他城市（图 3-13）。

孵化器平均在孵企业指标表达的是城市（区域）创业孵化体系中单个孵化器平均年度在孵企业概况，根据该指标得分情况，指数排名由高到低依次为 EBN、北京、上海、杭州、广州、南京、深圳、UBI Global。EBN 具有显著优势，北京紧随其后（图 3-14）。

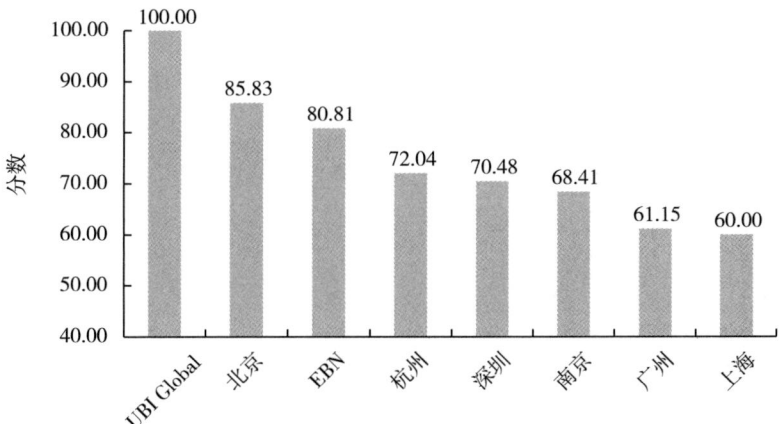

图 3-13 孵化器平均毕业企业指数得分情况

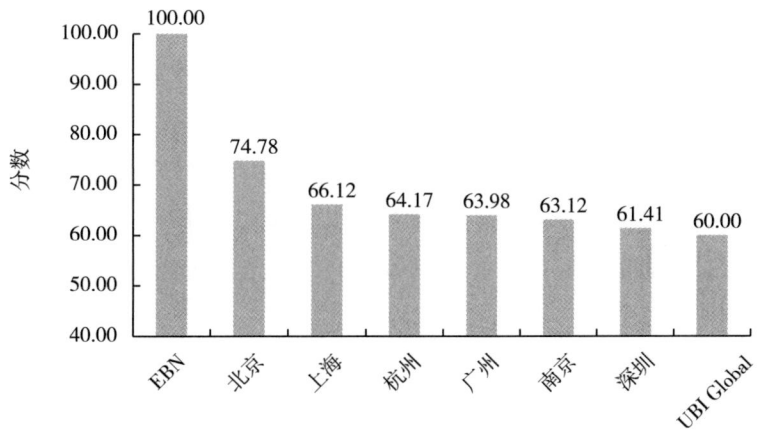

图 3-14 孵化器平均在孵企业指数得分情况

（六）研究结论

需要说明的是，EBN 的评价对象，是在欧洲几千家企业孵化器中优选出来的 100 家机构；UBI Global 评价的是全世界几万家孵化器、加速器中几百家表现较好的机构；而我们对北京的评价，依据的是纳入火炬统计的北京地区所有科技企业孵化器。因此，北京与这两个机构的评价对象差异较大，不能公正地在整体上说明其间的优劣，但无论如何，这样的对比可以作为一种参照。北京与国内其他城市的对比，则是同一口径、同一标准。

1. 与 EBN（欧洲区域）相比，北京创业孵化体系的整体发展水平还欠佳

从空间结构来看，EBN（欧洲区域）不管是总指数得分还是孵化载体状况、创业社会网络一级指标指数得分都远远超过全球平均水平（UBI Global），且高于北京及国内其他主要城市。北京创业孵化体系的整体发展水平和欧洲区域相比还是存在差距。

2. 与 UBI Global、EBN 相比，北京在创业孵化导师配套方面还存在差距

孵化器开展创新创业活动、孵化器平均配套创业导师、孵化器平均获得直接财政支持、孵化器内平均获得投融资企业是衡量城市（区域）创业社会网络状况的 4 项指标。EBN 在这 4 项指标指数排名中均排名第一，且具有显著优势。而北京除孵化器平均配套创业导师指标排名第三外，其他 3 项指标排名均位居第二。对于全球创业导师平均配套水平，北京表现虽然在国内各大城市（区域）遥遥领先，但仍低于全球平均水平（UBI Global），远低于欧洲区域水平。因此，北京在未来创业孵化体系能力提升过程中，应进一步重视创业导师配套水平的提升，给予孵化器创业导师配套更大力度的支持。

3. 北京创业孵化体系运营成本整体偏高

从孵化器平均收入和孵化器平均运营成本两项指标指数得分排名可知，北京孵化器平均收入排名第一，且具有明显优势，而孵化器平均运营成本得分最低，排名最末，由此可以判断，北京创业孵化体系营收状况良好，但运营成本偏高。因此，北京创业孵化管理机构应进一步加强孵化器日常运营管理，适度节省开支，降低孵化器整体运营成本，同时政府部门应当对此予以重视，创造条件减轻孵化器经营负担。

（七）指标解释说明

1. 孵化器平均毕业企业

城市（区域）当年全部科技企业孵化器内毕业企业数量与当年孵化器总数量的比值。

2. 孵化器平均在孵企业

城市（区域）当年全部科技企业孵化器内在孵企业数量与当年孵化器总数量的比值。

3. 孵化器开展创新创业活动

城市（区域）当年全部科技企业孵化器开展创新创业活动总场次与当年孵化器数量的比值。

4. 孵化器平均配套创业导师

城市（区域）当年全部科技企业孵化器配套创业导师数量与当年孵化器总数量的比值。

5. 孵化器平均获得直接财政支持

城市（区域）当年全部科技企业孵化器获得直接财政支持金额与当年孵化器总数量的比值。

6. 孵化器内平均获得投融资企业

城市（区域）当年全部科技企业孵化器获得投融资企业数量与当年孵化器总数量的比值。

7. 孵化器平均收入

城市（区域）当年全部科技企业孵化器总收入与当年孵化器总数量的比值。

8. 孵化器平均运营成本

城市（区域）当年科技企业孵化器总运营成本与当年孵化器总数量的比值。

二、全球创业生态系统评价及其分析

Startup Genome 对全球 300 多个城市的创业生态系统的发展现状和趋势进行了评价，并发表研究报告——《2020 年全球创业生态系统报告》。该报告从创业孵化绩效、资金、连通性、市场影响力、知识、人才 6 个方面测算了 300 多个城市创业生态情况。因该报告的很多指标数据侧重于生命科学领域，数据代表性存在一定的欠缺，行业覆盖不够全面，故仅作为考察北京市创业生态系统在全球定位的一个参考。

（一）综合排名

2020 年，全球创业生态系统的前 5 名较 2019 年保持不变。硅谷保持第一，纽约仍然排在第二，伦敦排名有所上升，与纽约并列第二，北京排名第四，波士顿排名第五。特拉维夫和洛杉矶紧随其后，并列第六（表3-2）。

表3-2　2020年全球创业生态系统排名

城市	排名	绩效得分	资金得分	连通性得分	市场影响力得分	知识得分	人才得分	增长指数得分
硅谷	1	10	10	7	10	10	10	7
纽约	2	10	10	10	9	5	10	7
伦敦	2	9	10	10	10	7	10	7
北京	4	10	9	1	10	10	10	9
波士顿	5	9	9	9	9	5	9	7
特拉维夫	6	9	9	8	10	4	9	6
洛杉矶	6	9	10	4	9	7	9	6
上海	8	10	8	1	8	10	9	9
西雅图	9	8	6	9	8	7	8	6
斯德哥尔摩	10	8	5	5	8	3	7	4
华盛顿	11	5	7	7	7	1	8	6
阿姆斯特丹	12	6	7	10	7	1	7	6
巴黎	13	4	9	9	1	1	8	4
芝加哥	14	5	6	6	6	1	8	7
东京	15	7	8	1	3	9	7	8
柏林	16	7	7	10	2	1	7	7
新加坡	17	4	8	7	8	1	4	7
多伦多	18	5	8	8	6	2	6	8
奥斯丁	19	5	6	7	5	7	6	8
首尔	20	7	3	1	9	10	5	4
圣迭戈	21	6	2	3	7	6	6	6
深圳	22	7	6	1	1	9	5	9
亚特兰大	23	4	1	4	6	1	6	6

续表

城市	排名	绩效得分	资金得分	连通性得分	市场影响力得分	知识得分	人才得分	增长指数得分
丹佛-巨石	24	3	5	6	5	4	5	5
温哥华	25	6	1	5	5	2	4	7
班加罗尔	26	4	7	8	1	8	2	5
悉尼	27	3	3	8	1	1	5	6
杭州	28	8	2	1	1	9	3	9
香港	29	3	4	1	7	1	1	6
圣保罗	30	6	1	4	2	1	1	9
伯尔尼	31	2	1	1	3	1	1	6
达拉斯	31	1	1	1	4	3	1	3
迈阿密	31	3	2	1	1	1	1	6
慕尼黑	31	2	4	6	1	3	1	8
盐湖城	31	8	1	1	5	1	1	7
哥本哈根	36	1	1	2	4	1	2	5
德里	36	1	5	1	1	1	1	4
都柏林	36	1	3	5	1	1	4	5
墨尔本	36	1	1	6	4	1	1	5
蒙特利尔	36	1	1	1	1	1	2	6

观察2012—2020年纽约、伦敦和北京的全球创业生态系统排名，伦敦的排名从2012年的第8名上升到2020年的第2名，近几年的增长趋势良好。北京在2015年纳入统计分析时排名第五，2017年排名上升为第4名，2019年上升为第3名，2020年较2019年下降1名，排名第四[①]（图3-15）。

---

① 资料来源：www.startupgenome.com.

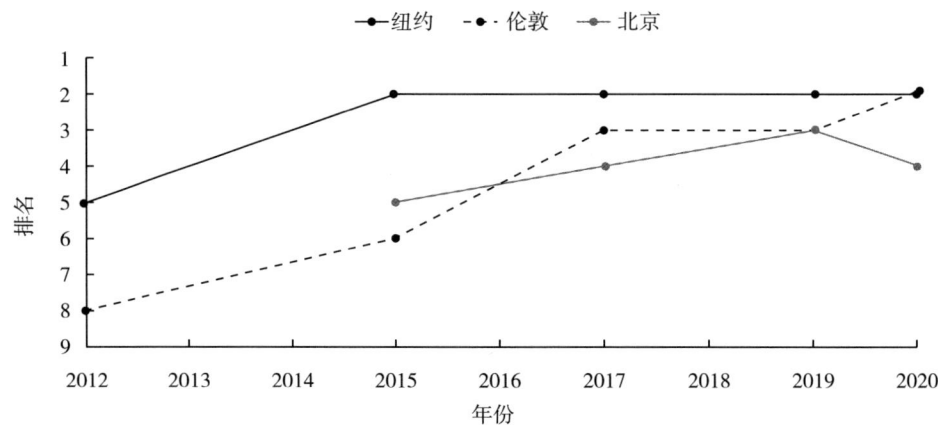

图 3-15 纽约、伦敦、北京全球创业生态系统排名变化

（二）分维度得分情况

1. 绩效得分

硅谷在生态系统价值和资金退出方面依然表现最佳，波士顿、伦敦、纽约和北京等生态系统也表现强劲。北京的创业生态系统在创业方面表现很好，创业公司能够相对轻松地从 A 轮融资进入 B 轮融资。其中，资金退出用超过 5000 万美元和 10 亿美元的退出额，以及退出资金的增量来度量。用生态系统价值衡量生态系统的经济影响，计算两年半时间内的退出总估值和初创公司估值。用创业成功衡量生态系统中有多少创业公司取得成功。以早期成功（B 轮与 A 轮公司的比率）、后期成功（C 轮与 A 轮公司的比率）和资金退出速度（IPO 和其他退出方式）来计算（表 3-3）。

表 3-3 2020 年全球创业生态系统绩效得分

城市	资金退出	生态系统价值	创业成功	城市	资金退出	生态系统价值	创业成功
硅谷	10	10	9	圣迭戈	7	7	2
纽约	10	10	5	深圳	5	9	7
伦敦	10	9	2	亚特兰大	5	3	8
北京	9	10	10	丹佛-巨石	4	3	5
波士顿	10	9	6	温哥华	6	6	7

续表

城市	资金退出	生态系统价值	创业成功	城市	资金退出	生态系统价值	创业成功
特拉维夫	8	8	7	班加罗尔	1	9	9
洛杉矶	9	9	6	悉尼	4	2	2
上海	9	10	10	杭州	5	8	8
西雅图	8	6	4	香港	2	4	4
斯德哥尔摩	9	8	1	圣保罗	5	6	10
华盛顿	8	4	3	伯尔尼	2	2	9
阿姆斯特丹	7	5	6	达拉斯	2	1	4
巴黎	3	7	3	迈阿密	3	4	1
芝加哥	6	5	9	慕尼黑	2	2	7
东京	8	5	3	盐湖城	6	5	10
柏林	7	7	4	哥本哈根	1	2	1
新加坡	3	5	5	德里	1	6	8
多伦多	8	3	2	都柏林	1	1	5
奥斯丁	5	3	8	墨尔本	4	1	2
首尔	6	7	6	蒙特利尔	3	1	4

2. 资金得分

从资金得分来看，北京无论是融资渠道，还是投资质量、活跃度，较排名前三的硅谷、纽约和伦敦存在差距，在投资方面还需注意提升。其中，融资渠道与早期融资规模和融资增长有关。质量、活跃度综合考量本地投资者数量、投资者经验（平均年经验与资金退出比率）和投资者活动（2020年第一季度活跃投资者百分比和新投资者数量），如表3-4所示。

表3-4 2020年全球创业生态系统资金得分

城市	融资渠道	质量、活跃度	城市	融资渠道	质量、活跃度
硅谷	10	10	圣迭戈	4	2
纽约	10	10	深圳	7	6

续表

城市	融资渠道	质量、活跃度	城市	融资渠道	质量、活跃度
伦敦	10	10	亚特兰大	3	3
北京	9	9	丹佛-巨石	5	5
波士顿	9	10	温哥华	2	5
洛杉矶	10	9	班加罗尔	7	5
特拉维夫	9	9	悉尼	5	1
上海	8	8	杭州	4	1
西雅图	6	7	香港	4	5
斯德哥尔摩	5	6	圣保罗	2	1
华盛顿	7	7	伯尔尼	2	3
阿姆斯特丹	6	8	达拉斯	1	2
巴黎	9	9	迈阿密	4	3
芝加哥	6	7	慕尼黑	3	6
东京	8	8	盐湖城	1	2
柏林	7	6	哥本哈根	2	2
新加坡	8	8	德里	5	3
多伦多	8	7	都柏林	3	4
奥斯丁	6	4	墨尔本	1	1
首尔	3	5	蒙特利尔	1	4

3. 连通性得分

和排名靠前的城市相比，北京市的本地连通性得分较低，基础设施的得分非常低，其他亚洲城市如上海、东京、首尔和深圳也存在这个问题。这可能会降低这些城市创业生态系统的长期潜力，是目前亟须解决的缺口。其中，本地连通性是生态系统中技术集聚的数量函数。基础设施是以生命科学为重点的衡量指标，用于评估生态系统中的加速器和孵化器，研究补助金和R&D支出（如顶级研究医院和R&D公司实验室）。

此项指标只以生命科学为评价领域，难以对城市整体的"连通性"做出判断，有失偏颇。但对了解以生命科学为主要领域的基础设施的相对完善程度，思考和谋划北京在这个领域的创新发展，仍有一定的价值（表3-5）。

表 3-5 2020 年全球创业生态系统连通性得分

城市	本地连通性	基础设施	城市	本地连通性	基础设施
硅谷	6	9	圣迭戈	4	8
纽约	10	10	深圳	2	2
伦敦	10	10	亚特兰大	5	5
北京	5	1	丹佛-巨石	7	3
波士顿	9	10	温哥华	5	6
特拉维夫	8	7	班加罗尔	9	4
洛杉矶	5	8	悉尼	9	4
上海	1	5	杭州	1	1
西雅图	9	4	香港	2	6
斯德哥尔摩	7	1	圣保罗	5	7
华盛顿	6	9	伯尔尼	2	10
阿姆斯特丹	10	8	达拉斯	3	3
巴黎	9	9	迈阿密	1	5
芝加哥	5	9	慕尼黑	7	4
东京	2	6	盐湖城	3	1
柏林	10	7	哥本哈根	4	8
新加坡	6	7	德里	3	2
多伦多	8	5	都柏林	6	2
奥斯丁	8	3	墨尔本	7	2
首尔	1	6	蒙特利尔	3	3

4. 市场影响力得分

在市场影响力得分方面,北京在本地覆盖率的得分为 7 分,相比于硅谷和纽约还存在差距。在全球领先企业方面占有优势,得分为 10 分;在知识产权商业化方面仅仅得 2 分,是今后发展需要迫切关注的问题。其中,本地覆盖率用于衡量本地市场规模,以国家 GDP 为函数。全球领先企业以价值超过 10 亿美元的公司的占比、B 轮融资退出的占比,以及大额融资退出(超过 5000 万美元退出额)与 A 轮融资的占比来衡量。

知识产权商业化，主要考察在国家层面上政策环境在多大程度上鼓励了知识产权的商业化。这项指标其实反映的是城市所在国家的状况，而不是城市的状况，北京、上海、深圳得分相同。其实在中国，知识产权的应用得到了越来越多的关注、鼓励和支持，北京在科技成果转化方面有不俗的表现，但这些在该评价体系中难以得到全面的评估（表3-6）。

表3-6 2020年全球创业生态系统市场影响力得分

城市	本地覆盖率	全球领先企业	知识产权商业化	城市	本地覆盖率	全球领先企业	知识产权商业化
硅谷	10	10	10	圣迭戈	10	5	10
纽约	10	9	10	深圳	7	1	2
伦敦	5	10	10	亚特兰大	10	5	10
北京	7	10	2	丹佛-巨石	10	3	10
波士顿	10	8	10	温哥华	4	6	6
特拉维夫冷	1	10	10	班加罗尔	5	3	2
洛杉矶	10	8	10	悉尼	3	3	10
上海	7	8	2	杭州	7	4	2
西雅图	10	6	10	香港	1	9	2
斯德哥尔摩	2	9	4	圣保罗	4	7	2
华盛顿	10	5	10	伯尔尼	2	7	4
阿姆斯特丹	2	7	6	达拉斯	10	2	10
巴黎	5	5	6	迈阿密	10	1	10
芝加哥	10	3	10	慕尼黑	6	1	4
东京	6	4	6	盐湖城	10	2	10
柏林	6	6	4	哥本哈根	2	7	4
新加坡	1	8	6	德里	5	2	2
多伦多	4	6	6	都柏林	2	1	6
奥斯丁	10	2	10	墨尔本	3	5	10
首尔	3	9	3	蒙特利尔	4	4	6

5. 知识得分

知识得分的专利和研究主要关注生命科学领域的成果，北京在专利方面表现十分突出，但是相比于硅谷、纽约、伦敦、波士顿等排名靠前的城市，北京在生命科学领域的研究成果的影响力还不够。其中，专利得分衡量在生态系统中取得的生命科学专利的数量、复杂性及潜力。研究得分指基于H指数（一个用于评估研究人员的学术产出数量与学术产出水平的指标）的生命科学研究成果的影响力（表3-7）。

表3-7 2020年全球创业生态系统知识得分

城市	专利	研究	城市	专利	研究
硅谷	9	10	圣迭戈	6	10
纽约	5	10	深圳	9	4
伦敦	8	7	亚特兰大	2	10
北京	10	4	丹佛-巨石	5	10
波士顿	5	10	温哥华	7	6
特拉维夫	8	2	班加罗尔	9	2
洛杉矶	6	10	悉尼	2	4
上海	10	4	杭州	10	4
西雅图	7	10	香港	1	1
斯德哥尔摩	8	4	圣保罗	1	1
华盛顿	3	10	伯尔尼	5	5
阿姆斯特丹	3	5	达拉斯	4	10
巴黎	4	6	迈阿密	2	10
芝加哥	2	10	慕尼黑	7	7
东京	9	6	盐湖城	1	10
柏林	3	7	哥本哈根	3	3
新加坡	6	2	德里	8	2
多伦多	7	6	都柏林	5	1
奥斯丁	6	10	墨尔本	1	4
首尔	10	2	蒙特利尔	5	6

6. 人才得分

北京的人才得分情况表现较好，具体来看，在生命科学的 LS 质量方面表现稍差，得分为 6 分，需要进一步提升。其中，成本指软件工程师的平均工资，工资越高分数越低。渠道指在招聘时，拥有至少 2 年创业经验的工程师和成长型员工的比例。质量指 GitHub 上顶级开发人员的数量和密度及生态系统中经验丰富的规模化团队的数量。STEM 渠道（包括科学、技术、工程、数学 4 门学科）指 STEM 学生和毕业生的数量。LS 渠道（生命科学，Life Sciences）指设有生命科学学位的大学数量，LS 质量是大学中生命科学课程质量的函数。扩展经验指在生态系统中创建的初创公司提供 10 年累计的重要退出额（超过 5000 万美元和超过 10 亿美元）。创业经验指在 A 轮融资阶段，生态系统中已经建立并获得资助的早期公司的累计数量（表 3-8）。

表 3-8 2020 年全球创业生态系统人才得分

城市	科技		生命科学			经验	
	成本	质量和渠道	STEM 渠道	LS 渠道	LS 质量	扩展经验	创业经验
硅谷	6	10	3	5	10	10	10
伦敦	6	10	10	9	9	9	10
纽约	5	10	10	10	5	10	10
北京	9	9	10	10	6	10	10
波士顿	5	9	5	10	8	10	10
洛杉矶	4	9	7	7	9	9	10
特拉维夫	7	9	7	8	2	9	9
上海	9	9	10	9	5	9	8
西雅图	3	10	2	1	10	8	8
斯德哥尔摩	2	6	4	6	9	7	7
华盛顿	4	9	7	7	4	8	8
阿姆斯特丹	3	7	5	10	9	8	6
巴黎	7	8	10	9	3	5	9
芝加哥	1	8	2	6	5	8	7
东京	4	7	10	8	1	6	8

续表

城市	科技		生命科学			经验	
	成本	质量和渠道	STEM 渠道	LS 渠道	LS 质量	扩展经验	创业经验
柏林	8	6	6	6	8	6	7
新加坡	8	2	6	4	10	4	6
多伦多	7	6	10	8	7	2	7
奥斯丁	5	7	2	1	4	7	7
首尔	8	4	10	10	1	3	6
圣迭戈	5	7	4	2	7	6	5
深圳	10	6	3	1	4	4	5
亚特兰大	4	8	4	5	6	7	4
丹佛-巨石	2	5	2	4	3	3	5
温哥华	6	4	6	3	6	5	2
班加罗尔	10	1	1	1	2	4	5
悉尼	4	5	10	8	6	3	4
杭州	10	1	4	4	4	7	3
香港	9	2	10	6	5	1	1
圣保罗	9	1	10	5	2	4	2
慕尼黑	6	3	6	4	8	1	4
盐湖城	2	3	1	2	2	6	2
迈阿密	1	2	3	2	1	3	3
达拉斯	2	3	1	3	3	1	3
伯尔尼	1	2		8	8	2	1
哥本哈根	1	3	1	3	10	5	2
墨尔本	7	4	10	8	7	1	
德里	10	1	7	2	1	2	3
蒙特利尔	8	4	5	4	7	5	1
都柏林	3	5	5	5	3	2	4

综合来看,与综合创业生态系统排名前七的城市相比,北京市的创业生态系统在技术集聚、生命科学的基础设施建设、研发补贴、教学质量,以及知识产权商业化方面存在较大差距,是后续发展需要重点关注的方向。

三、以生态位的视角看北京孵化

本部分从生态位的视角出发,选用生态位宽度评价模型中的"态势理论",构建包括"经济、人才、知识技术、政策、社会资源"5个维度的孵化器生态位评价指标体系,用来研究北京市科技企业孵化器行业的发展状况。

(一)孵化器生态位的内涵

1957年,Hutchinson[①]利用数理语言和抽象空间定义了生态位,认为生态位是"一种生物和其他生物与生物环境全部相互作用的总和",反映了特定生态系统中生物种群与环境相互作用所形成的相对地位。本书认为孵化器的生态位为孵化器与其生存和发展所需的经济、人才技术、资金、政策等多种资源和环境相互作用的总和,包括孵化器在生态系统中所占据的人才、政策、资金等多种创新创业资源,对资源的整合应用能力和提供孵化服务的能力,以及与资源环境相互作用过程中的外部性产出。

(二)评价模型及指标体系

1. 生态位宽度模型

生态位的大小又称为生态位宽度,为了全面考虑种群的资源存量及种群未来对资源的支配能力,本书选用态势理论模型评价孵化器生态位宽度。态势理论[②]模型认为生态位包含"态"和"势"两个方面:"态"指种群所处的当前状态,是种群过去生长发育及与环境相互作用积累的结果,通常用存量来度量;"势"指种群对资源环境潜在的

---

① HUTCHINSON G E. Concluding remarks [J]. Cold spring harbor symposium on quantitative biology, 1957, 57 (1507): 239.
② 朱春全. 生态位态势理论与扩充假说 [J]. 生态学报, 1997 (3): 324-332.

影响能力及未来的支配趋势，通常用增长量或者增长率来度量。这两个方面综合体现了种群在生态系统中的生态位。可以用以下公式来计算：

$$N_i = \frac{S_i + A_i P_i}{\sum_{j=1}^{n}(S_j + A_j P_j)} \text{。} \quad (3-4)$$

其中，$i=1, 2, 3, \cdots, n$。N_i、S_i、P_i 分别表示种群 i 的生态位宽度、态值、势值，A_i 和 A_j 为量纲转化系数。生态位宽度的取值范围在 0～1，取值越接近 1，表明该孵化器种群对资源环境的适应性和利用能力更强，在生态系统中竞争力越大。

生态位分异度主要刻画在整个生态系统中各种群孵化器生态位值的分异特征。计算公式如下：

$$C = \sqrt{\sum_{i=1}^{n}\left(\frac{N_i}{\overline{N}} - 1\right)^2 / n} \text{。} \quad (3-5)$$

其中，N_i 表示第 i 个种群的生态位宽度值，$\overline{N}$ 表示生态位宽度的平均值，n 表示种群个数。生态位分异度 C 值越大，说明各孵化器种群生态位差异越大。

2. 评价维度

本书从经济、人才、知识技术、政策及社会资源 5 个维度，考察孵化器的生态位。各维度具体意义为以下内容。

① 经济维度指在特定生态系统内，孵化器个体/群落所占据的经济资源空间和所创造的经济价值。孵化器所占面积越大，在孵企业数量越多，孵化器及在孵企业所创造的市场经济价值越大，说明该孵化器个体/群落创造更多的社会经济价值，占据更大的经济资源空间。具体指标包括：孵化器总收入、孵化器面积、在孵企业个数、在孵企业总收入。

② 人才维度是孵化器个体/群落所能利用的人力资源的集合。具体指标包括：管理机构从业人员、接受专业培训的人数和创业导师数量。

③ 知识技术维度主要度量孵化器个体/群落所创造社会经济的外部性，以及孵化器个体/群落对技术的把握和利用程度。具体指标包括：当年申请知识产权数、发明专利数和公共技术服务平台总收入。

④ 政策维度主要反映孵化器个体/群落从各级政府所获得的资源及政策支持的情况。具体指标包括：获得各级政府资助额、当年获得省级以上奖励和当年享受税收优惠政策免税金额。

⑤ 社会资源维度反映个体/群落从其他社会组织，如投融资机构、中介服务机构及行业组织等获得的资源。具体指标包括：开展的创新创业活动场次、签约的中介机构数和在孵企业当年获得风险投资额。

3. 数据处理

数据来源于科技部火炬中心公布的 2015—2019 年孵化器统计年鉴，以北京市的孵化器为研究对象。

为保证数据分析的准确性，对样本数据进行以下处理：①考虑时间和空间两个维度孵化器生态位的可比性，本书筛选出 2015—2019 年都纳入科技部火炬中心统计的 45 家孵化器为样本集；②为避免由于数据量纲不同引起的误差，增强数据的可比性，对原始数据进行标准化处理；③为减少经济指标受到通货膨胀的影响，导致测度失真，按照 2015 年的价格指数对相关经济指标数据进行折算处理。

4. 权重确定

确定各指标权重的方法选用改进熵权法。首先，将数据进行标准化处理：

$$x'_{ij} = \frac{x_{ij} - \bar{x}_{ij}}{S_{ij}} \quad \text{。} \tag{3-6}$$

其中，x_{ij} 是原始数据，$\bar{x}_{ij}$、S_{ij} 分别代表第 j 项评价指标的平均值和标准差。将各指标坐标值进行平移，保证数据为正：

$$x''_{ij} = x'_{ij} + l \quad \text{。} \tag{3-7}$$

其中，l 为自然数常数，视数据情况取值。其次，计算各指标比重及第 j 项指标熵值：

$$R_{ij} = \frac{x''_{ij}}{\sum_{i=1}^{n} x''_{ij}}, \tag{3-8}$$

$$e_j = \frac{1}{\ln n} \sum_{i=1}^{n} R_{ij} \ln R_{ij} \quad \text{。} \tag{3-9}$$

最后，计算第 j 项指标的差异性系数及其权重：

$$g_j = 1 - e_j, \tag{3-10}$$

$$\omega_j = \frac{g_j}{\sum_{j=1}^{m} g_j} \quad \text{。} \tag{3-11}$$

综合以上分析，构建孵化器生态位评价指标体系，如表 3-9 所示。

表 3-9　科技企业孵化器生态位评价指标体系

目标层	维度层	态		势	
		指标层	权重	指标层	权重
孵化器生态位	经济维度	孵化器总收入/元	0.0574	孵化器总收入增长量/元	0.0583
		孵化器面积/平方米	0.0624	孵化器面积增长量/平方米	0.0601
		在孵企业个数/个	0.0740	在孵企业个数增长量/个	0.0770
		在孵企业总收入/元	0.0766	在孵企业总收入增长量/元	0.0768
	人才维度	管理机构从业人员/人	0.0588	管理机构从业人员增长量/人	0.0603
		接受专业培训的人数/人	0.0588	接受专业培训的人数增长量/人	0.0589
		创业导师数量/人	0.0590	创业导师数增长量/人	0.0593
	知识技术维度	当年申请知识产权数/件	0.0636	当年申请知识产权数增长量/件	0.0636
		发明专利数/件	0.0607	发明专利数增长量/件	0.0607
		公共技术服务平台总收入/元	0.0604	公共技术服务平台总收入增长量/元	0.0607
	政策维度	获得各级政府资助额/元	0.0606	获得各级政府资助额增长量/元	0.0594
		当年获得省级以上奖励/个	0.0574	当年获得省级以上奖励增长量/个	0.0584
		当年享受税收优惠政策免税金额/元	0.0715	当年享受税收优惠政策免税金额增长量/元	0.0657
	社会资源维度	开展的创新创业活动场次/场	0.0573	开展的创新创业活动场次增长量/场	0.0586
		签约的中介机构数/个	0.0628	签约的中介机构数增长量/个	0.0630
		在孵企业当年获得风险投资额/元	0.0588	在孵企业当年获得风险投资额增长量/元	0.0591

（三）北京市科技企业孵化器生态位评价结果分析

1. 综合生态位宽度评价结果及分析

以北京市 2015—2019 年向科技部火炬中心提交统计数据的孵化器（不含众创空间）为研究样本，根据态势理论模型和孵化器生态位评价指标体系，以各项指标 2019 年的存量数据标准化后和权重的加权作为态值的度量，以各项指标 2015—2019 年的平均增长量数据标准化后和权重的加权作为势值的度量，计算得出各个孵化器个体的态值、势值、综合生态位宽度值及其排名情况，结果如表 3-10 所示。

表 3-10 北京市科技企业孵化器综合生态位评价结果

孵化器名称	综合生态位宽度	排名	态值	排名	势值	排名
北京东升科技企业加速器有限公司	0.0387	1	0.4379	1	0.6400	1
北京京仪科技孵化器有限公司	0.0313	2	0.3139	3	0.5584	2
汇龙森欧洲科技（北京）有限公司	0.0295	3	0.2867	4	0.5357	4
北京亦庄国际生物医药投资管理有限公司	0.0278	4	0.2714	5	0.5042	11
北京北航天汇科技孵化器有限公司	0.0278	5	0.2304	8	0.5430	3
汇龙森国际企业孵化（北京）有限公司	0.0275	6	0.2674	6	0.4976	13
北京中关村国际孵化器有限公司	0.0272	7	0.2244	9	0.5321	5
北京奥宇科技企业孵化器有限责任公司	0.0261	8	0.2055	12	0.5206	8
中关村意谷（北京）科技服务有限公司	0.0255	9	0.1808	15	0.5289	6
北京望京科技孵化服务有限公司	0.0254	10	0.2409	7	0.4661	25
北京牡丹科技孵化器有限公司	0.0252	11	0.2166	11	0.4851	18
北京创业谷科技孵化器有限公司	0.0244	12	0.1632	17	0.5162	9
北京禾芫科技孵化器有限公司	0.0242	13	0.1524	20	0.5212	7
北京启迪创业孵化器有限公司	0.0241	14	0.3443	2	0.3257	44
北京中关村生命科学园生物医药科技孵化有限公司	0.0239	15	0.1911	13	0.4755	20
北京高技术创业服务中心	0.0238	16	0.2208	10	0.4421	32

续表

孵化器名称	综合生态位宽度	排名	态值	排名	势值	排名
北京九州通科技孵化器有限公司	0.0234	17	0.1618	18	0.4912	15
北京北达燕园科技孵化器有限公司	0.0231	18	0.1876	14	0.4569	27
北京康华伟业孵化器有限责任公司	0.0230	19	0.1462	21	0.4958	14
北京首冶新元科技发展有限公司	0.0226	20	0.1599	19	0.4696	23
北京创业公社投资发展有限公司	0.0222	21	0.1262	23	0.4911	16
北京普天德胜科技孵化器有限公司	0.0219	22	0.1732	16	0.4370	34
北京北控高科技孵化器有限公司	0.0218	23	0.0997	31	0.5070	10
北京嘉捷美锦科技发展有限公司	0.0215	24	0.1209	25	0.4788	19
北京京辰瑞达科技孵化中心	0.0209	25	0.0800	36	0.5011	12
北京人大文化科技企业孵化器有限公司	0.0204	26	0.0930	32	0.4754	21
北京理工创新高科技孵化器有限公司	0.0202	27	0.1096	27	0.4543	28
北京博奥联创科技孵化器有限公司	0.0199	28	0.0833	34	0.4700	22
北京搜宝创展科技孵化器有限责任公司	0.0196	29	0.0589	39	0.4868	17
北京中关村上地生物科技发展有限公司	0.0195	30	0.1092	28	0.4340	35
北京瀚海博智科技孵化器有限公司	0.0194	31	0.1098	26	0.4305	36
北京牡丹创新科技孵化器有限公司	0.0193	32	0.0680	38	0.4685	24
北京中关村软件园孵化服务有限公司	0.0192	33	0.1044	29	0.4291	37
北京瀚海润泽科技孵化器有限公司	0.0191	34	0.1441	22	0.3870	42
北京科大方兴科技孵化器有限责任公司	0.0189	35	0.0818	35	0.4453	31
北京华商置业有限公司	0.0187	36	0.0917	33	0.4289	38
北京交大科技孵化器有限公司	0.0180	37	0.0515	40	0.4505	30
北京中关村京蒙高科企业孵化器有限责任公司	0.0179	38	0.0474	42	0.4523	29
北京汉潮大成科技孵化器有限公司	0.0178	39	0.1230	24	0.3715	43
北京中科喀斯玛科技孵化器有限公司	0.0177	40	0.0307	44	0.4626	26

续表

孵化器名称	综合生态位宽度	排名	态值	排名	势值	排名
北京厚德科创科技孵化器有限公司	0.0173	41	0.0700	37	0.4111	39
北京首特科技孵化器有限责任公司	0.0167	42	0.0225	45	0.4418	33
北京乐邦乐成创业投资管理有限公司	0.0164	43	0.0487	41	0.4094	40
北京绿创环保集团科技孵化器有限公司	0.0163	44	0.0452	43	0.4086	41
北京华海基业科技孵化器有限公司	0.0152	45	0.1017	30	0.3224	45
分异度	0.2042		0.5924		0.1226	

由综合生态位宽度和态值、势值的结果可知，北京市科技企业孵化器的综合生态位宽度的取值范围在 [0.0152, 0.0387]，其中综合生态位宽度最大、在整个创业孵化生态系统中最具竞争力的科技企业孵化器是北京东升科技企业加速器有限公司，且无论其态值还是势值都领先于其他孵化器。综合生态位宽度排名第二的是北京京仪科技孵化器有限公司。

从分异度结果得到，态值分异度为 0.5924，势值分异度为 0.1226。态值的差异远大于势值的差异。说明北京市各个孵化器可能由于发展起步的时间不同，起步的资源基础存在较大差距，导致当前各个孵化器发展规模存在显著差别。

2. 分维度生态位宽度评价结果及分析

计算得到各个科技企业孵化器各维度的生态位宽度评价结果，结果如表 3-11 所示。

表 3-11 北京市科技企业孵化器各维度生态位评价结果

孵化器名称	经济生态位	排名	人才生态位	排名	知识技术生态位	排名	政策生态位	排名	社会资源生态位	排名
北京东升科技企业加速器有限公司	0.0584	1	0.0172	36	0.0794	1	0.0191	26	0.0385	1
北京仪科科技孵化器有限公司	0.0291	6	0.0361	3	0.0288	8	0.0282	8	0.0328	2
汇龙森欧洲科技（北京）有限公司	0.0346	3	0.0167	40	0.0383	4	0.0404	2	0.0227	19
北京亦庄国际生物医药投资管理有限公司	0.0270	9	0.0355	4	0.0425	2	0.0212	21	0.0196	29
北京北航天汇科技孵化器有限公司	0.0262	10	0.0262	8	0.0296	6	0.0248	12	0.0325	3
汇龙森国际企业孵化（北京）有限公司	0.0232	14	0.0189	33	0.0416	3	0.0347	3	0.0253	10
北京中关村国际孵化器有限责任公司	0.0259	11	0.0237	13	0.0314	5	0.0325	5	0.0243	13
北京奥宇科技企业孵化器有限公司	0.0241	12	0.0224	16	0.0180	28	0.0332	4	0.0289	6
中关村意合（北京）科技服务有限公司	0.0225	15	0.0395	1	0.0227	14	0.0192	25	0.0219	25
北京望京科技孵化器有限公司	0.0197	24	0.0208	21	0.0153	41	0.0421	1	0.0245	12
北京牡丹科技孵化器有限公司	0.0316	4	0.0264	7	0.0248	11	0.0197	24	0.0236	17
北京创业谷科技孵化器有限公司	0.0410	2	0.0162	43	0.0186	22	0.0220	16	0.0228	18
北京禾苑科技孵化器有限公司	0.0169	37	0.0202	23	0.0199	20	0.0318	6	0.0295	5
北京启迪创业孵化器有限公司	0.0218	17	0.0385	2	0.0103	43	0.0274	9	0.0165	37
北京中关村生命科学园生物医药科技孵化有限公司	0.0279	8	0.0190	30	0.0283	9	0.0198	23	0.0266	8
北京高技术创业服务中心	0.0189	28	0.0354	5	0.0117	42	0.0181	35	0.0287	7

续表

孵化器名称	经济生态位	排名	人才生态位	排名	知识技术生态位	排名	政策生态位	排名	社会资源生态位	排名
北京九州通科技孵化器有限公司	0.0177	35	0.0256	9	0.0251	10	0.0266	11	0.0225	21
北京北达燕园科技孵化器有限公司	0.0161	40	0.0325	6	0.0200	19	0.0224	15	0.0226	20
北京康华伟业孵化器有限责任公司	0.0184	30	0.0253	10	0.0181	26	0.0244	13	0.0263	9
北京首冶新元科技发展有限公司	0.0312	5	0.0253	11	0.0185	24	0.0215	20	0.0156	43
北京创业公社投资发展有限公司	0.0286	7	0.0234	14	0.0241	12	0.0118	44	0.0237	16
北京普天德胜科技孵化器有限公司	0.0203	21	0.0204	22	0.0180	29	0.0170	42	0.0314	4
北京北控高科技孵化器有限公司	0.0213	19	0.0198	26	0.0170	35	0.0267	10	0.0220	23
北京嘉捷美锦科技发展有限公司	0.0196	25	0.0210	19	0.0185	23	0.0294	7	0.0180	33
北京京辰瑞达科技孵化中心	0.0201	22	0.0225	15	0.0211	15	0.0186	28	0.0219	24
北京人大文化科技企业孵化器有限公司	0.0168	38	0.0192	27	0.0180	27	0.0217	17	0.0247	11
北京理工创新高科技孵化器有限公司	0.0179	34	0.0214	18	0.0210	16	0.0217	18	0.0195	30
北京博奥联创科技孵化器有限公司	0.0182	31	0.0245	12	0.0238	13	0.0165	43	0.0178	34
北京搜宝创展科技孵化器有限责任公司	0.0192	27	0.0201	25	0.0203	18	0.0185	29	0.0201	28
北京中关村上地生物科技发展有限公司	0.0174	36	0.0186	34	0.0206	17	0.0210	22	0.0203	26
北京瀚海博智科技孵化器有限公司	0.0182	32	0.0220	17	0.0101	44	0.0184	31	0.0238	15
北京牡丹创新科技孵化器有限公司	0.0198	23	0.0208	20	0.0177	32	0.0181	36	0.0192	31

续表

孵化器名称	经济生态位	排名	人才生态位	排名	知识技术生态位	排名	政策生态位	排名	社会资源生态位	排名
北京中关村软件园孵化服务有限公司	0.0218	16	0.0190	31	0.0165	38	0.0216	19	0.0162	41
北京瀚海润泽科技孵化器有限公司	0.0218	18	0.0131	45	0.0177	33	0.0183	32	0.0240	14
北京科大方兴科技孵化器有限责任公司	0.0240	13	0.0167	39	0.0179	31	0.0184	30	0.0176	35
北京华商置业有限公司	0.0108	45	0.0202	24	0.0183	25	0.0232	14	0.0202	27
北京交大科技孵化器有限公司	0.0161	41	0.0191	29	0.0169	36	0.0182	34	0.0191	32
北京中关村京蒙高科企业孵化器有限责任公司	0.0205	20	0.0172	37	0.0179	30	0.0182	33	0.0162	40
北京汉潮大成科技孵化器有限公司	0.0119	44	0.0189	32	0.0295	7	0.0172	40	0.0162	39
北京中科喀斯玛科技孵化器有限公司	0.0188	29	0.0192	28	0.0165	37	0.0189	27	0.0149	45
北京厚德科创科技孵化器有限公司	0.0180	33	0.0177	35	0.0173	34	0.0180	37	0.0155	44
北京首特科技孵化器有限责任公司	0.0156	42	0.0172	38	0.0160	39	0.0180	38	0.0163	38
北京乐邦乐成创业投资管理有限公司	0.0164	39	0.0132	44	0.0193	21	0.0170	41	0.0175	36
北京绿创环保集团科技孵化器有限公司	0.0155	43	0.0166	42	0.0159	40	0.0174	39	0.0159	42
北京华海基业科技孵化器有限公司	0.0193	26	0.0166	41	0.0073	45	0.0067	45	0.0222	22
分异度	0.3586		0.2861		0.5080		0.3053		0.2384	

由结果可知，北京东升科技企业加速器有限公司综合生态位排名第一的主要原因是经济生态位及知识技术生态位和第 2 名之间的差距较大，占据了绝对优势。但是，人才生态位和政策生态位的排名较为靠后，是今后发展需要注意提升的方向。即使是综合生态位排名前十的孵化器，也都出现了不同维度生态位的失衡问题。通过对比各个维度的分异度发现，北京市孵化器在知识技术维度的差距最为显著，说明各个孵化器的经济外部性贡献还是存在很大的差别。其次是经济维度和政策维度，说明各个孵化器的经济创造能力存在较大差异，政府的政策更倾向于资源基础较好的，而忽略了对起步较晚但是有良好发展趋势孵化器的相关政策支持。各个孵化器在人才维度和社会资源维度的差异相对较小。为了在宏观上更好地观察影响各个孵化器生态位的关键因子，运用 R 语言对北京市孵化器的"经济—人才—知识技术—政策—社会资源生态位宽度"结果进行 K-means 聚类分析。

首先确认聚类数目 K 的值，将原始数据标准化，考察全样本误差平方和 SSE（Sum of Squares due to Error），结果如图 3-16 所示。

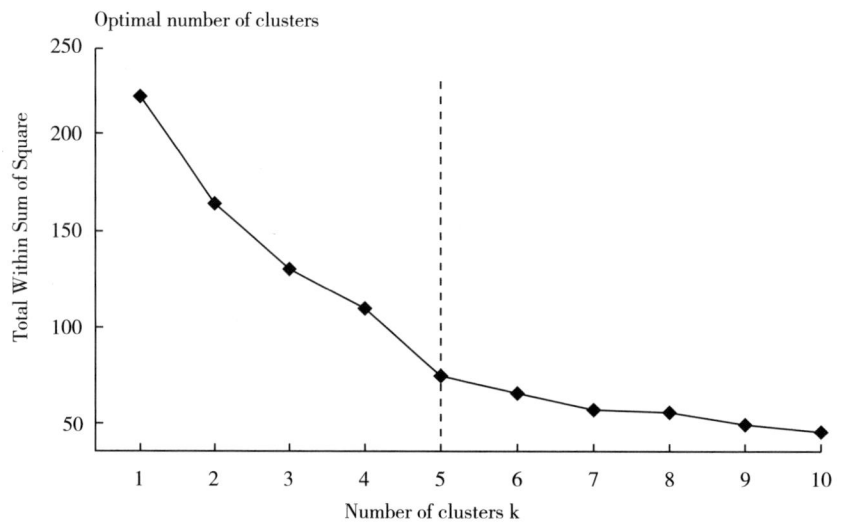

图 3-16　手肘法确定聚类数目 K 值

根据手肘法，选择图 3-16 中全样本 SSE 的手肘拐弯处 $K=5$ 作为聚类数目。利用 Rstudio 软件中的 K-means 函数进行聚类分析，并以各个孵化器综合生态位宽度排名顺序为该孵化器的编号进行可视化，结果如图 3-17 和表 3-12 所示。

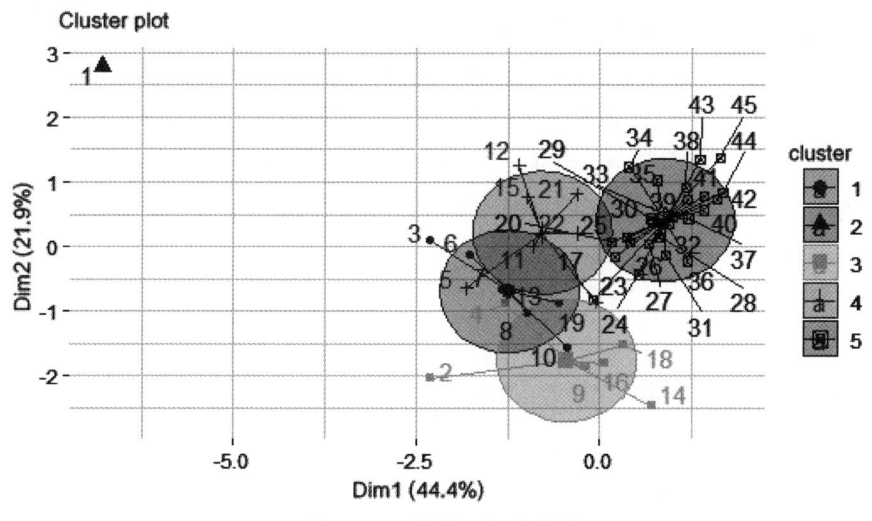

图 3-17 聚类可视化结果

表 3-12 聚类均值结果

类别	孵化器综合生态位宽度排名	各维度聚类均值				
		经济生态位	人才生态位	知识技术生态位	政策生态位	社会资源生态位
绝对优势群体	1	4.494	−0.777	5.008	−0.449	3.039
优势群体	3 6 7 8 10 13	0.229	−0.277	0.456	1.977	0.679
亚优势群体	2 4 9 14 16 18	0.043	2.184	0.039	0.079	0.272
中间力量群体	5 11 12 15 19 21 22	0.681	0.031	0.075	−0.334	0.837
落后群体	17 20 23 24 25 26 27 28 29 30 31 32 33 34 35 36 37 38 39 40 41 42 43 44 45	−0.436	−0.435	−0.340	−0.382	−0.584

通过聚类分析将北京市孵化器分为绝对优势群体、优势群体、亚优势群体、中间力量群体和落后群体。由于在经济、人才、社会资源维度上占据绝对优势，北京东升科技企业加速器有限公司自成一个类别。优势群体和亚优势群体是综合生态位排名较为靠前的孵化器，优势群体中的孵化器在经济、知识技术、政策、社会资源维度占据一定的优势，但是在人才维度存在突出问题，后续的发展要注重专业人才的引进和培养。相反，亚优势群体中的孵化器在人才维度的优势较为明显，但是在经济、政策、

社会资源维度稍显落后，这一类别的孵化器还需要充分发挥人才优势，提高孵化器孵化企业的能力和盈利能力，需要结合自身优势吸引更多的供应链和资金资源，不断扩充孵化器发展的资源禀赋。中间力量群体中的孵化器在综合生态位及分维度生态位排名中处于中间水平，这几个维度的发展较为均衡。落后群体中的孵化器，在综合生态位排名和 5 个维度中的表现均不佳，且数量达到 25 家，在 45 家孵化器中占比超过 50%，说明北京市孵化器发展不平衡的问题突出。

四、部分国外创业孵化机构案例分析

借鉴全球创业孵化机构的先进经验，不断改进和提升北京创业孵化机构的管理和运营能力，对于提升创业孵化机构孵育水平，构建良好创业孵化体系具有重要的意义。因此，选取国外先进的代表性企业孵化器、加速器、众创空间、创新街区等创业孵化机构，对其建设和发展经验进行总结和借鉴，是十分必要的。

（一）YC

总体来看，美国模式的加速器与企业孵化器的孵化对象、服务内容、商业模式都基本一致，只是孵化时间更短、资源投入强度更大、效益更好；其运营模式与企业孵化器有所区别，通常情况下没有运营场地，即使有场地，也一般用来举办培训、交流会等各类活动，而不直接提供给企业运营。目前，在美国加速器已经成为比孵化器更为流行的一类创业孵化载体，全球其他地区的加速器数量也都在迅速增长，加速器已经成为推动科技企业创新的重要力量。

加速器的发展进入一个新时代的标志性事件是，2005 年 Paul Graham 在美国马萨诸塞州建立创业加速器 Y Combinator（YC）。

1. 基本情况

YC 成立于 2005 年 3 月 11 日，是美国著名的初创企业加速器，也是全球第一家创业加速器。YC 最早成立于马萨诸塞州剑桥市，2005—2008 年，YC 在剑桥和硅谷分设两个办事处，2009 年关闭剑桥办事处，全部搬至美国加州硅谷。YC 的早期创始人是 Paul Graham，2014 年 Paul Graham 离开 YC，Sam 成为 YC 的总经理。YC 取得成功的一个关键因素就是领导者的明智决策和运营管理团队强大的技术背景，团队成员都具有创业经验，眼光长远，能够有效帮助创业团队提高创业成功率，特别是帮助创业企业从0到1进行提升。

2. 主要服务

（1）加速器模式

YC创造了一种新的模式来资助早期创业公司，最大的特色是为初创企业提供少量种子资金。YC为进入加速计划中的创业企业提供小额投资约12.5万美元，以换取7%左右的股权。部分企业可能不止一次获得来自YC的投资，在后续所有的定价融资中，YC按一定比例享有投资权。

YC每年举办两次加速计划，分别在1—3月和6—8月，每期时长3个月。每期加速计划都有超过10 000家公司申请进入加速器，申请通过率在1.5%～2%。

YC的创业导师主要是YC内部工作人员、合伙人及优秀校友创业者和技术专家，创业者可通过线上预约的方式与YC导师在办公时间进行面对面的交流或获取辅导。在加速计划的3个月中，创业者每两周参与一次集体办公，根据需求与合作伙伴、创业导师会面；每周举办一次演讲活动，邀请专家围绕创业进行相关分享，包括初创企业创始人、风险投资者和知名科技企业高管等。YC的目标是帮助初创企业渡过早期创业难关，使初创企业达到大规模筹集资金的阶段，并连接初创企业和投资者，甚至收购者。YC同红杉资本等顶级风险投资机构及Ron Conway、Paul Buchhei等顶级天使投资人具有紧密的合作关系，能够为创业企业提供优质可靠的资金来源。为此，在这3个月里，YC花费大量时间，对创业团队进行辅导，帮助创始人学习如何与投资人打交道，推销自己并实现资金获得。

（2）YC Continuity

YC Continuity是一个投资基金，主要目标是通过投资YC校友企业的后续融资来支持他们扩大公司规模，偶尔也会投资非YC校友公司。YC Continuity聚焦产品与市场高度契合的公司，为其提供风险投资，通常是B轮或后续轮次，投资规模在2000万～1亿美元的公司。YC Continuity可能进行领投，也可能作为共同投资者参与其他投资机构领投的轮次。但是，YC Continuity不会作为领投者参与A轮融资和种子轮融资。对于公司的选择没有严格的估值参数，更偏向于投资具有明确商业模式和客户吸引力的公司。

（3）Startup School

Startup School是一个为期10周的免费线上创业辅导课程，YC邀请成功的企业家和行业领军人物进行授课，传授创业相关技能。同时，Startup School也是一个全球创始人社区，创始人每周都可以在线上与其他创始人进行实时视频聊天，相互分享创业经验和秘诀。YC还会在每周二举办线下社区活动，为创始人提供面对面交流的机会，并且邀请一些或成功或失败的创业者进行经验分享。目前，YC录取的初创企业中有

44%成为Startup School的校友。Startup School为学员提供的软服务价值超过10万美元，其中69%的学员来自美国以外的其他国家或地区。

（4）Startup Library

自2005年成立以来，YC积累了许多创业资源，包括视频、播客和文章，能够为创始人提供一些学习的素材。YC将这些资源整合到Startup Library之中，构成了Startup School、YC Continuity免费在线平台和创始人全球社区的核心课程。

3. 孵化成效

截至2021年1月，YC创业社区拥有超过6000多名创始人，投资了3000多家创业企业，总估值超过3000亿美元，其中共计孵化了110多家价值超过1亿美元的公司和25家以上价值超过10亿美元的公司，创造了6万多个就业岗位。

（二）Station F

"众创空间"是中国人创造的概念，所以很难找到国外的对应物来做比较。国外的有些做法，比如Station F，其特征与众创空间有些相近之处。

坐落于法国巴黎十三区的Station F是法国政府强力推动的现象级创业孵化机构，法国总统马克龙、总理菲利普从Station F开业之日起就多次到访视察，一方面是因为它34 000平方米的体量在欧洲孵化器中首屈一指；另一方面也是因为它的确将各类创业资源要素形成了闭环的生态。Station F在同一空间区域内不仅聚集了创业者，还以空间分割的形式实施数十个创业计划，政府部门办公窗口、风险投资机构、创业导师驻场办公室，为创业者提供了全法国最好的创业资源和创业培训，甚至还提供了巴黎地区性价比最高的创业者公寓。Station F对创业者7天无休24小时开放，通过共同工作与共同生活，使创业者实现社群互帮互助，从而打造了完整的创业生态。

马克龙政府因积极支持Station F项目，在创新创业方面大获国民好评，受此项目激励，法国政府适时推出了针对高科技企业的120亿欧元的风险投资基金，也使得2018年法国初创企业被天使基金投资的总额超过英国，成为欧洲第一。目前，Station F内29家企业获得百万欧元以上融资，其中Alsid、Vitality和Colonies成为获得融资超千万欧元、估值过亿欧元的初创准独角兽企业。

1. Station F的定位——初创企业校园

法国的Station F由法国电信业巨头XAVIER NIEL领头创办，总投资超过2.5亿欧元。它最大的特色是将初创企业所需的生态各要素聚集在一个占地310米×58米的穹顶下，成为欧洲最大的孵化器。

Station F 对自己的定位是初创企业校园，设立的逻辑是：调研发现，超过 80% 的创业者遇到问题时会找其他先行创业者咨询解决，就像在大学校园里，大家遇到问题首先找同学或师兄师姐，因此只要能为创业者之间营造一个自由平等的共同学习生态，创业者之间是可以相互引导的。Saxenian 等（1990，1994，2002）[1][2] 通过对美国加州硅谷和中国台湾新竹的研究，提出"共同学习理论（Collective Learning）"是建立创新创业生态的最佳模式，Keeble（1999）、Lawson（1999）和 Longhi（1999）等人也就此理论研究英国剑桥、法国索菲亚等地的高科技产业集群，但无论在美国还是在欧洲，研究者们都没能找到或建立一个共同学习的生态范本[3][4]。法国的 Station F 没有追求将"共同学习"应用到创新生态建设中，而是应用到创业生态营造中，其入驻的 3000 余名创业者中，800 多人是完全不会讲法语的外国人。Station F 将入驻的创业者们都看成创业学院的学员，大家在同一个校园里自由平等地过着创业生活，把艰苦的创业变为一种相对快乐的生活方式。

2. Station F 有机整合各种创业资源

Station F 有 31 个各具特色的创业计划，可接纳 1000 个创业项目约 3000 名创业者。这 31 个创业计划实际就是在 31 个微型孵化器内实施各具特色的创业孵化计划，除了自营的"创始人计划（Founders Program）"和"奋斗者计划（Fighters Program）"，其余均为战略合作伙伴的运营项目。其自营的创始人计划和奋斗者计划以美国加速器 YC 和英国孵化器 SEEDCAMP 的模式为蓝本进行优化，由 1000 名专家在 2000 余个创业计划书中评估入孵项目。其中，奋斗者计划主要针对草根创业，创始人计划主要针对精英创业（图 3-18）。

---

[1] SAXENIAN A L. Regional networks and the resurgence of silicon valley [J]. California management review [J]. 1990, 33（1）: 89-112.

[2] SAXENIAN A L. Regional advantage: culture and competition in silicon valley and Route 128 [D]. Cambridge: Harvard University Press, 1994.

[3] KEEBLE D, LAWSON C, MOORE B, et al. Collective learning processes, networking and "institutional thickness" in the Cambridge Region [J]. Regional studies, 1999, 33（4）: 319-332.

[4] LONGHI C. Networks, collective learning and technology development in innovative high technology regions: the case of Sophia-Antipolis [J]. Regional studies, 1999, 33（4）: 333-342.

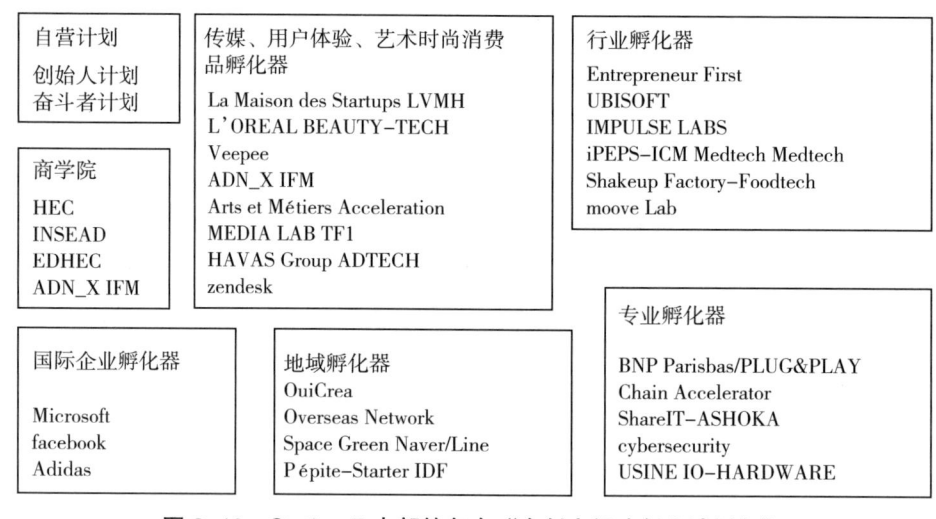

图 3-18　Station F 内部的各个"众创空间（创业计划）"

　　Station F 的自营孵化计划有两个，分别是创始人计划和奋斗者计划，每年在高达数千个申请项目中，各遴选 100 个项目入驻。提供的创始人计划费用为每月每人 195 欧元，孵化进程取决于公司创建进展程度，至少在 Station F 驻留 3 个月，超过 15 人后视为毕业需搬离。创始人计划针对精英创业，没有指定创业导师，也没有必须出席的培训和会议，但有众多专家们"随时待命"，为创业者提供咨询服务。奋斗者计划是 Station F 为缺少初始资金和资源的"梦想家"设立的公益性项目，旨在帮助所有不能享受平等创业机会的草根人群。通过筛选后，加入奋斗者计划的创业者可以免费享受创业者计划所有服务，时限为 1 年。项目的目标人群是那些来自落后地区或农村地区的年轻人，同时也面向移民和难民。合作孵化器分为几大类，包括专业孵化器、国际企业孵化器、行业孵化器和地域孵化器。

　　合作孵化器中有 3 家为法国精英商学院创设，法国的商业精英大多毕业于法国大学校联盟（Conférence des Grandes Ecoles）的各所商学院，在 Station F 设立孵化器的 HEC、INSEAD 和 EDHEC 均为法国排名极为靠前的商学院，另有一所法国时尚管理排名第一的法兰西时尚学院（IMF）也与创意谷（CREATIVE VALLEY）联合在 Station F 设立了孵化器，瞄准艺术设计与时尚产业的创新创业项目。

　　Station F 吸引了国际著名大公司来创设孵化器，其中包括美国微软公司的人工智能孵化器、美国脸书公司的大数据孵化器，以及德国阿迪达斯公司（ADIDAS）和孵化行业的著名机构 PLUG&PLAY 联合发起的体育科技孵化器。Station F 中的地域孵化器有 4 家，主要是针对大巴黎地区项目的 Pépite-Starter IDF，针对法国海外省和海外领地创业项目的 Overseas Network 和针对韩国项目的 Space Green Naver/Line 及针对中国项目的 OuiCrea。除了专业孵化器和行业孵化器，Station F 里还有一批法国特色非常鲜明的孵化器，这些孵化器以传媒、用户体验和艺术时尚消费品项目为孵化对象。

3. Station F 的创业资源整合方式

Station F 总面积超过 34 000 平方米，有超过 3000 个经过设计的适合合作工作的工位，8 个活动空间，60 多个会议室，31 个创业孵化计划，35 个政府部门窗口（Public Administrations），40 家风险投资机构（其中 9 家驻场办公），4 个创业导师驻场办公室（Mentorship Offices），每年举办 600 场活动。作为配套，还有咖啡厅、邮局和便利店，30 多间独立浴室，以及 4 个对孵化团队和公众都开放的餐厅，其中的比萨饼店因能制作全法国最大的比萨饼而成为巴黎网红店。在距办公地点骑行 10 分钟路程的地方，配有 100 套可满足 600 人需求的创业公寓。

通过对创业者心态的调研和思考，Station F 将各创业资源要素通过巧妙的设计有机融合到了同一个物理空间之内，而且这个空间没有太多的隔墙，整个空间的上部能够首尾相望。Station F 是用旧的火车维修车间改造的，整个空间都在同一个屋顶之下，其宽度达 58 米，纵深达 310 米。空间用玻璃隔断和走廊物理分隔为 3 个相对独立的区域：第一部分为"共享区"，即创业资源公共区域，主要为咖啡厅、路演厅、公共会议室等，对空间工作人员、入驻机构和创业者开放；第二部分为"创造区"，是各众创空间（创业计划）办公空间，仅对创业者开放；第三部分为"放松区"，有 3 个餐厅和 1 家酒吧，能供 4000 人同时就餐，不仅对创业者开放，还对外营业。

Station F 项目的最大成功，就在于设计之初，就大量征询创业者意见，完全从创业者需求出发，将创业所需的各种资源聚合在同一个物理空间内。这些资源在 Station F 管理团队的组织调配下，以创业者为核心进行有效协同，大大缩小创业者寻求创业资源所需要联络与走动的物理范围，并大大缩短寻求资源所花的时间成本，使创业者聚焦创业项目本身，不为吃住行等事浪费额外的时间。同时，Station F 的所有设施设备均遵循高标准建造和低成本使用的原则，办公工位亦考虑人体工程学设计，使入驻 Station F 的创业者能够低成本享有高品质的工作与生活环境。在管理上，Station F 通过 Fellowship 服务系统将联合办公的成功经验引入空间和事务管理，使 Station F 成为一个紧密社群，通过内部社群网络服务使创业者的所有诉求都得到快速高效响应并在很大程度上得到满足，从而真正形成创业闭环。

4. Station F 与城市创新创业生态

Station F 项目所在地，是建于 1920 年、有百年历史的法国一个老火车站维修车间 HALL FREYSSINET，资产曾属于法国国营铁路公司，并划入法国国家遗产保护范畴，但多年来一直处于废弃状态。2012 年曾计划拆除该建筑，2013 年被法国电信业巨子 XIAVIER NIEL 买下，经过 4 年精心准备，将其改建成为创业者聚集地，2017 年开业后这里成了巴黎创新创业的地标，老化的街区、废弃的建筑通过这个改造瞬间获得了新生，被列为国事访问的3个目的地之一（埃菲尔铁塔、卢浮宫和Station F）。Station F项目，除了其34 000平方米的创业者校园本部，在骑行10分钟左右的距离，还配套了能住600名创业者的100套创业公寓和相应的健身中心、咖啡厅、面包店和啤酒屋，还有接待访客的高档宾馆和商务酒店，从而以创业为主题和目的，打造了一个完整的生态集合体社区，通过青年创业者的大量集聚，实现了对老旧的巴黎十三区的有机活化，甚至直接带动了巴黎十三区房价的上升。

Station F是一个以创业带动就业，进而带动城市更新的成功典范，不仅吸引了巴黎各区用创业促进城市更新的目光，受Station F的影响，法国还宣布将建设医疗领域的Station F，计划推出一个占地42 000平方米，整合7家医院、3所大学和10家科研中心及大量医疗器械与生物医疗机构的超级孵化器。Station F的成功在于创始人和运营团队整合了大学和企业的创新资源，回应了创业者的创业要素诉求，并满足了政府和社区对就业岗位、城市建筑更新和城市活力重塑的期待。

5. 对北京众创空间升级发展的启示

（1）差异化整合形成共生生态

Station F以31个具备不同能力的孵化空间（创业计划）为核心，将创业所需的要素整合到同一个穹顶下，同时吸引一批龙头企业在这个空间中建设创新中心以丰富其各自的产业生态，形成了相对完整的创业闭环，大企业、投资企业、创业企业、餐饮业各要素间形成了良好的共生关系。国内的众创空间一般面积小、独立而分散，功能同质化问题突出，对互动形成区域创新创业生态有一定局限性。Station F是比较典型的以单体空间拉动，聚集各类有效资源，形成区域创新创业生态的项目，我国将来在交通便利的城市主城区和工业企业撤出后的老城区及停车位缺乏的原大型商场集中区，同样可以考虑以众创空间集合体的形式打造创新创业集聚区，将城市更新与城市的新兴产业发展有机地融合在一起。

（2）驻场创业导师升级创业导师服务模式

Station F有4个创业导师驻场办公室（Mentorship Office），遇到创业的困惑时，除了创业者之间互相沟通，还可以向创业导师寻求帮助。专职创业导师是法国孵化器的一大特色，但由于导师均为懂创业懂管理的行业专家，其咨询费用高昂，通常单一的孵化器很难养多个创业导师，Station F以类似众筹的方式设立创业导师驻场办公室，很好地解决了优质创业导师问题，使得众创空间的创业服务保持较高水平。我国孵化器和众创空间内的创业导师大多是兼职创业导师，与创业者的联系并不紧密，驻场创业导师机制可以有效解决我国孵化载体内创业导师工作大多流于形式的问题。

(3)空间设计紧密贴合创业者需求

Station F将空间分为三大部分,其中的"创造区"仅对入驻创业者开放,"共享区"对各种创业资源方开放;这两个区域都实行严格的预约制度,最大限度地防止了外部干扰;同时其第三部分"放松区",主要为餐饮休息区,对所有公众开放,满足了大众的好奇心,同样起到了传播创新创业文化的作用。通过分区管理,在保证空间有极高的开放度、扩大Station F的影响力的同时,使创业者们有安静独立的创业空间,保证了项目和创业者的私密性。Station F以人为本,所摆放的每一件家具均考虑创业者的使用习惯,在空间内设置淋浴室、桌球室,整合巴黎最具特色的比萨饼店和酒吧,使最优秀、最挑剔的创业者也认为这里是欧洲最佳的创业地。我国科技企业孵化器大多提供可分割的办公室,众创空间除办公室外大多还提供开放式办公空间,但在空间设计上两类机构大多没有深入考虑创业者的个性需求,对大众传播双创文化的设计更没有考虑。

(4)凝聚全球资源开展国际化工作

Station F项目得以实现,除了创办者本身在法国的影响力,还得益于国际化的团队和国际化资源导入。Station F虽身处巴黎,但其工作语言却要求使用英语,其总经理是硅谷出生的美国人,管理者的国际化决定了空间的国际化。各孵化计划有MICROSOFT、FACEBOOK、ADIDAS等国际巨头参与。Station F的国际化还在于入驻Station F的孵化器可以接受全球各国的项目,为使各国创业者的项目能够顺利入驻,Station F参加了法国创业家计划,拟入驻该计划成员孵化器的外国创业者,凭项目计划接受书就可向法国驻各国使领馆申请"创业家签证",同时受雇到法国"100+初创企业"工作的外国员工,也可申请此类签证。中国的签证,尤其是长期居留性质的专家签证和工作签证申请极为困难,将来我国也可以对外国年轻人和企业家开放手续极度简化的"创业签证",吸引各国精英来华创业。

(三)波士顿创新区

位于新英格兰的波士顿南部海港区历史上曾是美国重要的制造业基地,借助美国工业革命的东风一度蓬勃发展,但20世纪中期开始的美国制造业基地转移,让海港区乃至整个波士顿陷入了持续的衰退。

尽管区位劣势让波士顿在航空制造业与金融业的发展中不敌芝加哥、亚特兰大和纽约,但21世纪伊始,波士顿另辟蹊径,为自己打造了"创意之城(City of Ideas)"这张城市竞争力的王牌。这里创造着影响美国和世界的思想与知识,更吸引、聚集生产这些思想和知识的顶尖人才。2016年,著名媒体彭博社将波士顿所在的马萨诸塞州列为全美创新能力最强的州[①], 同年, 美国商会基金会 (U.S. Chamber of Commerce) 把波士顿列为全美第一的创新实验室 (Innovation Hub)[②]。2017年, 在澳洲智库2thinknow公布的全球创新城市榜单中, 波士顿位列全球第五, 全美第三, 仅次于纽约和旧金山。海港区也通过以"创新区战略 (Innovation District Strategy)"为引领的机制设计实现了转型, 成为创新中心。

1. 波士顿创新区起源

波士顿创新区 (Innovation District) 又称为海港创新区 (Seaport Innovation District), 是美国第一个官方成立的创新区。它位于美国马萨诸塞州大波士顿区波士顿市南岸滨海半岛上, 介于洛根国际机场 (Boston Logan International Airport) 和海运码头 (Boston Harbour) 之间, 区域面积约为4平方千米。

海港区于19世纪初并入波士顿市, 工业革命时期聚集了波士顿制造业工厂而一度蓬勃发展。从20世纪50年代开始, 传统制造业逐渐迁往南部等低成本地区, 波士顿进入衰退期, 海港区首当其冲, 2008年发生的全球金融危机更是雪上加霜, 使得南波士顿的发展停滞不前。

21世纪初, 受困于相对封闭的交通体系及产业转型问题, 海港区发展缓慢, 废弃的厂房和空旷的砂石地成为一些艺术家驻足和留恋之地。然而, 2010年时任波士顿市市长曼尼诺 (Menino) 的一项举措彻底改变了该区域的发展轨迹。他启动了"创新区战略", 将该地区重新命名为创新功能区并着手开发, 旨在继续加强波士顿地区的创新创业优势, 为处在产业最前沿的初创公司提供研发、办公和生产场所, 多样化居住设施, 同时建设大量方便人们社交和沟通的公共空间和公共设施, 吸引大批餐饮、娱乐机构入驻, 从而打造一个集创业工作、居家生活和休闲娱乐为一体的多功能城市社区。

据美国国家城市联盟 (National League of Cities) 统计, 从2010年计划实施至2013年, 海港创新区已经创造了超过5000个就业岗位, 并吸引了200多家初创公司进驻, 除了成长于此的世界级孵化器MassChallenge外, 包括著名生物科技公司Vertex、美国通用电气 (GE), 会员制租车公司Zipcar在内的业界巨擘也纷纷将总部安在海港创新区, 使得波士顿俨然成为"未来之城"。

2. 波士顿创新区特点

波士顿创新区是名副其实的米克斯 (Mix) 社区, 该类型社区的最大特点是混合多

---

① http://www.bostonmagazine.com/news/blog/2016/01/12/massachusetts-innovation-economy/.
② https://www.bizjournals.com/boston/blog/startups/2016/05/boston-is-ranked-no-1-startup-hub-in-the-u-s.html.

元。总体来看，波士顿社区的多样性体现在3个层面：产业的混合、功能的混合及角色的混合。而这3个层面的混合是波士顿创新区蓬勃发展的根源，也是波士顿创新模式的体现，更是海港区续写未来创新篇章的支撑。

（1）产业的混合

2010年创新区项目启动时，时任波士顿市市长曼尼诺对波士顿的产业发展定下了基调，决意要把海港区建成多业并进的"创新实验室"。该实验室的主旨思想是通过培育多产业的创新人才集群，鼓励创新阶层的技术、知识共享，从而加快创新的步伐。

因此，波士顿政府对入驻的企业给予充分的政策优惠。2010年，由MIT校友建立的初创非营利性创业加速器MassChallenge正在考虑从麻省理工学院旁的剑桥创新中心搬出，并寻找一个长期的工作居所。曼尼诺团队此时果断出击，向MassChallenge主席Akhil Nigam表达了创新区的发展蓝图，并成功说服创新区内的著名地产开发商Joe Fallon为MassChallenge提供一年的免费办公室使用权。而MassChallenge也不负众望，迅速成长。现在，该企业已经将总部迁移到占地约24 000平方米的创新与设计大厦（Innovation and Design Building）。从2009年成立至今，MassChallenge已成功募资20多亿美元，创造了超过9亿美元的利润，成为全球最大的创业加速器[①]。同时，波士顿市政府还通过减税措施让世界级药企Vertex及业界巨擘通用电气（General Electric Company）成功入驻创新区，其中，Vertex在搬迁过程中节省了1200万美元的地产税，而通用电气公司则因搬迁总部享受到了近1.5亿美元的税收优惠[②]。在优惠政策的引导下，2010年至今，已有超过200家企业进驻创新区，涵盖了孵化器、金融服务、生物医药、风险投资、互联网在内的众多产业，而以创业闻名的百森学院（Babson College）也在创新区建立校区，教授研究生课程，并在此举办活动[③]。

同时，波士顿政府还以供给公共服务为抓手，通过完善基础设施配置为"创新实验室"创造实体空间。政府推动了位于海港区的区域大厅（District Hall）的修建，该大厅占地超过1000平方米，是世界上第一个免费的公共创新中心，由公共大厅与若干会议厅及咖啡厅、餐厅组成。区域大厅的公共性与开放性使其成为波士顿创新区，乃至整个大波士顿地区创新人的聚会中心，吸引波士顿地区各个产业的杰出人才交流、分享。因此，该大厅也被看作波士顿创新区的"会客厅"。据统计，2015年，区域大厅举办了超过870场活动，吸引了超过37 000人来参加，超过波士顿总人口的5%，俨然成为创新区的核心。其中，49%的活动内容涉及多产业协作。此外，区域大厅也效仿

---

① http://boston.masschallenge.org/.

② https://www.cityofchicago.org/content/dam/city/depts/dcd/supp_info/industrial/innovation_district_case_studies.pdf.

③ http://entrepreneurship.babson.edu/boston-rising-uncovering-the-hubs-entrepreneurial-ecosystem/.

波士顿剑桥市肯达尔广场，在周四晚上举办"咖啡之夜"（Café Night），邀请各界创新人汇聚一堂，分享创业、工作心得，并别出心裁地推出了"答疑时间"，邀请业界大咖就投融资、商业发展、运营、市场营销及最前沿科技应用等问题对创新人进行全方位的免费指导[①]。

在多产业协同发展的理念指导下，波士顿已由原先的生物医药中心演化成为全面发展的科技创新之都。2016年第一季度，马萨诸塞州超过130万人从事科学、技术、工程和数学相关工作，排名全美第一，此外，麻省的人均科技职位拥有量及高科技类职位集中度也独占全美鳌头[②]。2017年，财经网站wallethub显示，在全美从事科学、技术、工程和数学工作最佳地点排名中，波士顿地区凭借其充足的科技产业职位储备及优秀科技创新企业的集聚效应，名列第三，仅次于西雅图与湾区两个城市群。而创新实验室的搭建也加快了创新的效率，让波士顿的初创企业大受裨益。根据美国INC网站统计，在全美5000家高速成长的初创企业中，波士顿独占189家，其中12家在2012年收入超过1亿美元[③]。

（2）功能的混合

波士顿创新区不仅是创新人工作的产业园区，还是创新阶层生活、社交的全天候社区（24-hour Neighborhood）。海港区创立伊始，时任市长曼尼诺便为创新区确立了以"工作、生活、娱乐"为主题的发展模式，旨在在区域内满足创新人衣食住行各方面需求，重塑海港社区以增强创新人的归属感，从而留住区域的创新阶层。

同时，波士顿市政府也从创新人生活问题入手，着重居住设施的开发，打造名副其实的海港区社区。时任市长曼尼诺考虑到波士顿创新人的主体是占城市总人口数35%的20～34岁的年轻人，在海港区推行"三分之一人才计划"（ONEin3），开发名为"创新单元"（Innovation Unit）的微小户型住房，并以低价租给这些青年企业家和科技人员。为了让波士顿的创新人享受到物超所值的廉价住房，曼尼诺更是经法定程序修改了居室住房的标准。因为市政府规定，波士顿市最小公寓单元的面积不得小于450平方英尺（约50平方米），而经测算只含厨房、洗手间和卧室的微型套房，若套内面积为350平方英尺（约42平方米），租金就会控制在每月1500美元内。2012年，波士顿再发展署（现在的波士顿计划与发展署）通过了在海港区开发12 000套住宅单元的提案，在这些住宅中，有15%是专门为创新人量身定制的，面积在30～45平方米的创新单元。

---

① http://districthallboston.org/wp-content/uploads/2017/04/Impact-Report-2016.pdf.
② http://masstech.org/sites/mtc/files/documents/Innovation_Overview/Massachusetts%20STEM%20Talent%20Pool%20Pitch%20Deck.pdf.
③ http://www.abell.org/sites/default/files/publications/CD-BaltoBostonEntreEcosys813.pdf.

同时，海港区的文化娱乐设施也一应俱全。2004年，5万平方米的波士顿会展中心（Boston Convention and Exhibition Center）投入运营，成为波士顿国际交流主要承接单位。2013年，该中心接待了80万访客，人数超过波士顿市人口总数，并创造了6亿美元的收入。而波士顿现代美术馆也于2006年开张，目前年均接待访客20万人次。文娱行业的发展也助推了餐饮业的兴起，目前，海港区已有近60家餐厅酒吧，风味各异，为创新人的生活提供了多样性的选择。此外，数据也能体现出服务业在海港区的蓬勃发展，2011—2014年，就业增长率最高的产业分别是艺术与娱乐业及餐饮酒店业，分别达到130.8%和39.7%。而餐饮酒店业也在这3年间超越金融保险业，成为创新区拥有第二多劳动力的产业。

（3）角色的混合

在创新区的发展中，政府、社会组织与企业角色的界限也逐渐模糊，三方紧密配合，多元参与城市的决策、建设，建立了一个包容性、互惠性城市运营管理机制。

2013年，海港区投入运营的波士顿"区域大厅"（District Hall）完美体现了波士顿的治理机制。建立该大厅的设想由波士顿市政府提出，而市政府与波士顿再发展署说服波士顿环球投资集团（Boston Global Investors）将区域大厅的建设纳入其对海港区的土地开发的方案中，而后，摩根士丹利（Morgan Stanley）投资银行也为区域大厅的修建提供了资金支持，而区域大厅的运营则交付剑桥创新中心（Cambridge Innovation Center）的姊妹组织Venture Café Foundation。

区域大厅开业后，政府通过提案，免去"区域大厅"里除营利性餐厅Gather之外的所有入驻机构的地税，作为交换，区域大厅运营商Venture Café Foundation需要为公众提供免费的工作、交流空间，为波士顿的创新人提供包括能长久使用的场地、无线网络等在内的廉价创业资源。据统计，2016年，Venture Café Foundation为在区域大厅举办大型活动的创新人提供不到四折的场租优惠，创新阶层因此节约了100万美元的租金[1]。另外，因Venture Café Foundation承担了区域大厅租客流动率大带来的效益不稳定风险，区域大厅的"金主"波士顿环球投资集团同意该提案的实施。最后，区域大厅的大部分收益所得又被Venture Café Foundation捐献给波士顿当地初创企业团体，以支持创新人的发展[2]。

在区域大厅从建设到运营的过程中，政府、社会组织与企业共同扮演着城市发展

---

[1] http://districthallboston.org/wp-content/uploads/2017/04/Impact-Report-2016.pdf.
[2] http://intersector.com/wp-content/uploads/2015/10/The-Development-of-Bostons-Innovation-District.pdf.

决策者、运营者的角色，并在此基础上发挥自己的优势，互利共赢。就波士顿市政府而言，区域大厅帮助其实现了"创新实验室"实体化的设想，并且在此过程中政府没有动用资金，大大减轻了其财政负担。同时，市政府全力发挥自己整合资源的优势，成功依靠各方社会力量完成了区域大厅的规划与运营。同时，波士顿环球投资集团发挥企业的优势，为项目的实施提供了资金与场地支持，并获得了稳定的收益。而社会组织 Venture Café Foundation 作为大厅的运营单位，通过平台为波士顿的创新阶层提供公共物品，同时，Venture Café Foundation 也影响着区域大厅发展的轨迹，并得到了实践自己公益理念的机会。

3. 对北京的借鉴意义

北京与波士顿具有一些相似的特征，两座城市均聚集了大量优质教育、科研、金融资源（具体情况见附录）。波士顿创新区的发展经验对于北京建设具有世界影响力的科技创新中心具有重要的借鉴意义。

（1）以人为本，打造多功能产业园区，解决创新人衣食住行问题

英国著名未来学家迈克尔·李认为，21世纪最重要的资源是人力资源，纵观世界名列前茅的创新城市，如伦敦、东京、纽约、旧金山等，无一不是依托着强大的人力资源而发展起来的。由此可见，创新人是创新城市发展的源泉，而使人更好地生活也是创新城市的最终目的。

波士顿创新区的发展正是充分发扬了以人为本的理念。前任波士顿市长曼尼诺有句经典名言：不要在后悔时才考虑到人们下班休闲需求的重要性（Don't treat after work needs as an afterthought）。波士顿市政府从创新人的工作生活需求出发，完善城区基础设施，丰富创新区的功能，为创新人创造廉价而便捷的工作、社交、居住空间，把创新区打造成为工作、娱乐、居住三位一体的多功能社区，从而成功留下了创新人。

目前，北京的创新人则面临着严重的职住分离现象，《2017首都"创新人"大数据研究报告》发现，北京创新人单程平均通勤时间为46.7分钟，超过25%的人口需要跨区通勤，由于通勤原因每年给北京造成的潜在损失达到1300亿元，而长期的职住分离会严重降低创新人对产业园区，乃至于城市的归属感，最终导致创新阶层的流失。波士顿案例中完善产业园区功能的做法则为北京创新人职住分离提供了新的解决方案。北京市在打造产业园区时，要充分考虑在区域工作的创新人的生活需求，丰富完善产业园区的居住、娱乐功能，通过提供廉价房、加强对餐饮服务业的引进为创新活动者提供更好的社会服务，并实现创新空间从"园区"向"社区"的转变，增强创新阶层的归属感，从而达到将创新人留在区域内的目的。

（2）注重多产业间的交流合作，增强创新效率

波士顿创新区的另一大亮点是其多业并进的发展理念。海港区"创新实验室"的

设想是多产业在物理空间上的集聚,可以加速各个产业的创新发展,促进波士顿产业全面发展。作为创新实验室的实体化体现,波士顿区域大厅则提供了产业间要素"碰撞"产生的"火花",并形成创新网络,加快创新速度。在创新实验室理念的驱动下,波士顿从全美生物医药中心蜕变为科技、技术、工程、数学全面领先的世界创新之都,成为精通"十八般武艺"的"全能城市"。

波士顿多业并进的理念对于北京的产业园区发展有着重要借鉴意义,相当的研究证据显示,尽管在经过政府刻意规划的区域性创新中心如科技园区内集聚了高端创新要素,但要素间的互动程度低,多数区内企业间创新互动少,企业间合作与互动性学习的创新网络并未形成,大大降低了创新的效率,也不利于产业的均衡与全面发展。在建设产业园区时,北京可以效仿波士顿的做法,在对重点产业进行培育的同时,也要鼓励其他产业共同发展,摒弃功能分区的观念,树立融合、沟通、合作的发展理念,强调产业的全面发展。同时,北京可以从基础设施入手,为创新人的跨界交流创造公共空间,并构建以政府为引导的创新人交流机制,加快创新发展的速度。

(3)多元参与,实现从管理向治理转变

波士顿创新区的发展也为政府在创新经济中的治理模式树立了榜样,在波士顿创新区中心"区域大厅"的建造与运行过程中,政府、企业与社会组织三方共同参与了项目的规划、决策及后期运营,同时,三方发挥各自优势,形成了一套互利共赢的互动机制,促进了创新区的平稳、包容发展。

在党的十八届三中全会上,以习近平同志为核心的党中央首次提出了"国家治理体系"和"治理能力现代化"的概念,强调党和政府的领导与多元主体参与公共事务决策的统一,突出了多元的参与主体,以及包容、互动的参与形式。就北京而言,建设全国科技创新中心的任务需要企业与社会组织的深度参与,并建立一套以政府为主导,企业与社会组织为主体的治理机制。总的来说,就是坚持政府调控市场、市场引导企业的逻辑,发挥市场在配置经济资源中的决定性作用,同时,也要大力培育、规范社会组织,并发挥社会组织在配置社会资源中的决定性作用。

(四) Educators Park

1. 基本情况

Educators Park(以下简称"EP")位于美国迈阿密,由 Pankaj Maskara 和 Gengxuan Chen 两位创始人于 2017 年建立,是一家国际化的虚拟孵化器,主要聚焦教育、医疗保健和商贸发展 3 个行业领域,为创新型企业提供管理咨询、孵化加速,以及跨境商务等专业服务。EP专注于为每个利益相关者提供增量价值，其使命是不懈创造价值，使总价值大于所有部分之和。EP具备3个功能：一是通过师生管理咨询进行有目的的教育；二是通过创新创业中心培养创业精神；三是通过全球商业桥梁发展跨境商务。

EP根植于教育行业，其诸多导师和合作伙伴都处于教育行业或拥有教育行业背景，通过与世界各地的职业培训中心、大学、孵化器和企业建立合作伙伴关系，为初创企业提供实验室、器材，用于科技与医疗产品的研发。EP坚持多元化观念，鼓励种族、性别、民族、宗教信仰等外在特征多元化，鼓励观点多元化，促进文化意识和跨语言文化融合。同时，EP积极投身社会事业，关注传统学校教育、基础医疗、农村振兴等相关的社会项目。截至2019年，EP在全球拥有超过60个合作伙伴，遍及20多个城市，具备来自不同国家300多名企业家、投资人、成功创业者、科学家、商业精英、大学教授、工程师、高级管理人员组成的创业导师库。

2. 主要服务

（1）管理咨询

基于EP团队在商科教育与研究方面的专业基础，以及商业管理实践经验，为大型企业提供发展战略、财务评估、商业提升等专业咨询。EP致力于培育一个由企业、学生和当地大学教师组成的社区，根据项目需求，将企业与世界一流的大学教师相匹配，其通常是该领域公认的专家，并拥有现实世界的行业经验。教师负责领导咨询工作及其最终分析和建议，并组织一个优秀学生团队共同为企业提供高质量的解决方案。

（2）孵化加速

EP建立了创新创业中心，为教育机构、非营利组织和企业提供教育资源和培训项目，从而鼓励创新与创业。EP正在持续扩大全球范围内的合作伙伴关系网络，目前已经与中国（包括西南交通大学）、美国（包括巴布森学院）和印度的多所大学建立了积极的合作关系。EP与大学孵化器、工业园区、风险投资机构和地方政府合作，在企业界、学术界和创业领域建立了一种积极的沟通机制，通过资源融合带来协同效应，孵化和加速创业企业。

EP专注于在线孵化与加速，提供系统的加速培训计划，构建了"物理载体＋虚拟加速器＋创投基金"创业孵化体系。虚拟加速器包括四大加速项目（创新加速、管理加速、市场加速、融资加速），以及创业训练营。EP在美国设有创业投资基金为创业企业提供投资，同时也为合作的天使投资机构推荐优质的创业项目。此外，EP还基于其创业导师库，提供研讨会、教育资源和基础设施框架。

（3）跨境商务

EP建立了包括美国和中国在内的世界最大和新兴经济体之间的国际交流平台，帮助美国的大型成熟企业、初创企业、大学和其他实体将业务扩展到中国和其他国家。EP与中国主要城市建立了投资合作关系，帮助海外企业、创业团队、科研机构等在中国开展业务获得最优惠的待遇。目前，这个国际交流平台已经扩展至10多个国家，包括印度、墨西哥、加拿大和以色列等大型经济体，成功搭建跨国产品贸易、品牌输送、技术合作、技术转让与转化的渠道和模式。

（五）500 Startups

1. 基本情况

500 Startups是一家总部位于旧金山的风险投资机构和创业加速器，由Dave McClure和Christine Tsai于2010年联合创立。500 Startups取得成功的一个重要原因是多元化和包容性。500 Startups团队由来自20个不同国家的100多名员工组成，其中一半以上是"有色"人种，一半是女性；能够使用多种语言办公，认为伟大的创始人可以有不同的肤色、性别和国籍，所投项目中有45%的创始人是少数族裔，支持世界上最有才华的企业家。500 Startups利用其专业知识，与企业、投资者、政府和基金会建立合作，在全球范围内构建相互关联的创业生态系统，目前业务遍布五大洲，涉及78个国家和地区。截至2020年，500 Startups共计资助了2500多家初创企业和6000多名创业者，创造了数以千计的就业机会。在2500多家初创企业中，有23家独角兽企业（估值在10亿美元以上）和108家准独角兽企业（估值在1亿~10亿美元），300多家公司创始人成功退出，包括Kudo（被Grab收购）、MakerBot（被Stratasys以4亿美元收购）、Wildfire Interactive（被谷歌以5亿美元收购）及Viki（被Rakuten以2亿美元收购）。

2. 主要服务

（1）加速器模式

500 Startups的种子加速器是为早期初创企业创建的一个为期4个月的加速计划，参与费用为37 500美元（可从500 Startups的投资中扣除）。该计划没有严格的申请日期规定，一年365天滚动接受申请。每年有超过10 000家初创企业申请500 Startups加速器项目，角逐近150个录取机会。申请成功的初创企业通常为已上线、有收入的公司，并非只停留在"想法概念"层面。500 Startups引入了各种各样的专家，为进入加速器的企业提供营销、文化、创业会计、产品设计、销售、财务等方面的培训课程，共同制定初创企业的业务和产品战略、增长指标与投资者宣传方案。借助加速计划，初创企业可以接触到1000多名创始人、200多名导师，通过500 Startups的创业社区功能与其他初创企业、合作伙伴、投资者建立关系。500 Startups会为进入加速计划的创业企业或项目提供15万美元，并换取6%的股份；有权追加50万美元的后续投资，或下一轮100万美元以上投资的20%，以两者中较低者为准。此外，初创企业也会在路演日吸引风险投资者的青睐，获取更多的投资。目前，500 Startups已经运行了50多个增长和加速器计划，支持了15个国家和地区的1500多家初创企业，并且与100多家企业建立了合作关系。

（2）全球风险投资

500 Startups是一家全球风险投资公司，为东南亚、中东和北非、韩国、拉丁美洲、土耳其的全球基金和区域投资工具提供早期投资，其投资的公司主要来自人工智能、物联网、生物医药、智能设备等前沿高端科技行业。目前，500 Startups共计管理全球和地区基金23只，总规模超过6亿美元。

500 Startups在对早期初创企业进行投资的整个投资周期中坚持ESG（环境、社会和治理）政策。环境标准考虑企业作为自然管理者的表现，社会标准检查企业如何处理与员工、供应商、客户和它所在社区的关系，治理标准涉及公司的领导力、高管薪酬、审计、内部控制和股东权利。ESG政策通常被认为适用于后期初创企业的投资，但500 Startups认为从一开始就整合ESG会更容易、更有效，让下一代独角兽企业或财富500强企业更具多样性和包容性，更关注员工的健康和安全，更好地服务于社区和环境。

（3）VC Unlocked

VC Unlocked是一个投资者教育项目，只有受邀请的初创企业可以参与。这个项目旨在帮助早期投资者调整和应用他们的投资策略，帮助新兴领导者重塑风险投资行业。在VC Unlocked培训计划中，投资者能够从500 Startups的合作伙伴那里学习500条"剧本"，筛选现场创业推介，与同行辩论交流，并在与500家投资组合公司共同参与的实践研讨会中进行谈判。

第四章 北京创业孵化面临的机遇与挑战

在科技强国建设中,北京发挥着高端引领、关键支撑、示范带动的重要作用。在新的历史方位和时代坐标下,北京要走出新路子,重要的方向就是要深化科技体制改革,完善创新生态,激发创造活力,打通科技和产业之间的通道。据此,北京创业孵化体系在建设国际科技创新中心、践行高质量发展、服务于科技创新驱动发展方面将会面临复杂形势及诸多新的更高要求。

一、VUCA 时代的创新与创业

(一)"百年未有之大变局"与创新创业的机遇和挑战

当今世界正面临"百年未有之大变局",这意味着全球经济治理体系正在迎来又一次历史性变革,意味着国家、区域、产业及企业竞争格局和力量对比正在发生又一次深刻变化。对国家和民族而言,世界百年未有之大变局和中华民族伟大复兴战略全局是不期而遇的,都是党和国家应对重大挑战、抵御重大风险、克服重大阻力、化解重大矛盾所必须精准把握的历史性课题。对企业和个人而言,这也是我们从宏观层面和战略全局思考、把握和谋划自身发展的重要逻辑前提。最大的"变量"来自4个方面:一是以数字化、网络化、智能化为特征的新一轮科技革命和产业变革加速演进,给所有经济体带来一个机遇和挑战并存的"新世界";二是以经济贸易摩擦和贸易保护主义为表现的逆全球化势头不减,倒逼国际经济贸易规则必须再次做出"何去何从"的历史抉择;三是全球性发展失衡与收入不平等加剧,导致民粹主义、狭隘民族主义抬头;四是以中国为代表的新兴经济体和以美国为代表的发达经济体之间的竞合博弈日益复杂多变,不确定性、不稳定性因素增多,诱发国际力量对比发生重大变化。再加上新冠肺炎疫情的巨大冲击,"大变局"及其各方面因素的矛盾运动正变得愈加激烈和迅猛，让整个世界猝不及防。

新一轮科技革命和产业变革无疑是催生和推动"百年未有之大变局"的根本力量，也是影响和决定全球政治经济格局变化与治理体系变革的最大"变量"。科技进步是经济社会发展的根本动力，科技革命必然引发产业革命，促使"技术—经济"范式发生变革，进而不断改造人们的生产生活方式、思维和认知方式。自人类社会步入工业时代以来，已然经历了数次科技革命和数次产业革命。只是由于不同学者对科学革命、技术革命与产业革命的理解存在显著差异，导致在历次科技革命和产业革命的界定和划分上还存在差异。较具代表性观点如杰里米·里夫金（2012）的"第三次工业革命"论，克劳斯·施瓦布（2016）等的"第四次工业革命"论，何传启（2011，2012，2017）的"六次科技革命"论（两次科学革命、四次技术革命）和"四次产业革命"论，贾根良（2014）的"三次工业革命"论和"六次技术革命"论。无论如何考察和划分，都可以越来越明显地看到，"新一轮科技革命和产业变革正在孕育兴起，一些重要科学问题和关键核心技术已经呈现出革命性突破的先兆，带动了关键技术交叉融合、群体跃进，变革突破的能量正在不断积累。"[①] 尤其是近年来，以互联网、大数据、人工智能等为代表的新一代信息技术飞速发展，正在成为引领新科技革命和产业变革的先导性、战略性力量，也在加快促进各类技术之间的融合创新及技术与经济社会的融合发展。世界各国和社会各界普遍认识到，创新驱动发展既是大势所趋，更是形势所迫，而科技创新无疑在其中居于核心位置。无论是一个国家、一个民族，还是一个城市、一家企业，谁能够在新一轮科技革命和产业变革的大潮中抢得先机、占据主动，谁就更有希望赢得未来。对于历史上屡次错失科技革命和产业变革机遇，又处在"伟大复兴"关键时期的中国来说，这一次重大历史机遇绝对不容错过。

与经济数字化进程相伴的众多变局中，经济全球化所面临的挑战和"逆潮"尤其值得高度关注，加之新冠肺炎疫情所带来的冲击和美国在应对疫情和处理国际经济贸易关系方面的"表现"，几乎可以更加确信，未来创新创业将面临的是一个升级版的VUCA时代，波动性（Volatility）、不确定性（Uncertainty）、复杂性（Complexity）、模糊性（Ambiguity）将成为常态。从疫情肆虐期间美国日益趋紧、趋硬的对华政策便可见一斑，新冠肺炎疫情不仅没有让中美经贸摩擦画上"休止符"，而且美国政府还把应对来自所谓"首要战略竞争对手"的竞争从贸易引向了科技、舆论等更多领域，在5G等技术领域打压中国科技企业，在新冠肺炎疫情等方面不断"甩锅"中国。毫无疑问，新冠肺炎疫情给经济全球化带来了重创，而美国试图通过各种形式和全方位的或明或

---

① 资料来源：新华网，2013年9月30日，习近平在中共中央政治局第九次集体学习时的讲话，http://www.xinhuanet.com//politics/2013-10/01/c_117582862.htm.

暗的手段，遏制中国及中国企业的崛起。外部环境的重大变化对创新创业来说，既是机遇，更是挑战。不过可以确信的是，以新一代信息技术、数字技术、智能技术为代表的数字经济领域已成为国际和企业竞争的高地、创新创业的热土。

（二）新冠肺炎疫情的冲击与创新创业的发展趋势

新冠肺炎疫情（COVID-19大流行）注定是一个历史性的大事件。它是"近百年来人类遭遇的影响范围最广的全球性大流行病，对全世界是一次严重危机和严峻考验"（国务院新闻办公室《抗击新冠肺炎疫情的中国行动》白皮书，2020），在中国举全国之力打响打赢"抗击疫情的人民战争、总体战、阻击战"，并付出艰辛努力和巨大代价使疫情防控进入常态化的同时，疫情还在全球持续蔓延。疫情的肆虐，威胁的不只是人的生命安全和身体健康，还造成经济社会的"停摆""中断"甚至"倒退"。在全球经济衰退几成定局、发生系统性全球危机风险不断上升的情况下，世界各国和国际组织在抗击疫情的同时，纷纷启动史无前例的超大规模刺激计划，同时还要与贸易保护主义、单边主义、民粹主义、种族主义等"作战"。

我国在抗击疫情中的表现之所以相对迅速、有效，归根结底主要在于两点：其一，强大的组织动员能力。即在党中央的集中统一领导下，通过建立统一高效的指挥体系，构建全民参与的严密防控体系，开展全方位的人力组织战、物资保障战、科技突击战、资源运动战，凝聚起抗击疫情的强大力量，实现了防控和救治两个战场协同作战，"在最短时间集中最大力量阻断疫情传播"。其二，较好的科技支撑能力。即坚持以科学为先导，充分运用近年来科技创新成果，组织协调全国优势科研力量，实施科研应急攻关，坚持科研攻关和临床救治、防控实践相结合，在药物、疫苗、新型检测试剂、临床治疗等研发应用方面快速取得突破，特别是在运用大数据、人工智能等新技术开展防控方面，涌现出个人"健康码""通信大数据行程卡""疫情地图"等一批实践案例，为疫情防控提供了有力科技支撑。[1]

尤其值得注意的是，当传统经济形态和传统经济部门受疫情冲击而次第"陷落"时，数字经济不仅能够以强大的抗冲击能力和发展韧性抵御冲击、逆势而上，而且为整个经济运行和社会运转起到了维持消费、保障就业、提振市场、稳定增长等重要作用，成为对抗"撕裂"的重要力量，也进一步凸显了科学技术的作用，展现了数字经济领域和数字化转型过程中创新创业的广阔空间。从根本上来看，新冠肺炎疫情的冲

---

[1] 国务院新闻办公室.《抗击新冠肺炎疫情的中国行动》白皮书［R/OL］.［2020-06-07］. http://www.scio.gov.cn/ztk/dtzt/42313/43142/index.htm.

击有望大大加快新一轮科技革命和产业变革的进程。

(三)中国新一轮创业浪潮

当前,随着创新驱动发展战略推进实施,大众创业、万众创新蓬勃发展,新的创业浪潮正在兴起。互联网与社会各领域深度融合,新技术、新产业、新业态、新模式不断催生,新动能培育、新经济发展等科技创业与我国转变发展方式、全面建成小康社会形成历史交汇。

近年来,我国创新创业活动表现出一些新的特点。以下从双创主体、双创投入、双创环境、双创效益 4 个维度[①]进行考察。

从双创主体来看,市场主体的规模和数量出现井喷式增长,创新创业群体不断扩大、活力不断增强。据国家统计局数据显示,2019 年全国经济活力指数为 313.6,比上年增长 7.4%。从主要构成指标来看,2019 年,全国新登记注册市场主体数量为 2377.4 万户,比上年增加 227.8 万户,增长 10.6%;国家高新技术开发区企业单位数超过 14 万家,增长 19.7% 以上;2019 年,创业板、新三板挂牌公司数量为 9744 家,是 2014 年的 4.9 倍。截至 2018 年年底,全国高新技术企业数量达到 33 573 家,科技型中小企业超过 12.7 万家,独角兽企业 200 多家,92 家企业入选 CB Insights 全球独角兽企业榜单,企业数量仅次于美国,位居全球第二。华东、华北和华南地区是中国高科技企业最为集中的地区,也是科技型中小企业最为活跃的地区,这 3 个地区聚集了中国近 80% 的高新技术企业和科技型中小企业,拥有的瞪羚企业及独角兽企业占到全国九成以上。就全国来看,创业者中最为活跃的群体是 25～34 岁的青年,同时,低学历创业者比例逐步下降,高学历创业者比例有所提高,收入高的人群创业也在增多。

从双创投入来看,研发经费支出、政府引导基金和创业风险投资等经费、金融支持力度及人才投入不断加大。全国 R&D 经费投入总量快速增长,规模稳居全球第二,R&D 经费投入强度超过欧盟 15 国平均水平。政府引导基金和创业风险投资等金融支持明显增强。在 R&D 经费投入强度方面,华东和华北地区最高,西北和东北地区最低,西南和华中地区则增速最快。科研人员规模连续多年稳居世界首位,密度明显提升;以科技人员、大学生、留学归国人员、大企业高管等创业人员为代表的创新创业"新四军"崛起壮大。东部沿海省份成为中国创新创业人才最为密集的地区。2018 年,北京、广东、江苏、浙江和山东等五地 R&D 人员全时当量及创新创业"新四军"数量均位居全国前五,是中国创新创业人才最为丰富的地区。在金融支持方面,截至 2018 年,政府引导基金数

---

① 资料来源:中国科协"中国科技创业数字地图",http://map.qiyekexie.com/#/main。

量和规模分别达到 1311 只和 19 694 亿元。2018 年，创业风险投资机构数量和累计投资额分别增至 2800 家和 4769 亿元，获得投融资的初创企业为 3763 家。截至 2020 年 7 月，风险投资（VC）、天使投资、私募股权等机构分别为 2443 家、343 家、1778 家。北京、广东、上海的企业获得投资总额排在前三甲，其次是浙江和江苏。被投资行业主要集中在互联网、医疗健康、电子商务、环保能源、金融、制造业等领域。

从双创环境来看，营商环境得到明显改善，创新创业政策体系不断丰富健全，创新创业服务体系更加健全完备。世界银行《2020 年营商环境报告》显示，在纳入评价的 190 个国家中，2019 年中国营商环境全球排名第 31 位，中国被列为中高收入国家，营商环境便利度得分为 77.9，排第 31 位，连续跻身于全球营商环境改善最大的十大经济体行列。2014—2019 年，国务院和中央各部门发布各类创新创业政策约 450 条，纳入统计的全国 30 个省（市、区）发布创新创业政策接近 2700 条。

从双创效益来看，知识产出总量位居世界前列，科技进步贡献率不断提高，技术交易规模和质量快速提升，产业发展新动能加速壮大。截至 2018 年，SCI、EI 和 CPCI 收录的科技论文数分别位居世界第二、第一和第二，PCT 国际专利申请总量仅次于美国，位居世界第二。科技进步贡献率由 2013 年的 53.1% 提高至 2018 年的 58.5%，上升了 5.4 个百分点。2014—2019 年，技术合同成交金额年均增速高达 23%，大额技术合同明显增加。2014—2019 年，高技术企业主营业务收入年均增速达 5.5%，远高于规模以上工业企业主营业务收入增速（-1.8%）。规模以上工业企业新产品销售收入及其在主营业务收入中的占比，年均增速分别达 8.5% 和 10.6%。北京、浙江、广东、上海、江苏等东部省份是中国知识产出水平最高的地区，2018 年每万人发明专利授权量前十的地区中东部省份占据八席。北京、广东、上海等东部省份及湖北、陕西、四川等中西部经济大省是中国技术交易活跃地区，其中北京"一枝独秀"。珠三角和长三角成为中国科技产出商业化能力最强的地区。广东、江苏和江西是高技术带动就业能力最强的省份。

二、北京建设国际科技创新中心相关战略部署

2014 年 2 月，习近平总书记考察北京时对北京的核心功能进行了明确定位，即全国政治中心、文化中心、国际交往中心、科技创新中心，要求努力把北京建设成为国际一流的和谐宜居之都。2015 年 6 月，中共中央、国务院印发实施《京津冀协同发展规划纲要》，对北京的核心功能定位再度进行了明确。《北京城市总体规划（2016 年—2035 年）》明确指出，北京的一切工作必须坚持"四个中心"的城市战略定位，

"有所为、有所不为"。"四个中心"中，与北京创业孵化体系关系最为紧密的是科技创新中心的建设。《中华人民共和国国民经济和社会发展第十四个五年规划和2035年远景目标纲要》（以下简称国家《规划纲要》）指出，"支持北京、上海、粤港澳大湾区形成国际科技创新中心"。从"全国"到"国际"，北京科技创新中心的定位更高、任务更重。《北京市国民经济和社会发展第十四个五年规划和二〇三五年远景目标纲要》（以下简称北京《规划纲要》）直接将建设国际科技创新中心视为"十四五"时期北京经济社会发展的新引擎。建成国际科技创新中心成为北京"十四五"时期工作的重要内容和目标。

（一）强化国家战略科技力量，实现科技自立自强

自党中央对北京提出了"四个中心"的全新战略定位以来，北京始终沿着这条主线，不断加快转型发展，努力朝着一流国际化大都市的目标迈进。而这其中，着力打造成为国际科技创新中心，强化国家战略科技力量，无疑是全市上下面临的一项新课题。

国家《规划纲要》指出，要"强化国家战略科技力量"。在整合优化科技资源配置方面，聚焦量子信息、光子与微纳电子、网络通信、人工智能、生物医药、现代能源系统等重大创新领域组建一批国家实验室，重组国家重点实验室，形成结构合理、运行高效的实验室体系；在原创性引领性科技攻关方面，瞄准人工智能、量子信息、集成电路、生命健康、脑科学、生物育种、空天科技、深地深海等前沿领域，实施一批具有前瞻性、战略性的国家重大科技项目，同时，要求要从国家急迫需要和长远需求出发，集中优势资源攻关关键核心技术；在建设重大科技创新平台方面，要适度超前布局国家重大科技基础设施，提高共享水平和使用效率，加强高端科研仪器设备研发制造等；此外，还强调了要加强基础研究。在激励企业加大研发投入的同时，支持产业共性基础技术研发，集中力量整合提升一批关键共性技术平台。

北京《规划纲要》指出，要加快建设国际科技创新中心，制订实施战略行动计划。要"办好国家实验室，加快综合性国家科学中心建设，推进在京国家重点实验室体系重组，推动国家级产业创新中心、技术创新中心等布局建设，形成国家战略科技力量。支持量子、脑科学、人工智能、区块链、纳米能源、应用数学、干细胞与再生医学等领域新型研发机构发展，统筹布局'从0到1'基础研究和关键核心技术攻关，提高科技创新能力和水平。聚焦高端芯片、基础元器件、关键设备、新材料等短板，完善部市合作、央地协同机制，集中力量突破一批'卡脖子'技术。加强科技成果转化应用，打通基础研究到产业化绿色通道"。

《"十四五"北京国际科技创新中心建设战略行动计划》（以下简称《行动计划》）指出，

要"立足科技自立自强,服务国家战略与产业、科技安全,更加强化国家战略科技力量;立足支撑构建新发展格局,更加突出前沿技术引领和关键核心技术自主可控"。

《行动计划》提出,要实施国家战略科技力量创建工程,加速国家实验室培育建设,加快推进在京国家重点实验室体系化发展,加速北京怀柔综合性国家科学中心建设,持续支持建设世界一流新型研发机构;实施重点跨越工程,加强人工智能前沿基础理论和关键共性核心技术研发,支持开展量子计算关键技术攻关及生态构建,支持开展区块链、生物技术前沿技术研发,推动集成电路产研一体化,支持开展关键新材料技术攻关,支持通用型关键零部件研发,推动高端仪器设备研发。

(二)加强科技成果转化应用,打通从基础研究到产业化绿色通道

尽管从全国当前形势看,北京在人工智能、量子科学、芯片集成电路等新技术方面存在一定优势,但如何能更快捷、更高效地将这些新技术与新应用场景实现结合,推动新技术的落地转化,最终实现高质量发展,仍然是一个不小的考验。

国家《规划纲要》指出,要"创新科技成果转化机制",鼓励将符合条件的由财政资金支持形成的科技成果许可给中小企业使用。北京《规划纲要》指出,要"加强科技成果转化应用,打通基础研究到产业化绿色通道",推进"三城一区"融合发展,打造技术创新和成果转化示范区,促进政产学研用深度融合。提升产业链、供应链现代化水平,以头部企业带动实施产业基础再造和重大技术改造升级工程,"一链一策"定制重点产业链配套政策。

《行动计划》指出,北京要"立足创新范式变革,更加畅通基础研究与产业发展融合;立足三链联动,更加注重场景驱动和万亿级产业集群培育"。实施创新范式优化工程:建设集成电路试验线平台、未来智能系统平台、自主可控的新型区块链底层技术平台、分级架构、底层数据打通的车联网平台、"中国百万慢病人群队列"大数据平台等,加快推进中试平台建设。实施"创新链、产业链、供应链"三链联动工程:布局智慧交通场景、推进智慧教育医疗场景、探索智慧城市社区治理场景、建设应用场景示范区、推进新型基础设施建设、推进智能制造产业发展、打造国际化大健康产业创新高地、打造绿色智慧能源产业。

(三)优化创新创业创造生态,实现大中小企业融通发展

为发挥大中小企业各自优势,企业的创新发展模式要从单打独斗走向协同创新,社会资源从产业链整合走向跨行业、跨界融合,大中小企业需要紧密联结在创新纽带

之下，在危机中育新机、于变局中开新局。

国家《规划纲要》指出，要"优化创新创业创造生态""打造新型共性技术平台，解决跨行业跨领域关键共性技术问题。发挥大企业引领支撑作用，支持创新型中小微企业成长为创新重要发源地，推动产业链上中下游、大中小企业融通创新"。要完善技术创新市场导向机制，强化企业创新主体地位，促进各类创新要素向企业集聚，形成以企业为主体、市场为导向、产学研用深度融合的技术创新体系。纵深推进创新创业创造发展，倡导敬业、精益、专注、宽容失败的创新创业文化，完善试错容错纠错机制；推进创新创业机构改革。北京《规划纲要》指出，要"优化创新创业生态，完善创新创业服务体系"。要强化企业创新主体地位，促进各类创新要素向企业集聚。在有效落实对企业投入基础研究等方面的税收优惠的同时，支持企业牵头组建创新联合体。发挥大企业引领支撑作用，支持创新型中小微企业成长为创新重要发源地。积极培育硬科技独角兽企业、隐形冠军企业。

《行动计划》指出，要"立足'有效市场''有为政府'，更加聚力创新生态营造和全球创新资源集聚"，从加快形成多层次创新人才生态、激发人才创新活力、深化大中小企业融通发展、推进新业态监管模式创新、推进金融改革先行先试、建立适应新发展格局的国际科技合作和开放新机制，以及营造崇尚创新、潜心钻研、包容失败的创新文化氛围等方面来实施创新生态提升工程；支持企业牵头组建创新联合体，使之承担国家重大科技项目。实施中小微企业数字化赋能专项行动方案，加强对独角兽企业、潜在独角兽企业及瞪羚企业的支持，推进央企与高校院所、中小微企业等多元主体开展协同创新等举措来深化大中小企业融通发展。

（四）有序疏解非首都功能，释放京津冀协同创新潜力

京津冀地区是我国科技资源丰富的区域之一，但过去也存在创新资源配置不均、科技成果转化不足、协同互动不够等问题。京津冀协同发展战略实施以来，区域内各级政府部门携手发力，出台了一系列政策措施，探索紧密互动的工作机制，建设了一批协同创新平台，促进大量科技成果落地，推动了各类创新资源和要素加速合理流动。京津冀协同创新共同体的建设，为激活区域内创新资源、释放科技成果红利注入了强大动力。

国家《规划纲要》指出，要加快推动京津冀协同发展，"提高北京科技创新中心基础研究和原始创新能力，发挥中关村国家自主创新示范区先行先试作用，推动京津冀产业链与创新链深度融合"。北京《规划纲要》指出，要牢牢抓住疏解非首都功能这个"牛鼻子"，深入推进京津冀协同发展。要"坚持世界眼光、国际标准、中国特色、高

点定位，打造京津冀协同发展桥头堡""积极引导龙头企业在津冀布局，加强京津冀国家技术创新中心建设，以创新链带动产业链供应链，深入推动产业协同发展"。

《行动计划》指出，北京要"立足非首都功能有序疏解，更加释放京津冀协同创新巨大潜力"。实施京津冀产业驱动工程，优化创新链和产业链布局，强化对津冀协同带动，推动形成统一开放市场，建设京津冀国家技术创新中心。"推动数字驱动的新兴技术应用。支持北京企业参与津冀传统行业转型升级。支持自贸试验区打造京津冀产业合作新平台。推动京张、京津、京保石创新带建设。支持以京津冀工业互联网赋能津冀地区产业转型升级。推动北京城市副中心形成应用场景支撑前沿技术迭代升级、津冀落地转化的联动机制。支持北京科技创新资源在雄安新区布局。加强京津冀技术市场融通。推进北京、天津、河北三地自贸试验区内政务服务'同事同标'。探索建立北京、天津、河北自贸试验区联合授信机制，健全京津冀一体化征信体系。整合资源，搭建京津冀协同平台，建立项目筛选机制和成果转化加速机制，促进成果转移转化，构建'研发共同投入，产业化共同受益'合作机制"。

（五）发展壮大战略性新兴产业，培育发展未来产业

目前，全球进入新一轮科技革命和产业革命加速推进的关键期。在新一轮科技革命的推动下，世界科技创新已进入多点突破、群体迸发的新阶段，颠覆性技术不断涌现。为抢占新技术革命的先机，世界主要经济体都把推动新兴产业发展作为国家的重要战略。战略性新兴产业和未来产业成为未来经济增长的新动能，是推动经济持续增长的关键力量，在维持经济的长期稳定增长中具有至关重要的作用。

国家《规划纲要》指出，要"发展壮大战略性新兴产业""着眼于抢占未来产业发展先机，培育先导性和支柱性产业，推动战略性新兴产业融合化、集群化、生态化发展"。要聚焦新一代信息技术、生物技术、新能源、新材料、高端装备、新能源汽车、绿色环保及航空航天、海洋装备等战略性新兴产业，加快关键核心技术创新应用，增强要素保障能力，培育壮大产业发展新动能；在类脑智能、量子信息、基因技术、未来网络、深海空天开发、氢能与储能等前沿科技和产业变革领域，组织实施未来产业孵化与加速计划，谋划布局一批未来产业。要在科教资源优势突出、产业基础雄厚的地区，布局一批国家未来产业技术研究院，加强前沿技术多路径探索、交叉融合和颠覆性技术供给。实施产业跨界融合示范工程，打造未来技术应用场景，加速形成若干未来产业。北京《规划纲要》指出，要大力发展集成电路、新能源智能汽车、医药健康、新材料等战略性新兴产业，在量子信息、人工智能、工业互联网、卫星互联网、机器人等未来产业方面进行前瞻布局，培育出新技术新产品新业态新模式。

《行动计划》指出，北京要实现前沿技术突破和未来产业培育发展。人工智能产业方面，要加强人工智能前沿基础理论和关键共性核心技术研发。深入实施"智源学者计划"，前瞻布局面向通用智能发展的前沿基础理论和底层技术研究。建立自主人工智能基础软硬件技术体系。量子计算产业方面，支持开展量子计算关键技术攻关及生态构建。研发量子计算芯片和测控系统；开发量子算法、操作系统和应用软件，促进在大数据搜索、人工智能、药物研发等领域应用。此外，要支持开展区块链、生物技术前沿技术研发，新材料技术攻关，以及推动集成电路产研一体化。

三、新形势对创业孵化体系提出新要求

（一）链接基础研究与产业发展

北京高校数量在全国占据领先地位，依托高校建立的国家重点实验室也在全国位居前列，研发优势较为明显。但北京孵化器与高校成果转化项目联动明显不够紧密。根据《2020年北京市创业孵化蓝皮书》课题组的调研结果，除大学科技园外的238家孵化器共服务高校科技成果项目267个，服务效率远低于20家大学科技园（234个）[①]。推动创新源头的产品化，孵化器要在中间环节发挥重要作用。北京国际科技创新中心的建设对北京创新孵化体系的时代使命提出了新的更高要求。

孵化器应以北京市国家战略科技力量（包括国家实验室、国家重点实验室和国家科学中心）为依托，建设孵化中试平台等专业开放平台，推动基础研究、应用基础研究等领域科技成果开展验证、熟化（比如，针对每一家国家重点实验室，建立一批孵化器，探索开展孵化体制机制创新）。整合能源、物质、空间等重点学科跨领域、跨区域创新要素，针对各重点学科建立一批孵化器。围绕应用数学、人工智能、光电子、物质、区块链等优势领域，建设一批具备孵化功能的世界一流新型研发机构，在制度探索上取得新的突破。

（二）强化"创新链、产业链、供应链"三链协同

产业体系是高质量发展的"根基"和现代化经济体系的"底盘"。没有现代产业体

---

① 资料来源：《2020年北京市创业孵化蓝皮书》。

系支撑，高质量发展就是空中楼阁。新时期，北京现代产业体系的建设对北京创业孵化体系的产业孵化能力提出了新的更高要求。

依托智慧交通、智慧教育医疗等场景，建立自动驾驶、人工智能、5G、区块链、物联网、大健康、电氢能源等产业孵化器；为在孵企业链接各类产业资源；帮助在孵企业在场景内实现产品销售，得到市场反馈，并赚取企业第一桶金。支持并鼓励大企业搭建创业孵化平台，创新体制机制。支持大企业主导的产业孵化器承担国家重大科技项目的落地产业化。鼓励央企与高校院所、中小微企业等多元主体协同建立产业孵化器，推进产学研深度融合，深化大中小企业融通发展。鼓励支持传统孵化器数字化转型，帮助提升在孵企业数字化水平；建立数字化、智能化孵化器，搭建创业孵化产业数字化平台，为全市乃至全国创业企业提供创业孵化服务。针对新一代信息技术、生物技术、新能源、新材料、高端装备、新能源汽车、绿色环保及航空航天、海洋装备等战略性新兴产业与未来产业等重点发展领域，分别建立一批产业孵化器，加速形成产业孵化体系。鼓励孵化在类脑智能、量子信息、基因技术、未来网络、深海空天开发、氢能与储能等前沿科技和产业变革领域，拥有关键技术的团队或小微企业，针对此类在孵企业，实行"一企一议"，给予最优扶持政策。

（三）推动京津冀协同创新

在国家"十四五"规划纲要中，"加快推动京津冀协同发展"单独成段，"京津冀"在"开拓高质量发展的重要动力源""推动城市群一体化发展"等章节被反复提及。精准科学的规划，不仅为京津冀协同发展明确了路径、擘画了未来，也彰显了其在"十四五"时期和国家发展全局中的地位和分量。北京作为国际科技创新中心，其科技创新的辐射能力的增强应该先从京津冀协同做起，而京津冀协同发展的关键在于创新创业资源要素的自由流动和高效配置，这是北京创业孵化体系在全国甚至全球的示范引领的关键所在。因此，京津冀的协同发展对北京创业孵化体系的辐射带动作用也提出了新的更高要求。

依托京津冀产业合作新平台，在自贸试验区建立京津冀专业孵化器平台，构建京津冀创业孵化区域协同发展体系。依托京津冀国家技术创新中心，建设包括京津冀工业互联网产业孵化器在内的一批京津冀协同产业孵化器，助推津冀地区产业转型升级。在雄安新区建立创新孵化器，布局北京科技创新资源。建立项目筛选机制和成果转化加速机制，促进成果转移转化。充分发挥北京基础研究和原始创新能力优势及中关村国家自主创新示范区先行先试作用，坚持一年一个节点，每年保持一定规模投资强度，将北京市创业孵化各类资源优先向城市副中心投放，助力津冀传统行业转型升级，优化创新链和产业链布局。

四、北京创业孵化体系建设存在的主要问题

面对新的机遇和要求，北京的创业孵化体系还面临很多问题和挑战。

（一）产业布局不够合理

当前，创业孵化体系在产业布局方面还存在一些不足，多个重点发展行业没有孵化器参与培育，一些行业孵化器数量较少，未形成集聚效应和规模优势。

1. 创业孵化机构远未覆盖重点产业领域

孵化器总体数量有限，专业孵化器占比较低，相关产业未有孵化机构进行布局。按照科技部火炬中心的统计，2019年北京市共有孵化器130家，其中综合孵化器77家，专业孵化器53家，专业孵化器占比40.8%，孵化领域主要为电子信息（21家）、生物医药与医疗器械（13家）、文化创意（6家）。现代交通、新材料、新能源与节能、现代农业领域均只有1家专业孵化器；航天航空、环境保护、地球、空间与海洋和核应用技术领域专业孵化器为0家，如图4-1所示。通过与北京构建高精尖经济结构对照，可发现新能源智能汽车、新材料和节能环保等行业专业孵化器数量较少，难以有效支持行业发展（表4-1）。

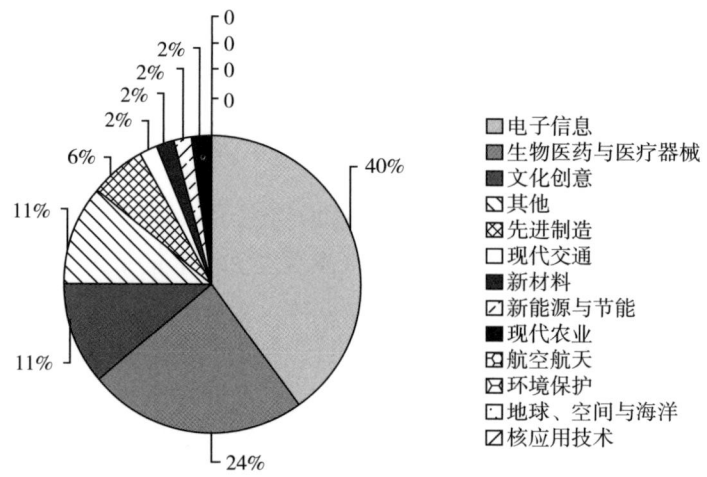

图4-1 2019年北京市专业孵化器孵化领域分布

表 4-1　2017—2019 年北京市专业孵化器情况

年份	孵化器/家	专业孵化器/家	专业孵化器比重
2017	105	46	43.8%
2018	152	52	34.2%
2019	130	53	40.8%

2019 年北京市共有众创空间 245 家，主要孵化领域为电子信息、文化创意、先进制造、生物医药与医疗器械。地球、空间与海洋和核应用技术领域众创空间为 0 家，航天航空、现代交通及环境保护领域众创空间数量也十分有限，产业分布情况基本与专业孵化器一致。具体如图 4-2 所示。

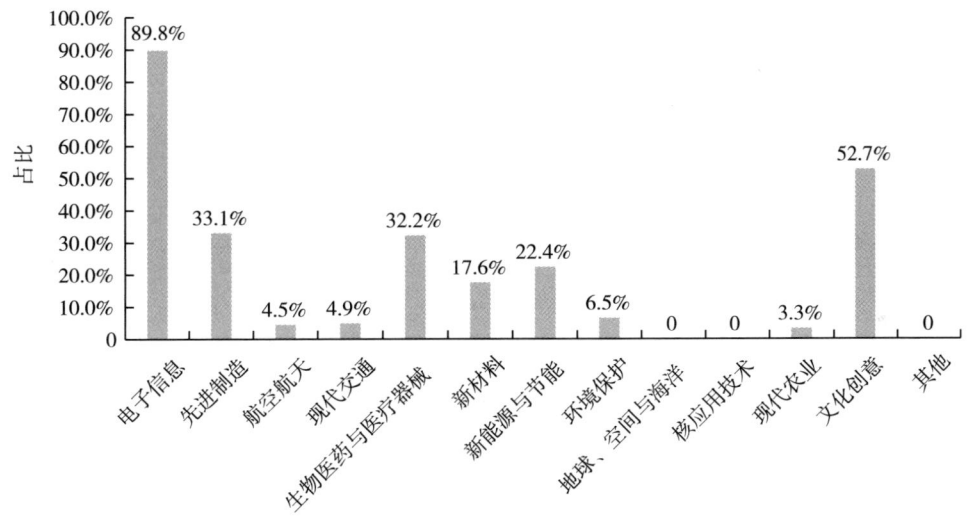

图 4-2　2019 年北京市众创空间孵化领域分布

2. 在孵企业的行业分布不均衡

通过对纳入科技部火炬中心的统计数据分析发现，北京的创业孵化机构所孵化的企业，产业分布不均衡，多个行业未被覆盖。2019 年全市孵化器内在孵企业有 11 377 家，其中 6257 家在孵企业属于高精尖行业，占比 55%，210 个行业小类中 54 个行业小类未被覆盖，131 个行业小类在孵企业数量不足 5 家。其中，智能装备 80 个行业小类中，38 个行业小类没有在孵企业，73 个行业小类在孵企业数量不足 5 家；新能源智能汽车行业 10 个行业小类中，3 个行业小类没有在孵企业，9 个行业小类在孵企业不足 5 家；新材料行业 15 个行业小类中，7 个行业小类没有在孵企业，全部 15 个行业小类在孵企业均不足5家；节能环保行业25个行业小类中，4个行业小类没有在孵企业，15个行业小类在孵企业不足5家。另外，新一代信息技术、医药健康行业也存在行业小类无在孵企业情况。具体如表4-2所示。

表4-2 2019年北京市十大高精尖行业在孵企业分布情况   单位：个

行业大类	行业小类数量	无在孵企业行业小类数量	仅1家在孵企业行业小类数量	不足5家在孵企业行业小类数量
新一代信息技术	21	1	2	9
集成电路	6	0	0	3
医药健康	16	1	1	4
智能装备	80	38	14	73
节能环保	25	4	3	15
新能源智能汽车	10	3	0	9
新材料	15	7	2	15
人工智能	6	0	0	1
软件和信息服务	19	0	0	0
科技服务	12	0	1	2

从行业大类看，智能装备行业47.5%的行业小类没有在孵企业，新材料行业46.7%的行业小类没有在孵企业，新能源智能汽车行业30.0%的行业小类没有在孵企业，节能环保行业16.0%的行业小类没有在孵企业，医药健康行业6.3%的行业小类没有在孵企业，新一代信息技术行业4.8%的行业小类没有在孵企业。另外，新材料行业在孵企业小于5家的行业小类比重为100.0%，智能制造行业在孵企业小于5家的行业小类比重为91.3%，新能源智能汽车行业在孵企业小于5家的行业小类比重为90.0%，节能环保行业在孵企业小于5家的行业小类比重为60.0%，集成电路行业在孵企业小于5家的行业小类比重为50.0%，新一代信息技术行业在孵企业小于5家的行业小类比重为42.9%，同时医药健康行业、人工智能行业、科技服务行业也存在在孵企业行业小类小于5家的情况，如图4-3所示。

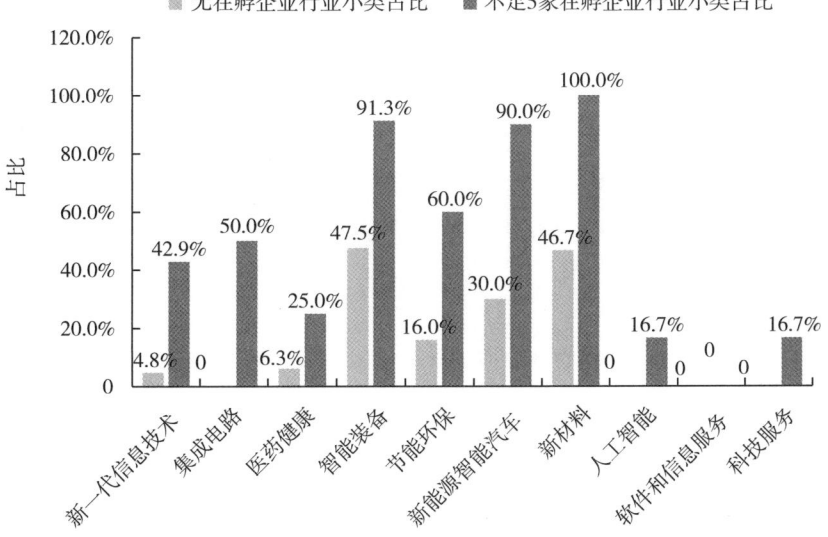

图 4-3 2019 年北京市高精尖行业拥有在孵企业的行业小类占比情况

（二）空间布局有待优化

《中共北京市委、北京市人民政府关于印发加快科技创新构建高精尖经济结构系列文件的通知》（京发〔2017〕27 号）及各区"十四五"国民经济和社会发展规划均对相关区域高精尖重点行业布局做出相关规划，而当前创业孵化体系空间分布和各区主导产业规划存在一定错位，空间布局不够合理。

1. 创业孵化机构区域分布不均衡

2019 年，北京市 130 家孵化器主要分布在海淀区、朝阳区、昌平区、大兴区、丰台区。2017—2019 年，各区孵化器比重变化不大，具体如图 4-4 所示。2019 年，海淀区、朝阳区、昌平区、大兴区、丰台区孵化器数量占全市的 86.2%，其他区孵化器数量较少，其中，门头沟区、怀柔区、平谷区、密云区孵化器数量为 0。专业孵化器方面，海淀区 18 家，昌平区 13 家，大兴区 8 家，朝阳区 5 家，此 4 个区专业孵化器占全市的 83%，其中，石景山区、门头沟区、通州区、怀柔区、平谷区、密云区、延庆区专业孵化器为 0，如图 4-5 所示。创业孵化的"三城一区"融合发展水平有待提升，怀柔科学城创新孵化水平还处于起步阶段，重点发展的高精尖产业均未引进、培育专业孵化器，无法有效形成创新效应外溢。

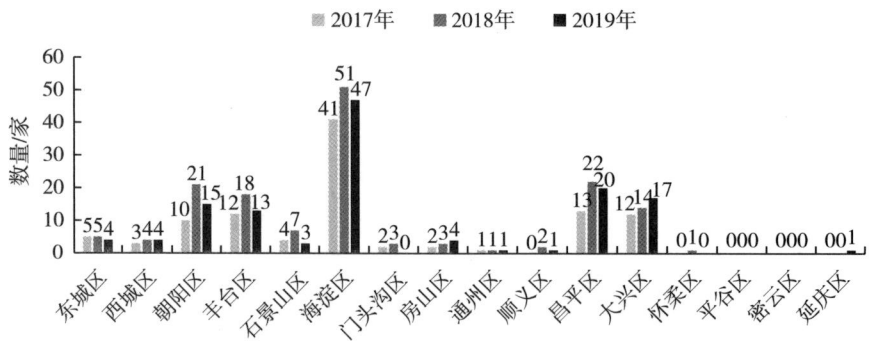

图 4-4　2017—2019 年北京市各区孵化器数量

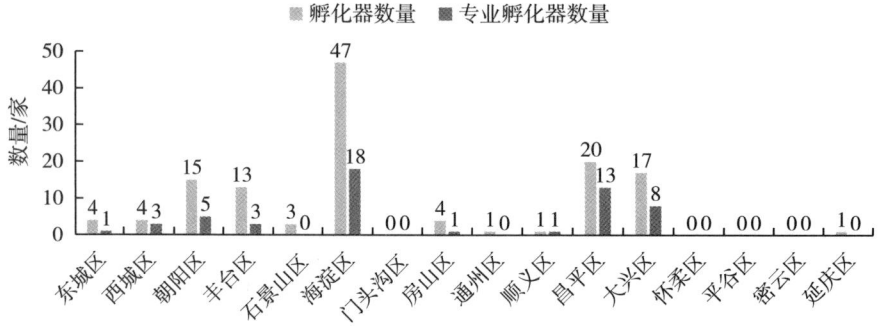

图 4-5　2019 年北京市孵化器数量分布

2019 年，北京市 245 家众创空间主要分布在海淀区、朝阳区、昌平区、大兴区、丰台区，数量占全市的 80.8%，其他区众创空间数量较少。其中，怀柔区、通州区、延庆区众创空间数量 2 家，平谷区、密云区众创空间数量为 0，分布情况基本和孵化器一致，具体分布情况如图 4-6 所示。

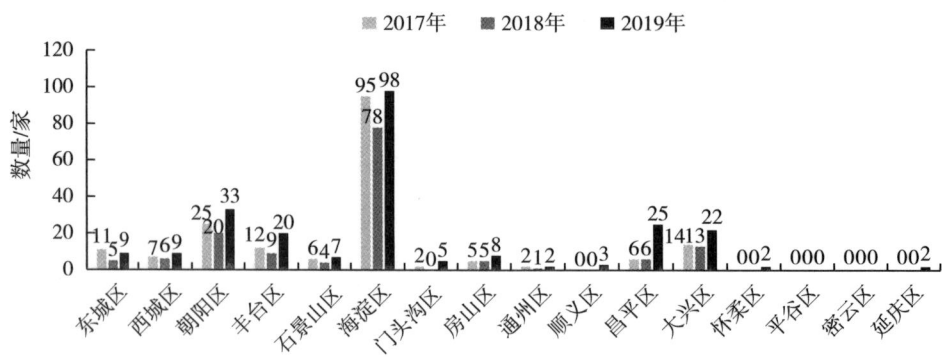

图 4-6　2017—2019 年北京市各区众创空间数量

2. 在孵企业区域分布与规划相关度不高

2019年,纳入科技部火炬中心统计的6257家高精尖行业在孵企业分布范围为12个区,其中门头沟区、怀柔区、平谷区、密云区无高精尖行业在孵企业。石景山区、顺义区、通州区、延庆区虽然有在孵企业在相关高精尖行业布局,但数量较少。海淀区高精尖在孵企业数量2854家,全市排名第一,但重点发展的高端装备和智能制造(47家)及新材料行业(10家)在孵企业较少,分布零散,产业集聚效应不够明显;昌平区在各个高精尖行业均有在孵企业分布,但主导产业之一先进智造领域仅有21家相关企业,创新主体数量不足;怀柔区未来作为世界级原始创新承载区,当前还未有纳入统计的孵化载体,与战略定位严重不符;新能源智能汽车产业作为北京经济技术开发区主导产业之一,相关企业仅有12家,科技创新承接能力不足、行业培育水平有待提升;从整体上看,顺义区各行业在孵企业偏少,新能源智能汽车、航空航天等主导产业无法得到有力支撑。

(三)孵化能力有待提升

1. 孵化器获取投资能力下降

按照科技部火炬中心的统计,2019年,北京市孵化器获得的投资总额为39.46亿元,比2018年减少22.99元,降幅高达36.8%,下降幅度远远大于孵化器减少幅度(14.5%),其中,国家级孵化器获得投资总额增加不明显,非国家级孵化器获得投资总额大幅下降,降幅高达50.4%。财政投资、企业投资、社会组织投资和其他投资均有不同程度下降。具体如表4-3所示。

表4-3 2017—2019年北京市孵化器获得投资构成情况   单位:亿元

年份	孵化器个数/个	国家级孵化器个数/个	投资总额	财政投资	企业投资	社会组织投资	其他投资	国家级孵化器获得投资总额	非国家级孵化器获得投资总额
2017	105	54	28.42	0.83	27.12	0.01	0.46	13.91	14.51
2018	152	55	62.45	0.57	61.26	0.03	0.59	16.31	46.14
2019	130	61	39.46	0.55	38.35	0	0.56	16.56	22.90

2. 孵化器孵化基金支持在孵企业力度低

2019年,北京市孵化器所拥有的孵化器基金总额为225.01亿元,较2018年增长了9.6%。其中,国家级孵化器基金总额为193.58亿元,占比为86%,相比2018年增长了 16.7%；非国家级孵化器基金总额为 31.43 亿元，相比 2018 年降低了 20.2%。2019 年当年获得孵化基金投资的在孵企业数量、当年获得孵化基金投资的在孵企业数量、当年获得孵化基金投资的非国家级孵化器在孵企业数量均出现下降。当年获得孵化基金投资的在孵企业数量占比较低，当年获得孵化基金投资的非国家级孵化器在孵企业比例仅为 1.5%。具体如表 4-4 所示。

表 4-4　2017—2019 年北京市孵化器孵化基金情况

项目名称	2017 年	2018 年	2019 年
孵化器基金总额 / 亿元	65.85	205.25	225.01
国家级孵化器基金总额 / 亿元	42.92	165.84	193.58
非国家级孵化器基金总额 / 亿元	22.93	39.41	31.43
在孵企业数量 / 家	6717	9629	9444
当年获得孵化基金投资的在孵企业数量 / 家	476	254	199
当年获得孵化基金投资的在孵企业比例	7.09%	2.64%	2.11%
国家级孵化器在孵企业数量 / 家	4641	5211	5477
国家级孵化器中当年获得孵化基金投资的在孵企业数量 / 家	435	167	138
国家级孵化器中当年获得孵化基金投资的在孵企业比例	9.37%	3.20%	2.52%
非国家级孵化器在孵企业数量 / 家	2076	4418	3967
非国家级孵化器中当年获得孵化基金投资的在孵企业数量 / 家	41	87	61
非国家级孵化器中当年获得孵化基金投资的在孵企业比例	1.97%	1.97%	1.54%

3. 孵化机构收入单一

孵化器仍主要以房租等基础性服务收入为主，2019 年全市孵化器房租及物业收入占总收入的 57.2%，其中有 4 家孵化器所有收入来源均来自房租及物业收入，房租及物业收入占比 80% 以上的孵化器有 42 家，89 家孵化器房租及物业收入占比 50% 以上，"吃瓦片"现象比较严重，影响孵化器发展可持续性（表 4-5、图 4-7）。

表 4-5　2017—2019 年北京市孵化器收入构成　　　　　　　单位：亿元

年份	孵化器总收入	综合服务收入	房租及物业收入	投资收入	其他收入
2017	27.47	6.76	14.93	3.19	2.58
2018	41.62	9.58	25.47	2.72	3.85
2019	45.33	11.27	25.90	0.88	7.27

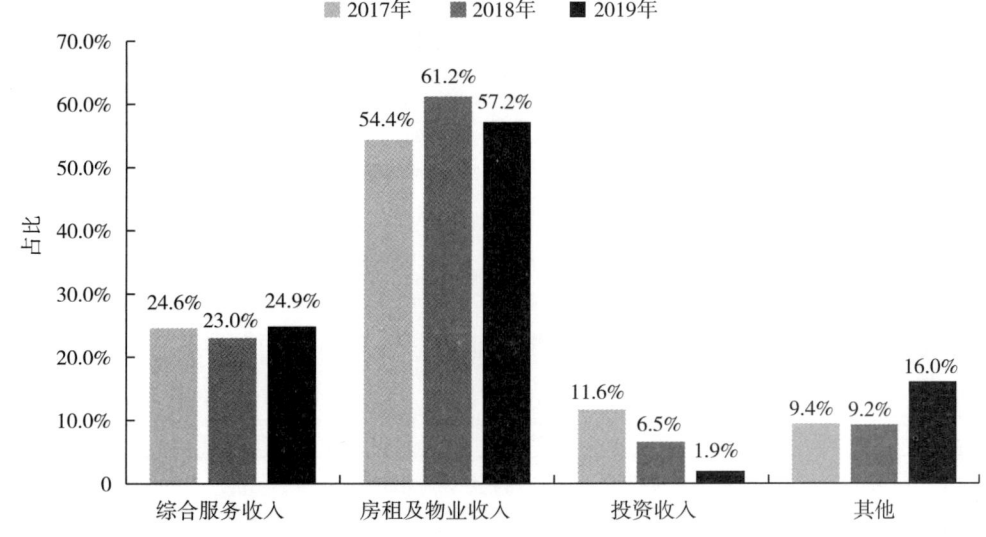

图 4-7　2017—2019 年北京市孵化器各类收入占比

房租等基础性服务收入也是众创空间主要收入来源，2019 年全市众创空间房租及物业收入占总收入的 45.5%，其中有 12 家众创空间所有收入均来自房租及物业收入，房租及物业收入占比 80% 以上的众创空间有 66 家，129 家众创空间房租及物业收入占比 50% 以上，总体情况和孵化器类似（表 4-6、图 4-8）。

表 4-6　2017—2019 年北京市众创空间收入构成　　　　　　　单位：亿元

年份	众创空间总收入	服务收入	投资收入	房租及物业收入	财政补贴	其他
2017	24.88	9.41	0.55	10.81	2.97	1.14
2018	25.90	8.78	0.79	13.64	1.76	0.95
2019	46.86	11.07	0.96	21.31	3.16	10.36

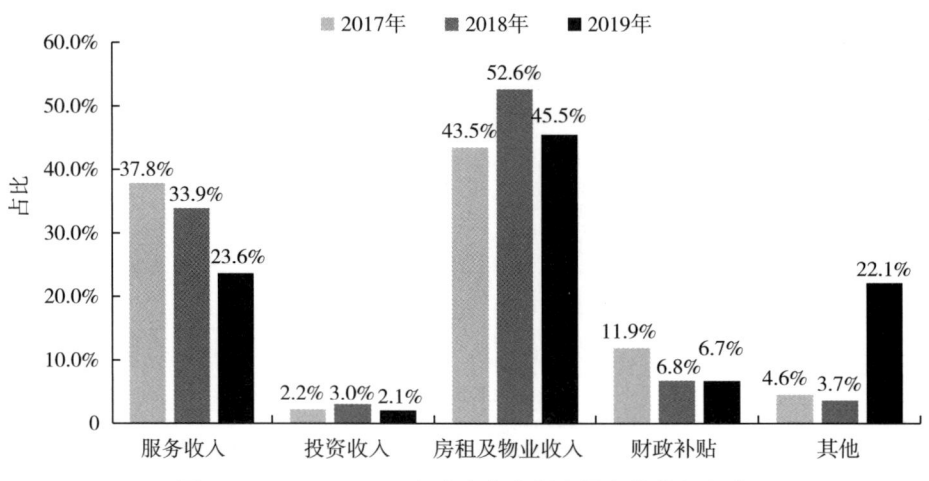

图 4-8 2017—2019 年北京市众创空间各类收入占比

4. 孵化器从业人员参训比例低

近 3 年，孵化器管理机构参训人员比重几乎没变，2019 年，接受专业培训人员比重仍只有 43.3%，孵化器从业人员接受专业培训比重偏低（表 4-7）。

表 4-7 2017—2019 年北京市孵化器从业人员情况　　　　　　　　　　　单位：人

年份	管理机构从业人员	接受专业培训人数	参训人员比重
2017	2391	1013	42.4%
2018	3119	1350	43.3%
2019	2797	1210	43.3%

5. 对接社会网络资源能力较弱

2019 年，北京市每家孵化器为在孵企业对接包括会计、律师事务所、知识产权、检验检测等中介机构 0.32 家，比上海市 0.33 家略低，对接社会网络资源能力有待进一步加强（表 4-8）。

表 4-8 2019 年一线城市孵化器签约中介机构情况　　　　　　　　　　　单位：家

城市	在孵企业总数	签约中介服务机构数量	在孵企业与签约中介服务机构比重
北京	9444	3021	32.0%
上海	8384	2727	32.5%
深圳	6235	1713	27.5%

（四）孵化绩效有待提高

1. 在孵企业创新绩效较低

2019年，孵化器在孵企业当年知识产权授权数为8755件，其中发明专利1561件，单个在孵企业年均知识产权授权数不到1件，单个在孵企业年均发明专利数0.17件，数量较少。具体如表4-9所示。

表4-9 2017—2019年北京市孵化器创新情况

年份	在孵企业总数/家	当年知识产权授权数/件	发明专利/件	在孵企业知识产权授权数与在孵企业比例	在孵企业发明专利与在孵企业比例
2017	6717	6336	1672	94.3%	24.9%
2018	9629	10346	2543	107.4%	26.4%
2019	9444	8755	1561	92.7%	16.5%

2019年，众创空间常驻企业和创业团队拥有发明专利16 907件，平均每个常驻企业和创业团队年均发明专利0.78件，虽略高于孵化器内在孵企业创新水平，但整体上创新成效仍有待加强。具体如表4-10所示。

表4-10 2017—2019年北京市众创空间创新情况

年份	常驻企业和创业团队数量/家	常驻企业和创业团队拥有的发明专利数量/件	常驻企业和创业团队拥有发明专利比重
2017	21 153	4707	22.3%
2018	14 362	5880	40.9%
2019	21 594	16 907	78.3%

2. 孵化机构投融资服务水平低

2019年，孵化器获得投融资企业535家，占在孵企业总数的5.7%，占比较低；同时，2017—2019年获得投融资的在孵企业数量占在孵企业总数的比重一直在下降，孵化器投融资服务水平有待进一步提高（表4-11）。

表 4-11 北京市孵化器投融资服务成效　　　　　　　　　　　　单位：家

年份	在孵企业总数	当年获得投融资的企业数	获得投融资的在孵企业数量占在孵企业总数比重
2017	6717	581	8.6%
2018	9629	618	6.4%
2019	9444	535	5.7%

2019 年，众创空间获得投融资团队及企业数量 1228 家，占当年服务团队及企业总数的 2.9%，占比较低，众创空间投融资服务水平仅达到孵化器投融资服务水平的一半，亟须提高。具体如表 4-12 所示。

表 4-12 北京市众创空间投融资服务成效　　　　　　　　　　单位：家

年份	当年服务的团队及企业数量	当年获得投融资的团队及企业数量	获得投融资团队及企业占比
2017	70 532	1815	2.6%
2018	39 957	1181	3.0%
2019	42 162	1228	2.9%

（五）创业孵化资金严重匮乏

在孵初创企业虽然预期收益较高，但经营风险较大，抗风险能力较差，收益不确定，绝大多数投资机构对这类企业投资热情不高，2019 年孵化器中仅有 5.7% 在孵企业获得投融资，众创空间获得投融资的团队及企业占比更低，仅有 2.9%。与大企业相比，在孵初创企业经营能力不足，缺乏规范的管理制度，可抵押资产较少，难以获得可靠的商业信用，难以从银行获得稳定的贷款。孵化机构具有非营利属性，通常可以通过房租及物业收入与政府补贴获得稳定进项，规避风险意愿强，导致孵化基金投资热情不高、力度不大，企业获取孵化基金难度较大，数量较少，2019 年仅有 2.1% 的在孵企业获得孵化基金投资支持。

孵化器作为独立的运营实体同样需要资金支持，但孵化器特别是国有孵化器公益性较强，主要目的在于代替政府承担和执行部分公共职能，其内部普遍存在体制因素与经营目标差异，导致国有性质的孵化器往往为了规避风险而采取保守的融资策略，不利于吸引外部的风险资本进入，很大程度上抑制了民间资本的投资热情。越来越多的民营机构投身于孵化器领域，因为孵化周期较长，盈利模式不成熟，投资回收期较长，风险难以预测，所以追求短期效益和直接效益的投资者当前还很少投资于孵化器，2019年获得的社会投资几乎为零。另外，我国当前信用担保体系还不够完善，针对孵化器的信用评估机制尚未建立，使得国内的信用担保机构难以为孵化器承担担保风险。国有银行主导的银行业在贷款的审批与发放过程中对央企和国家重点批示项目有严重的倾向性，而中小银行的数量与发放贷款能力又难以满足孵化器的融资需求，并且在办理贷款审批时，各项手续复杂，贷款批准时间更是难以敲定，因此孵化器往往难以从银行获得稳定且足够的贷款。

（六）创业孵化体系尚待完善

产业化中间环节存在缺失。北京地区聚集众多科研院所，研发水平和研发能力全国领先，科研成果层出不穷，周边津冀地区基础设施不断完备，产业承接能力不断提升。但许多科研成果并没有得到有效转化，不利于京津冀产业一体化进程，主要原因是北京地区中试孵化平台发展缓慢，从实验室产品到产业化的中间环节存在较大缺失。

目前，多数高校和科研院所缺乏中试场所、中试设备和中试资金，不具备中试条件。实验室成果到中试成果再到实现产业化成果的资金投入比例大概为1：10：100，即使一些科研院所实现改制，但运行仍非常困难，根本无法承担大量的中试资金投入，导致科研成果转化效率较低。社会资本通常对成熟的产业化项目比较热衷，链接研发和产业化中试环节需要耗费大量资金和时间，同时存在一定不确定性，不受资本青睐，这就导致科技创新两头强中间弱，企业对科技成果"接不着""用不了"，中试平台缺失是当前制约研发成果走向产业化的重要因素。另外，当前北京地区非常缺乏规模大、能力强、成效显著的专业化领军型孵化器，小试、中试等配套发展缓慢，超七成孵化器的专业技术服务收入在总营收中占比不足40%，难以支撑高精尖技术企业发展需求。

北京的创业孵化系统涉及许多要素，如研发、产品化、市场、投资、融资、专利、法务、财务、人力资源等，这些要素之间的融合还不够顺畅。

一方面，孵化器和孵化器之间合作较少，缺乏平台协助孵化器进行各类资源和要素的互联互通。《"十四五"北京国际科技创新中心建设战略行动计划》颁布以来，各区根据自身资源禀赋已合理进行高精尖产业规划，但区内孵化器包括全市范围内专业孵化器合作较少，很少能够根据各区产业规划进行优势互补。通常A孵化器拥有先进设施设备却无人能够操作，而会使用且同样需要这些物理设施的专业人才在B孵化器，导致A孵化器设备闲置，B孵化器花大价格重新购置设备，毕竟在技术高度分化、细化的今天，即使是技术出身的创业者，也有许多技术盲区，需要人提供帮助。同样，企业的成长在创新链的前期和中期都需要庞大的资源支撑，孵化器与后端加速器业务合作并不频繁，导致各自为战没有形成合力。

另一方面，北京要构建高精尖产业结构，十大高精尖产业相关产业链条不同环节需要不同类型的企业予以支持，专业孵化器分工协作不够。《中共北京市委关于制定北京市国民经济和社会发展第十四个五年规划和二〇三五年远景目标的建议》提到："一区"要努力提升高精尖产业能级，以便承接好三大科学城创新效应外溢，这就对"三城""一区"的相关产业链进行定位，相关区域的专业孵化器也需要积极调整自己重点孵化的产业阶段。海淀区和大兴区均把医药健康作为"十四五"主导产业，医药健康行业共细分16个行业小类，海淀区以生物技术、基因工程、创新药等领域为重点，聚焦研发创新环节。大兴区重点发展生物制药、创新药、现代中药、高端医疗器械、健康服务等产业。海淀区和大兴区的孵化器也需要根据本区产业定位做到错位发展，同时加大合作力度，优势互补，但当前这种分工协作还不明显。

从创业孵化体系的国际对比来看，与国外一些国家还存在差距。一是北京创业孵化体系的孵化载体状况、创业社会网络、城市创业状况指标均高于国内其他城市，但站在全球视角，北京创业孵化体系的整体发展水平还落后于欧洲区域，目前还处于跟跑阶段。二是北京在创业孵化导师配套方面虽然遥遥领先于国内其他城市，但仍低于全球平均水平（UBI Global），与欧洲区域差距更加明显，"十四五"期间北京要建设国际科技创新中心，当前的创业孵化导师阵容还远远不够。三是北京创孵体系运营成本不但高于全球平均水平，且高于国内主要城市，整体运营成本较高，可持续发展能力受到影响。

北京创业生态系统全球排名靠前，但短板也同样突出，亟须提升。一是北京地区生态系统的技术聚集程度不够高，生命科学领域R&D支出在全球范围内相对较低，本地高校及相关学科建设仍不能对生命科学形成有力支撑，研究成果也远低于全球平均水平；二是初创公司主动或被动专注于本地市场，国际化经营能力欠缺，走出去能力不强，导致国外市场覆盖质量较差，全球影响力不够。

第五章 北京创业孵化的能力提升

经过30多年的发展，北京创业孵化体系日益完备，在经济社会发展中的作用日益增强。但与此同时，我们应该深刻认识到，北京创业孵化体系在产业布局、空间布局、孵化能力与绩效、创业孵化资金、中试平台发展、行业要素整合等方面仍有一定的改善空间，创业孵化体系有待进一步完善。尤其是在创业孵化导师配套、运营成本、基础设施建设等方面，同美国、欧洲等先进地区相比还是存在差距；北京市孵化器在经济创造能力和外部性等方面差异较大，发展不平衡问题突出。未来，北京建设国际科技创新中心和城市的高质量创新发展，给创业孵化体系建设提出了新要求、提供了新机遇。

按照国际科技创新中心建设的思路，要立足科技自立自强，服务国家战略与产业、科技安全，更加强化国家战略科技力量；立足支撑构建新发展格局，更加突出前沿技术引领和关键核心技术自主可控；立足创新范式变革，更加畅通基础研究与产业发展融合；立足三链联动，更加注重场景驱动和万亿级产业集群培育；立足非首都功能有序疏解，更加释放京津冀协同创新巨大潜力；立足"有效市场"和"有为政府"，更加聚力创新生态营造和全球创新资源集聚。牢牢把握数字经济发展重要窗口机遇期，充分释放数字技术巨大潜力，以"数字智能技术—数字智能经济—数字智能社会—数字智能城市"为主线，以"三城一区"主平台和中关村示范区主阵地为主要空间载体，加快畅通基础研究与产业化渠道，实现前沿技术突破和未来产业培育发展。

到2025年，北京国际科技创新中心基本形成。若干国家重大科技创新基地全面建成，引进培养一批战略型科学家，若干世界一流大学和世界一流学科跻身全球前列，建成一批世界一流新型研发机构，在若干重要科学命题和科学发现上实现重大突破。部分前沿技术和重点领域关键共性技术加快发展，在智能制造、大健康和绿色智慧能源领域，集聚一批世界级创新型企业，培育构建新的万亿级产业集群，建设成为全球数字经济标杆城市。到2035年，北京国际科技创新中心创新力、竞争力、辐射力全球领先，形成国际人才高地，切实支撑科技强国建设。

依据建设国际科技创新中心的规划和要求，借鉴北京以往及其他城市和地区发展创业孵化体系的经验，针对北京的创业孵化体系完善和能力绩效提升，我们提出了如下构想和措施建议。

一、总体构想

（一）发展思路

立足"十四五"，面向2035，紧紧围绕国际科技创新中心建设，瞄准前沿技术和未来产业，以服务北京经济社会发展战略为目标，实施深刻变革，以推动创业孵化体系"颠覆性创新"为导向，提高孵化能级、完善孵化生态，政府市场齐发力、存量增量同推进，加快形成与科技创新体系、产业发展体系密切结合、要素完备、机制合理、协同活跃的北京创业孵化体系。

（二）指导原则

① 面向大局，融入主流。创业孵化体系必须融入北京经济和社会发展的"主流"。城市创业孵化体系是创新创业的催化剂和加速器，应当成为党委政府执行各项发展战略的重要抓手。当前，北京发展正经历深刻转型，从聚集资源求增长转向疏解功能谋发展。提升创业孵化体系能力，应紧紧围绕北京加强"四个中心"建设，提高"四个服务"水平的发展大局，以城市发展需求为导向，聚焦创新发展、开放发展和绿色发展，使提升创业孵化体系能力与推进以科技创新为核心的全面创新同向发力，与打造更高水平的现代产业体系同频共振，与建设国际科技创新中心同步前行。

② 有效市场，有为政府。统筹经济效益和社会效益，明晰政府与市场边界。创业孵化平台在实现自身发展的同时，还担负推动企业技术创新和科技成果转化、促进经济社会高质量发展的使命。因此提升创业孵化体系能力，应兼顾创业孵化平台的经济效益和社会效益，推动"有效市场"和"有为政府"更好地结合，提高政策的前瞻性、灵活性、有效性，充分激发市场主体的积极性和创造性，不断增强创业孵化体系"两个效益"协调发展的内生动力。

③ 百花齐放，百家争鸣。在变幻莫测的市场环境下，在建设国际科技创新中心、推动北京高质量创新发展的要求下，既有的机构、既有的结构、传统的模式、传统的

思维，难以适应。"四不像"的机制和模式，往往会起到奇效。政府、社会、行业，都要用包容之心看待创业孵化的创新；创业孵化从业者，要敢为人先，以创业者的心态服务创业者，坚定前行、不断创新。

④ 做强存量与发展增量并行。既有的数百家创业孵化机构，应深化体制机制改革、优化商业与运营模式、调整孵化服务方向、获取更丰富的孵化资源、增强孵化服务人员的能力素质，提升创业孵化的绩效和水平。同时，在北京重点发展的产业领域、重点布局的"三城一区"和城市副中心等区域，应新组建一大批产业特色鲜明、孵化资源丰富、运营团队强大、孵化绩效优异的创业孵化机构。

⑤ 个体能力提升与体系丰富完备相结合。每家孵化器的能力和水平都得到提高，是创业孵化体系提升的基础。同时，全市创业孵化体系的重构、优化、活化，将提升整体的活力和竞争力，实现整体大于部分之和的目标。政策制定者、行业促进者应在关注整个体系提升的同时，设法促进多个单个孵化机构的绩效提高。

（三）发展路径

① 完善创业孵化的产业和空间布局。企业是经济的基本细胞，是经济动态发展的微观基础。引导企业在特定产业和区域的合理布局是政府调整产业结构、实现区域协调发展的重要着力点。提升北京创业孵化体系能力，首先应依据北京在发展数字智能经济和十大高精尖产业方面的部署，大力开展产业孵化，重点提升创业孵化载体对产业的服务能力和资源整合能力；其次要紧紧围绕"一核两翼三圈三轴，两区两带五新双枢纽"的产业空间格局，规划创业孵化载体建设，充分发挥创业孵化体系支撑创业、服务企业的功能，合理布局创业孵化载体的专业方向和区域分布，引导增量、做强存量，以创业孵化体系调整促进企业产业结构和布局的优化。

② 深耕战略科技力量成果转化，服务国家科技自立自强。国家战略科技力量是实现科技自立自强和国家科技、产业安全的重要保证，代表了国家科技创新的最高水平，是"十四五"期间和之后较长时期内我国新兴产业的主要策源地和实现经济社会发展新旧动能转换的战略支撑。创业孵化载体积极参与国家战略科技力量科研成果的产业化，使其能够获得一批拥有引领性原创成果、掌握关键核心技术的优质企业资源，既有利于提高创业孵化载体自身的绩效，也有助于推动创新链和产业链的结合，促进引领性原创成果的产业化，实现巨大的社会效益。

③ 聚焦创新链与产业链结合，提升产业支持与未来产业培育能力。科研成果的产业化要求创新链和产业链的有效结合，从过程来看，需要依次经历研发、产品化和产业化3个阶段。其中，产品化为研发成果提供概念验证、小试、中试平台，是科技成

果大规模产业化生产前对生产工艺等进行验证的中间阶段，也是创业孵化载体发挥作用的重要节点。

④发挥创业孵化体系优势，助力京津冀协同发展。北京是全国首屈一指的科研资源和人才集聚高地，拥有国内领先的创新链资源；相对于北京，河北与天津的产业链资源具有比较优势。因此，提升北京的创业孵化体系，在建设概念验证、熟化中试平台的同时，应当充分发挥北京与河北、天津各自的比较优势，不断强化北京创业孵化体系对河北、天津地区产业链资源的链接能力，以顺畅创新链与产业链的连结为切入点，在促进北京科技成果转化的同时，推动河北、天津地区相关产业的发展，助力京津冀协同发展。

⑤突出早期技术创业，服务"硬科技"初创企业。早期"硬科技"创新创业代表了世界科技发展的最前沿，对快速形成规模效益，引领新一轮科技革命和产业变革，建设创新创业高地及经济社会发展具有重大支撑作用。提升北京创业孵化体系，应立足国际科技创新中心建设，充分发挥北京早期"硬科技"创新创业集聚优势，聚焦提升创业孵化体系对早期"硬科技"初创企业的专业化服务能力，不断推动相关企业技术迭代升级和科技成果转化，服务北京科技创新出发地、原始创新策源地和自主创新主阵地建设。

二、主要目标

未来5年，应在以下方面达成发展目标。

（一）形成完备的面向优先发展产业的产业创业孵化体系

在现代交通、新材料、新能源与节能、现代农业领域新建或改造一批专业创业孵化机构，形成一定的规模效应。设立一批产业孵化器，填补航天航空、环境保护、地球空间与海洋和核应用技术领域专业创业孵化机构的空白。各领域的专业创业孵化载体能够单独或联合为产业内初创企业提供专业平台服务、供应链服务、资源链接服务和创业投资服务。在数字智能经济和十大高精尖产业，建成完备的由创业苗圃、孵化器、加速器组成的专业化创业孵化服务链条，5年内产业孵化机构的数量达到200家以上，为北京数字智能经济和相关产业发展提供有力支撑。

（二）配合"三城一区"科技创新中心主平台建设、优化创业孵化载体空间布局

填补怀柔科学城产业孵化载体的空白，在新材料、新能源、生物医药领域分别布局和组建以概念验证、熟化和中试平台服务为主要特色的创业孵化机构，促进怀柔科学城未来科技成果的转化。加强创业孵化载体对北京经济技术开发区和顺义区的产业资源链接能力，推动科技成果在经济技术开发区转化落地，助力经济技术开发区建设成为高精尖制造业主阵地。在三大科学城和城市副中心，分别形成聚焦主导产业的孵化器集群。

（三）创业孵化机构专业化服务能力显著增强、经营绩效大幅提升

孵化基金总额迈上新的台阶，年均增长率不低于10%。孵化基金投资的初创企业数量和投资金额均显著提高。创业孵化机构产品和服务结构进一步优化，房租及物业收入占比下降至50%以下，综合服务收入和投资收入占比大幅上升。在保持房租及物业收入总额基本稳定的同时，实现投资及综合服务收入显著增长。从业人员专业知识持续巩固拓展，接受相关专业培训人员比例提高至60%以上。社会资本链接能力明显提升，达到全国领先水平。

（四）创业孵化效率提升、创业孵化成果丰富

在孵企业的周转率提高，平均孵化周期适度降低，孵化器毕业企业占在孵企业的比例达到20%，平均孵化周期降低至5年。在孵企业研发成效明显提高，平均知识产权授权数超越2018年的最高水平，达到1.1项。

（五）创业孵化体系完备、创业孵化生态优化

未来5年，在数字智能产业及其他高精尖产业的所有二级领域中，都至少有1家创业孵化机构。新增直接参与创业孵化的大企业不少于20家、研究开发机构和其他平台不少于30家。一大批基金、大企业、研发机构、专业服务机构、相关国际机构与北京创业孵化机构开展密切合作。北京"创孵云"上线、北京创业孵化母基金发挥重大作用，创业孵化人力供给丰富，创业孵化行业组织和产业联盟活跃，创新创业文化发达，创新创业与孵化政策体系完备。

三、重点任务与措施

（一）开展产业孵化

产业孵化器是产业链的组织者，将为高精尖产业初创企业提供专业技术平台服务、供应链服务、产业资源链接服务和创业投资服务，补短板、破瓶颈，不断完善和提升创业孵化体系对高精尖产业发展的支撑能力，为培育未来产业贡献力量。

不同于传统的企业孵化，产业孵化着眼于新产业的培育、产业资源的整合。产业孵化的服务对象，不只是新创企业和中小企业，还有研究开发机构、大企业等产业链上的诸多主体。产业孵化的任务，不只是促进在孵企业的成长，还要补齐产业链、激活产业链。

未来北京应重点发展产业孵化器。新建的创业孵化机构多数都应是产业孵化机构，原有的创业孵化机构多数应转型为产业孵化机构。

1. 新建一批产业孵化器

在数字经济和生命健康产业的每一个细分领域，至少建设一家产业孵化器。在航天航空、环境保护、地球空间与海洋和核应用技术领域，建设若干产业孵化器，填补北京在这些产业的孵化服务空白。在现代交通、新材料、新能源与节能、现代农业领域新建一批专业创业孵化机构，形成一定的规模效应。

加强怀柔科学城在新材料、新能源、生物医药领域创业孵化载体的建设。随着一批重大科技基础设施建设投运，应布局和组建一批以概念验证、熟化和中试平台服务为主要特色的创业孵化机构，精准对接创新链和产业链，促进相关科研成果的产业化。在城市副中心积极发展数字产业孵化，推进建设一批信息通信技术领域的专业创孵机构，依据发展数字经济、建设国家信息通信技术产业创新基地的发展规划，大力推动数字产业孵化载体的建设，同时新建一批信息通信专业孵化载体，推动城市副中心信息通信产业的发展。

2. 组建一批以原创成果应用为导向的产业孵化器

按照国际创新中心建设的布局，北京将实施"重点跨越工程"，包括加强人工智能前沿基础理论和关键共性核心技术研发、开展量子计算关键技术攻关及生态构建、区块链前沿技术研发、生命健康前沿技术研发等领域。围绕这些已经或将要产生的原创科技成果，需要一批产业孵化器来链接学术界与产业界、培育技术创业公司、推动成果应用，使原创技术的重点跨越转变成科技产业的重点跨越。

这些领域包括但不限于：量子计算芯片和测控系统，量子算法、操作系统和应用软件，区块链共识机制、分布式存储、跨链协议、智能合约等技术，单细胞基因组学、免疫细胞治疗、干细胞及器官制备、生物医学大数据解析等生命科学前沿新技术，病原体监测、鉴定、疫苗和抗体药物研发等生物安全防控关键技术，先进 DRAM 存储器及新型存储器技术研发，光电子核心材料、器件。研发第三代半导体有关批量制备技术，碳基集成电路规模化制备材料、关键工艺研究等。

3. 依托平台和场景建设产业孵化器

未来北京将建设的电路试验线平台、未来智能系统平台、自主可控的新型区块链底层技术平台、分级架构、底层数据打通的车联网平台、"中国百万慢病人群队列"大数据平台，以及中试熟化、概念验证等专业开放平台，为一批产业孵化器提供了技术平台支撑。以此为基础，叠加上市场营销、投资融资、人力资源等服务，产业孵化将取得不俗的成效。

各种应用场景，如智慧轨道交通建设与运营等典型应用场景、智慧教育与医疗场景、智慧城市社区治理场景等，则为产业孵化器中的在孵企业提供了获取"第一桶金"的机会。

4. 多主体多领域建设产业孵化器

在未来科学城、亦庄、顺义等地区，支持、协助一批大企业建设运营产业孵化器；在中关村科学城等地区，支持中科院的各在京研究所，面向各自的主导技术领域，建设一批产业孵化器；在脑科学、量子物理、应用数学、人工智能、光电子、物质、区块链领域的新型研发机构，应当发挥产业孵化的作用，这也是新型研发机构在运行机制、支持机制、绩效评价、成果转化等制度探索的一个方向；发现、鼓励、支持一批行业"老炮"，转型为产业孵化器的创建与运营者。

不只在北京底蕴最丰富的"硬科技"领域，在其他领域如新消费、文化创意、电子竞技等，也应大力倡导运用产业孵化的模式来进行产业的发掘、培育和提升。

5. 既有孵化器的产业化转型

综合性的科技企业孵化器，应依其所在区域的重点产业方向、在孵企业的产业集聚程度、可能利用的产业资源等，确定产业孵化领域，调整运营模式、配备相应人员、开展产业孵化；专业性的科技企业孵化器，领域应更加细化和聚焦，服务对象扩展至产业链上的所有主体，运营模式、人员配置也要做相应的调整。

北京的创业孵化资源存量庞大，传统型的孵化器数量很多，实现产业化转型是个艰巨的任务，需要政府大力推动和引导，需要孵化器的上级单位或投资人提高认知、调整评价模式、耐心地坚决推进，需要孵化器的管理者看清大势、调整心态、迅速转型。

（二）发展智能孵化

1. 提升孵化器的数字化智能化水平

人工智能时代，孵化器的管理、服务、资源及流程的线上化与创业需求和资源的智能匹配，是大势所趋，也是孵化器提高服务绩效、增强市场竞争力的途径。孵化器可以以人工智能和大数据分析技术为手段，评估孵化器各项孵化指标成效，实时跟踪服务管理效果，发现运营风险并主动预警，帮助其进行决策。可以利用人工智能等先进技术汇集企业数据，自动分析企业需求、精准匹配产业资源，帮助企业实现快速成长。

孵化器开展智能孵化，需要智能工具。目前，企业价值智能评估、企业画像、产业图谱、智能标签等技术已经成熟，每家孵化器可以根据自身的业务需求，选择合适的工具和合适的技术合作伙伴，开发针对特定需求的数字智能产品。同时，也需要一些中间组织，立足创业孵化需求、整合数字智能技术资源，开发出一批通用的廉价平台与工具，集约性地解决孵化器的公共需求。

2. 建设北京"创孵云"

建设一个覆盖全市的创孵云平台，推动智能孵化的发展。创孵云的功能，首先可以实现创业孵化机构和初创企业相关数据的自动搜集、分析，有利于政府政策的精准匹配、落地，提高政府宏观管理的效率；其次能够克服单个创业孵化载体在人才和资源方面的不足，降低创业孵化机构智能化升级成本，推动智能孵化向纵深发展；再次有利于降低数字经济企业的成本，推动数字经济的发展和传统企业的数字化转型；最后可以建立覆盖全市的创业孵化资源共享平台，实现与在孵企业、大公司、投资机构、专业服务机构等创业孵化资源的交流，深化创业孵化机构之间的合作。

全市范围创孵云的建设，需要政府主导，同时发挥创业孵化行业协会、专业服务机构的作用。

3. 建设全球智能孵化平台

智能化时代全球创业孵化网络的创建，非中国莫属，非北京莫属。创建这样一个智能孵化平台，可以集聚全球资源为北京的创新创业和产业发展服务，又可以在全世界的创业孵化行业，贡献中国智慧、提供中国方案。利用这个平台，全世界的创业孵化机构，将在社会资源接入、融资投资、运营规范、人力资源等方面得到支撑，孵化服务能力得到提升，大企业得以便利地介入创业活动，增强其创新能力和产业竞争力，各类主体高效互动融合，创新创业生态系统更加完善。未来，这个平台将成为新时代全球创业孵化领域的行业组织，这是中国人主导、依托中国力量、面向中国需求、实现中国战略的国际组织，将争取联合国、各国政府和相关组织的支持，为各国创业孵化机构拓展更广阔的发展空间。

在目前国际环境下，许多方面的国际交流合作遇到障碍，但创业和创业孵化领域的国际合作，仍有很大空间和很好的渠道。市政府可以投入必要的资源，依托北京创业孵化体系的优势、北京地区创业孵化领域的国际合作机构、相关的海外资源及相应的技术平台，创建该全球智能孵化平台，服务于全球科技创业者。

（三）实施产业加速

产业加速可以理解为"二次孵化"，即以孵化器为主要节点，在一个特定产业中，在优秀的孵化器中选择优秀的在孵企业或毕业企业，利用丰富的研究开发、中间试验、制造能力、供应链、市场营销渠道、投资融资资源和服务，小批量、集约化、高强度地注入孵化资源和能力，促使企业超常规快速发展，以此快速壮大产业规模，提升产业竞争力。北京证券交易所的设立及金融市场的其他变革，将极大地激发科技型中小企业的创新活力，这是北京科技企业孵化器的重大利好，也将刺激产业加速平台的建立与运营。

1. 建设一系列产业加速平台

在数字智能产业的各个细分领域、其他高精尖产业的细分领域、未来产业的各个领域，都需要设立产业加速平台。

产业加速平台的成员，以产业与创业需求、经济利益和契约关系为纽带，平台是兼具公益性与营利性的社会组织。产业加速平台内的创业孵化机构，向平台其他成员开放孵化服务相关资源，推介优秀在孵企业，实现共享资源、共同孵化；平台的大公司、投资机构、专业服务机构等成员，向创业孵化机构和初创企业开放需求与资源、提供支持与服务。

在地域上，产业加速平台可以以北京为依托，整合全国、全球的创业孵化资源和产业资源，做全国全球的"生意"。

有行业影响力的单个孵化器、孵化器或产业的行业组织、有行业影响力的人员（行业精英），都可以是产业加速平台的发起人和运营者。

产业加速平台的运营模式，可以多种多样，有的像传统的孵化器或加速器，有的像行业协会，有的像投资或咨询机构，更多的会是"四不像"。

2. 建设京津冀产业加速共同体

依托三地的孵化器、众创空间、大学科技园，在一些特定领域，建设产业加速共同体。

建立项目筛选机制和成果转化加速机制，促进成果转移转化，构建"研发共同投入，产业化共同受益"合作机制。在京张、京津、京保石创新带建设中，发挥创业孵化行业的独特作用。在数字产业，推动北京的研发型企业与津冀的制造业产能相结合，支持北京企业参与津冀传统行业转型升级。在工业互联网、智能城市等领域，以北京城市副中心为综合应用场景，促进前沿技术迭代升级，在津冀包括雄安新区落地转化。

北京、天津、河北的科技企业孵化器行业组织，可在这一进程中发挥组织协调作用。京津冀大学科技园联盟已经成立数年，有较丰富的经验，也可作为产业加速共同体的促进者。

（四）增强投资能力

1. 提高各孵化器的投资能力和水平

转变孵化器的盈利模式。在孵化器的收入结构中，逐渐降低物理空间相关收入的比重，提高增值服务和投资收益的比重。实现这种转变有4个动力：房屋租赁市场的变化，目前看是有利的；在孵企业的需求，已经从一般性的普惠性的服务转变为高增值、产业链供应链创新链的需求，融资需求提升；政府的指挥棒，《北京市科技企业孵化器认定管理办法》实质性地突出了对孵化器投资能力的要求；孵化器的基因，取决于其投资者和经营者，这一点不同孵化器的差异很大。

为国有孵化器松绑、鼓劲。国资管理部门、国有孵化器的上级部门等，应以创业孵化绩效而不是单纯的国有资产保值增值为主要原则考核孵化器，允许、鼓励孵化器以自有资金、自建或参与的基金投资于在孵企业，允许、鼓励孵化器以房租或服务换取在孵企业股权。

2. 设立北京创业孵化基金

创业孵化机构（众创空间、孵化器、加速器等）也需要孵化。在一些优秀的孵化器创立运营初期，由于在模式设计上谋求与创业者共发展，以远期收益即在孵企业股权收益为主，现金流常常会面临困难。它们与民营中小型企业一样，融资需求大、融资渠道少。另外，创业孵化机构本身必须具备一定的投资能力，才能更好地撬动资本和资源。

目前，创业孵化作为一个行业（产业），已经被社会包括政府、资本广泛认可；一批优秀孵化器具备良好的运行机制、合理的商业模式，有很好的"可投性"；相当比例的孵化器具备发掘、评价、跟踪管理高成长项目的能力。

设立一只北京创业孵化基金，由北京市财政主导，吸收社会资本参与。

该基金为混合基金，既作直投基金，又作母基金。

两个投向。一是对创业孵化机构进行投资。选择符合北京产业发展方向、体制机制合理、商业模式可行、团队专业精干的孵化器予以股权投资，作为战略投资者，为孵化器背书、为孵化器赋能。二是作为母基金，投资于一些优秀孵化器设立的直投基金。该类基金由孵化器设立管理公司（GP），负责基金的运营；LP还包括地方政府引导基金、大企业和相关机构。

基金的规模。按5年投资期考虑，直投部分，每年投资10家孵化器，平均单笔投资5000万元，5年投资50家，平均每年投入5亿元，5年投入25亿元；母基金部分，每年投资10只直投基金，平均单笔投资5000万元，5年投资50只直投基金，平均每年投入5亿元，5年25亿元。总计，每年投入10亿元，5年50亿元。

（五）加强组织协调和认知提升

1. 做好顶层设计和科学评价

应将创业孵化体系纳入城市发展战略，在国际科技创新中心建设、未来5年及更长时期北京经济社会发展中发挥其独特作用。创业孵化体系的产业与空间布局、创业孵化行业的动力机制、产业孵化体系与产业发展战略的耦合、创业孵化的文化与社会基础等，都需要深入研究、及时决策。创业孵化体系的动态跟踪、分析、评测等，需要市一级的统筹协调。合格创业孵化管理人才的供给、创业孵化机构与产业资源和研发资源的协同、创业孵化行业的资本推动等，需要公共机构的协助。

科学评价创业孵化机构，发挥好政策指挥棒作用。2020年起实施的《北京市科技企业孵化器认定管理办法》体现了创业孵化体系宏观管理理念和实践的巨大进步，摒弃了对创业孵化载体房租等传统服务的考核，重点加强了对专业服务能力、早期投资等指标的动态考核，推动了北京创业孵化载体向专业化、市场化、国际化方向的发展。未来应坚定地持续执行下去，同时结合国际创业孵化发展出现的新趋势及城市创新发展对创业孵化体系建设的新要求，不断完善对创业孵化机构的评价办法，体现政策的前瞻性和灵活性，规范、促进创业孵化体系的发展。

2. 发挥政府在创业孵化体系能力提升中的重要作用

充分调动国有企业、研发机构参与创业孵化的积极性。国有企业和各类研发机构实力雄厚，拥有丰富的创新链、产业链和供应链资源。但缺乏具有创业孵化经历的专业人才，同时，受国有资本管理及激励考核等制度的限制，在开展创业孵化方面往往动力不足。为了调动国有企业和研发机构特别是国家战略科技力量参与创业孵化的积极性，应通过将参与创业孵化体系建设纳入国有企业和科研院所的考核指标体系、在工资总额等方面为国有机构"松绑"、鼓励管理团队与孵化机构共同投资在孵企业等手段，广泛整合创新和产业资源，为北京创业孵化体系注入动力和活力。

在各类型主体合作及国际合作过程中，政府部门在充分掌握相应信息的基础上，可以发挥担保人的作用，为民营、合资和外资机构提供信用背书，推动资源整合的顺利进行。

加强财政资金对创业孵化体系的支持。在前述创业孵化基金之外，对全市创业孵化体系的研究、设计、信息反馈与分析、政策制定与评价，对大企业、科研院所、新型研发机构、创新平台、应用场景组织者等创办运营产业孵化器的规律、方法、组织、协同等相关工作，对北京"创孵云"、全国性（全球性）产业加速平台的创建运营、京津冀产业加速共同体、全球创业孵化网络等公益性的平台建设，对优秀创业孵化机构的奖励等方面，市财政和区财政应当予以强有力的支持。

创新创业的文化氛围、创新型创业的人才培养、现有创业孵化管理人员的能力素质提升、吸引国际创业人才与机构的法律与政策环境等，都需要政府及相关部门发挥作用。

3. 发挥各类社会组织的作用

发挥创业孵化行业组织的作用并加强协同。北京创业孵育协会和中关村创业生态发展促进会，是两个在全市开展创业孵化行业服务的社团，此前分别由北京市科委和中关村管委会指导，都有很好的基础和绩效，前者的历史更长、影响更大。政府部门未来应继续指导支持它们的工作，为两个协会赋能、开放需求、提供服务。同时，两个协会均以构建创新创业生态、促进协同创新为主要宗旨，都以北京创业孵化机构为主要会员，业务范围有一定重叠。为了更好地整合两个协会资源，进行优势互补、形成发展合力，建议加强两个协会的协同，推动两个协会共同举办研讨、培训、行业促进等各类活动，合作制定和完善行业标准及各类评价体系。必要时，可以两个协会合署办公。

发挥各类产业联盟的作用。供应链服务能力不强是当前北京创业孵化体系发展存在的一大短板。为了提高创业孵化机构的供应链服务能力、促进科技成果产业化，应该提高供应链服务在创业孵化机构评价指标体系中的权重，引导和鼓励创业孵化载体与各类产业联盟积极开展实质合作，推动在孵企业加入产业联盟，加速企业成长，同时提高创业孵化机构产业链、供应链资源接入能力，提升创业孵化载体供应链服务能力。

依托北京全国性产业协会、学会和社团集聚优势，超越城市边界，整合创新、创业、产业资源，一方面能够不断增强北京创业孵化体系的资源链接服务能力；另一方面也可以结合北京的创新链与其他地区的产业资源，推动北京科技成果在其他地区落地转化。

4. 提升认知

随着创业孵化实践的发展,对创业孵化的认知也经历了不断迭代升级。在"十四五"新的起点上实现北京创业孵化体系的提升,需要创业孵化体系的设计者、决策者和从业人员转变观念,提升认知,以动态的眼光、发展的思路看待创业孵化,不断开拓新思路、实施新举措。

创业孵化的作用——从帮人省钱到帮人赚钱。创业孵化机构成立的初衷是提供集中化的物理空间,以降低创业成本,促进创业。随着不断发展,创业孵化的作用也逐渐演变为通过提供专业平台、供应链和资源链接等各类增值服务,为创业者创造市场价值。

创业孵化的内涵——从关注创业到产业延展。产业孵化是国际创业孵化体系发展的重要趋势之一,创业孵化的内涵也不再局限于创业服务,而是更加关注对新兴产业的培育,更注重技术与产业的衔接,从促进创新链和产业链融合发展的新视角,为破解科技成果转化和知识产权运营等方面的难题提供解决方案。

创业孵化的价值——从自说自话到融入主流。创业孵化机构既是政策工具又是盈利手段,具有公益性与营利性的双重属性。从政府的角度来看,传统上创业孵化机构多被当作招商引资、解决就业的政策工具,随着创新引领成为城市经济社会发展的根本战略、创业孵化体系的不断扩张,政府应当在制定和执行发展战略的过程中,将创业孵化体系这一重要变量纳入考虑,充分发挥它促进产业发展和成果转化的作用;从创业孵化机构的角度来看,传统上更加强调盈利属性,与城市发展战略的配合度较低,随着不断发展,创业孵化机构应该依托城市发展战略,不断加强自身的资源链接能力,不断提高自身服务城市发展战略的能力。

创业孵化的管理者——从低门槛到高门槛。随着创业孵化越来越强调为初创企业提供各类增值服务,以及产业孵化、智能孵化的发展,创业孵化对管理者的要求也越来越高。除了拥有一定的社会资源、任职经历和创业经历外,对产业经历、技术背景和国际资源等也提出了较高的要求。

创业孵化机构与创业者的关联——从弱关系到强关系。强关系使得创业孵化机构与初创企业的利益捆绑在一起。创业企业快速成长,创业孵化机构能同步地实现自己的利益。同时,创业孵化机构将孵化企业培育成功,具有良好的示范效应,能够吸引更多优秀的初创企业。因此,在创业孵化机构与创业者之间建立强关系,能够激发创业孵化机构不断提高服务水平的积极性,增强服务的黏性,实现创业孵化机构"成人达己"的目标。

附　录

附录一　北京市科技企业孵化器认定管理办法

【颁布时间】：2020-07-28
【实施时间】：2020-09-10
【文　号】：京科发〔2020〕13号
【颁布部门】：北京市科学技术委员会

第一章　总　则

第一条　为深入实施创新驱动发展战略，引导本市科技企业孵化器向专业化、市场化、国际化方向发展，持续优化创新创业生态，推动企业技术创新和科技成果转化，支撑全国科技创新中心建设，服务经济社会高质量发展，按照科技部《科技企业孵化器管理办法》（国科发区〔2018〕300号）要求，结合本市实际，制定本办法。

第二条　科技企业孵化器（以下简称孵化器）是指聚焦高精尖产业垂直、细分领域，配备专业服务团队，主要为早期"硬科技"初创企业及创业团队提供培训、辅导、路演、投资以及技术、人才、供应链、市场渠道等各类资源对接服务的创业孵化服务机构。

第三条　孵化器应坚持专业、专注、专精的发展目标。应聚焦专业，广泛引进专业人才，配备专业条件，搭建专业平台，为初创企业及创业团队提供高附加值的孵化服务；应保持专注，密切跟踪全球前沿技术发展趋势，建立早期"硬科技"创新项目的发现、评价、筛选、培育机制，积极开展垂直孵化、深度孵化；应突出专精，加强导师营建设，加大早期项目投资，精耕细作，精益求精，探索创业孵化服务新机制、新模式，更好满足初创企业及创业团队的需求。

第四条　孵化器认定管理工作遵循自愿参与、公开透明、客观公正、严格标准、动态调整的原则。

第五条　北京市科学技术委员会（以下简称市科委）负责全市孵化器的认定管理工作。

第二章　认定条件

第六条　申请孵化器认定应同时符合以下条件：

（一）在本市行政区域内注册并具备独立法人资格，实际注册并运营满1年，具有良好的诚信记录。孵化服务领域应属于本市重点发展的新一代信息技术、集成电路、医药健康、智能装备、节能环保、新能源智能汽车、新材料、人工智能、软件和信息服务以及科技服务业等高精尖产业领域。

（二）能够为在孵企业提供以下一项或多项专业服务：

1. 专业平台服务。通过自建、共建、合作等方式，建设专业技术领域内开放式的公共服务平台，为在孵企业提供研发、设计、检验、测试等服务。

2. 供应链服务。发挥供应链整合优势，为在孵企业提供原料采购、原型打样、批量试制、集成开发、仓储物流等服务。

3. 资源对接服务。广泛链接创新资源，为在孵企业提供产品设计、品牌策划、市场营销以及创业培训、融资对接、知识产权、技术转移、财务、法律、商务等服务。

（三）上年度取得的专业服务收入占总收入比例应不低于30%，或近两年专业服务收入平均增速不低于5%。

（四）建有创业导师营，为在孵企业提供技术、财务、市场、经营、管理、知识产权、商务等方面的培训和指导。每年组织导师服务应不少于50人次。

（五）设立天使或创业投资基金，或利用自有资金开展早期项目投资。上年度在孵企业中获得投资的企业占比应不低于30%，且获得投资的企业中孵化器投资的企业占比应不低于10%。

（六）拥有专业化、职业化的运营团队，团队负责人具有相关产业领域的从业背景，以及投融资、生产、销售、供应链管理等方面的工作经验。

（七）在本市行政区域内注册的在孵企业应不少于20家，在孵企业近两年营业收入平均增速应不低于10%。已申请专利、软件著作权、集成电路布图设计专有权、国家新药、植物新品种等知识产权的在孵企业占比应不低于50%，或拥有有效知识产权的在孵企业占比不低于30%。

上述在孵企业是指孵化器内同时符合以下条件的企业：

1. 符合本市高精尖产业发展方向的"硬科技"创新企业，主营业务不属于《北京市新增产业的禁止和限制目录（2018年版）》范围。

2. 从业人员总数在100人以下，上年度营业收入在2000万元以下。

第三章　认定管理

第七条　孵化器认定每年组织一次，申请机构应提交如下材料：

1. 北京市科技企业孵化器认定申请书；

2. 工商营业执照等注册登记证件（复印件）；

3. 开展专业平台、供应链、资源对接以及创业导师、早期项目投资等服务的说明材料，在孵企业发展情况的说明材料；

4. 经具有资质的中介机构出具的申请机构近两个会计年度的专业服务收入专项审计报告以及财务会计报告（复印件）。

第八条　市科委组织专家对申请机构进行评审，对通过专家评审的申请机构组织实地核查，根据专家评审意见和实地核查结果提出孵化器认定名单，在市科委官方网站（网址：http://kw.beijing.gov.cn）公示5个工作日。公示期间有异议的，由市科委组织核查，属实的不予认定；无异议的，颁发"北京市科技企业孵化器认定证书"。

第九条　评定为北京市科技企业孵化器，按照国家有关规定享受相应税收优惠。

第十条　经认定的孵化器，其资格自认定之日起有效期为3年，期满后须重新认定。

第十一条　孵化器发生与认定条件有关的重大变化（如分立、合并、重组以及经营业务发生变化等），应在3个月内向市科委报告。经市科委审核符合认定条件的，其认定资格继续有效；不符合认定条件的，自条件变化之日起取消其认定资格。孵化器名称发生变化的，应在3个月内向市科委申请变更名称。

第十二条　经认定的孵化器应按规定每年向市科委报送年度发展情况，认定资格有效期内累计2次不报送且经催告后仍逾期不报的，取消其认定资格。

第十三条　经认定的孵化器存在下列情形之一的，取消其认定资格，且2年内不得重新申报。

1. 申报中存在弄虚作假行为的，或有影响公正评审行为的；

2. 发生与认定条件有关的重大变化，逾期未向市科委报告的；

3. 以孵化器名义进行虚假宣传、违法经营，或其他与孵化器认定有关事项被依法追究责任的；

4. 孵化器运营主体被依法终止或自行要求取消的。

第四章　发展促进

第十四条　加强动态管理。市科委每年组织第三方机构对经认定的孵化器进行评估，综合评估孵化器运营管理、机制创新、孵化服务等方面的情况。经评估孵化模式、服务成效均较为突出，具有较强示范引领效应的孵化器可评定为年度标杆孵化器。评定结果当年有效。

第十五条 吸引社会投资。支持设立孵化接力基金，专注投资孵化器自有基金退出投资的优质项目，引导社会资本更多关注早期项目投资。

第十六条 引进专业人才。鼓励孵化器加强人才队伍建设，不断提升运营团队的专业化水平。广泛吸引具有国际视野、相关行业背景和创业经历的专业人才加入创业孵化行业，为初创企业及创业团队传授创业经验、提供创业指导、对接创业资源。

第十七条 开展区域布局。鼓励具备条件的区、开发区按照区域功能定位和主导产业发展方向，加强医药健康、人工智能、区块链、物联网、5G等细分产业领域内的专业孵化器布局。支持在高校院所内部及周边建设一批专业孵化器。

第十八条 推进对外合作。支持本市孵化器加强与长三角、粤港澳大湾区以及津冀地区孵化器的业务合作，加强供应链等资源对接，不断拓展孵化服务链条。

第十九条 加强国际交流。鼓励孵化器搭建海外业务平台，深度融入全球创业孵化服务网络，为初创企业及创业团队对接国际技术、资金、人才、市场等资源。支持孵化器拓展海外业务渠道，开展项目"离岸"孵化，广泛吸引全球优质创业项目、技术成果和创业人才来京发展。

第五章 附 则

第二十条 本办法自发布之日起30日后实施。《北京市高新技术产业专业孵化基地认定和管理办法》（京科发〔2010〕700号）同时废止。

附录二 北京地区部分创业孵化机构简介

一、海淀创业园

（一）孵化器概况

海淀创业园成立于1989年，是中国第一批国家级科技企业孵化器；1997年，创建北京市第一家留学人员创业园；2007年，由国家人事部和北京市政府省部共建中国北京（海淀）留学人员创业园（简称"海淀创业园"）。

海淀创业园总孵化面积近5万平方米，包括中关村创业大厦孵化场地22 000平方米、中关村发展大厦孵化场地17 000平方米、创业园标准厂房7000平方米。

目前，海淀创业园累计孵化企业2550余家，其中，国家高新技术企业260余家，共引进1500余名留学归国人员入园创业，其中，博士738名，硕士724名。累计孵化出启明星辰等29家在国内外资本市场上市及挂牌企业，培育和引进了160余人次的海内外高层次人才。

截至2020年10月底，新入驻企业384家。其中，留学人员创办企业135家，占比35.16%。在园企业1089家，留学人员创办企业413家，占比37.92%。

（二）孵化器的建设和发展情况

1. 组织结构

海淀创业园下设8个部门，包括办公室、计划财务部、企业发展部、企业服务部、工程物业部、创业谷和海创精英（附图2-1）。

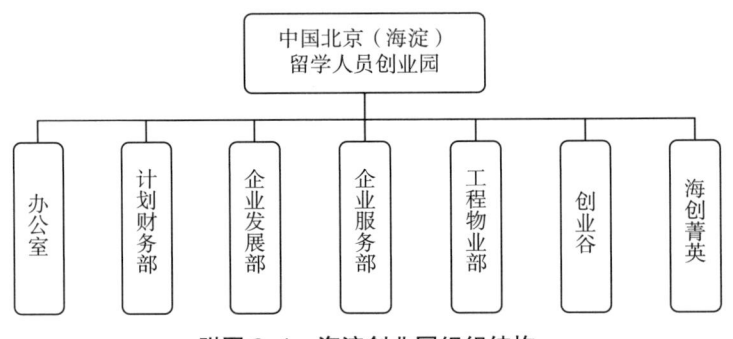

附图2-1 海淀创业园组织结构

2. 人力资源

（1）主要负责人

赵新良，中关村科技园区海淀园创业服务中心主任，"全国归侨侨眷先进个人""中关村高聚工程创新创业服务业领军人才"入选者，海淀区政协委员，科技部"中国火炬创业导师"，中国留学人员创业园联盟理事长，中关村海外人才创业园协会副理事长。

（2）管理团队

海淀创业园主要管理人员有43人，以本科学历为主，大多从事科技服务工作10年以上，具有产业背景人员占比21%，具有融资经验和基金从业证书的有3人。新打造的国际化创业服务团队，具有双语咨询和服务能力，各部门分工协作，统筹规划，为企业服务提供了强有力的保障。

3. 发展历程

作为北京市首家留学人员创业园，海淀创业园担当起"服务留学归国人员创业"的重任，率先构建"提供专门场地、专门优惠政策、专门管理机构与人员，以及专业化优质服务"的"三专一优"的框架体系（这是日后全国留学人员创业园建设的一个重要参照标准）。

2001年开发"中小企业孵化评估系统"，率先在全国孵化器行业内首创孵化企业科学评测与跟踪管理的模式与机制。2003年建设中关村生物医药园，探索孵化器与企业共建专业技术服务平台的运作模式，为专业孵化器的发展、科技条件平台的建设提供思路和范例。

2013年开启"互联网+"孵化模式，建设金种子创业谷"公益性"众创空间，开"零成本零门槛创业""全链条全过程孵化"之先河，形成"创业苗圃—孵化器—加速器"完整的孵化链条。2015年开创网络孵化平台，打造"没有围墙的孵化器"。2016年起品牌辐射京津冀，实现全国布局。

（三）孵化器的核心竞争力

1. 特色服务

（1）融资服务

种子基金、天使投资、风险投资、产业基金等完善的金融服务链；600余家战略合作金融机构鼎力支持；专场项目路演、精品项目推介、投资人见面会等品牌活动高效链接融资需求，帮扶企业化解融资难题。仅近3年，海淀创业园就帮助企业获得股权投资逾50亿元。目前，园内企业累计获得股权融资90亿元。

（2）政策支持

"宣讲解读、咨询答疑、申报辅导、材料审核、重点推荐、精准推送、交流分享"七步政策申报服务体系，帮助企业及时了解申报事项，更好地享受政策，帮助创业者"多快好省"获得支持。目前，累计协助900余家次企业获得近5亿元政府专项资金支持。

（3）人才服务

开展高端人才认定推荐，协助企业建立博士后工作站、院士工作站，协调落实科技人才引进、非北京生源应届毕业生进京指标政策，解决企业管理人才、技术人员的招聘需求；创客公寓、人才公租房、周转房解创业者"安居"之难。

（4）产业对接

"京津冀"品牌辐射，共建产业基地，满足企业产业化需求。链接产业资源，对接知名企业，产业沙龙、标杆企业参访等助力大中小企业协同创新、融通发展。

（5）市场推广

公共展厅、创业大赛、展会展览推介创新成果，展示优秀创业项目，展现良好企业形象；企业产品示范应用工程，优先采购企业产品服务，发挥"试验田"的作用，为企业代言，为产品推广。

（6）活动培训

资深讲师打造"高质精品"创业培训课程，"创业必修课"帮助创业者厘清思路，规划发展，提升经营管理水平，增强创新创业能力。创业导师为创业者赋能，"大手拉小手"传承创业精神，引领合作协同发展。定制化、共享式"海创私董会"通过议题探讨、决策支持、深度交流，解决创业过程中面临的真实问题并提供解决思路。截至2021年10月底，共组织开展各类创业服务活动99场，其中线上活动82场，累计观看48 000余人次，服务企业超2500家；线下活动17场，共覆盖园内外1000余家企业，吸引1200余人次参与。

（7）品牌宣传

100余家优质主流媒体资源，及时传递"海创"好声音。让创业者出镜，讲好"海创故事"。为企业提供宣传、展示、推介的机会和平台，扩大影响力，提升美誉度。截至2021年10月底，已累计帮助推想科技、达影科技、打铁师、优时科技、深思考、眸视科技、蓝点智控等48家企业进行了稿件、视频等专访，扩大企业影响力。

（8）公共技术服务平台

K-lab未来探索实验室是满足企业外观设计、电路设计与制造、电子测试三方面主要需求的公共技术服务平台，企业可在K-lab一站式完成全流程的研发测试，有效解决企业设计、打样、测试等普遍难题。

（9）基础服务

优选专业的中介服务机构，提供企业注册、财税法务、知识产权申请及补贴、高新技术企业认定等服务。技术合同认定，帮助入孵企业享受税收优惠。

（10）中关村科学城国际人才港

打造国际创业人才集聚地，大力支持国际人才创新创业。同时，服务支持企业国际化发展，促进科技创新成果转化，搭建全球创新思想、创新理念的交流平台，构筑新科技、新产业的引领平台，增进国际合作，延揽高端人才，推动创新发展。目前，已吸引来自美国、加拿大、韩国、英国、巴西、墨西哥、尼日利亚、喀麦隆、加纳、伊朗等20个国家和地区的36个国际团队入园创业。

（11）党建管理孵化平台

统筹谋划、全面开展党建、工会、团建、新阶层、侨联、工商联、妇联、社工、志愿者等工作，形成"党建引领，服务发展"的新模式、新机制，培育具有红色基因的创业文化,弘扬具有模范先锋的创新精神。通过"强党建、育文化、促发展"一系列举措,做实孵化服务,探索党建新路,打造红色孵育高地。凝聚广大留学人员、海外人才创业者,引领企业坚定正确的政治方向,助力企业高质量、高能级发展。

2. 优势分析

(1)区位优势

海淀创业园位于中关村科技园区上地信息产业基地,紧邻清华大学、北京大学、中国科学院等全国最高学府和研究机构,形成强大的科技条件支撑和技术依托。

(2)品牌优势

海淀创业园是"国家留学人员创业园""国家高新技术创业服务中心""国家级科技企业孵化器",也是人力资源社会保障部认定的"全国创业孵化示范基地"、工业和信息化部认定的"国家小型微型企业创业创新示范基地"、中国侨联授予的"新侨创新创业基地",连续4年被评为国家级科技企业孵化器A类优秀等级,"中国留学人员创业园区孵化基地竞争力"综合排名全国第一,北京孵化三十周年"时代荣誉机构"。它是吸引创新创业人才层次最高、孵化留学人员创业企业数量最多的科技企业孵化器,成为全国高层次创业人才和上市企业最为密集的留学人员创业园。

(3)孵化模式优势

一是集聚整合各类资源要素,打造了"一个中心、三大体系、五大平台、全生态服务"的孵化服务生态系统,为创业企业提供从空间支持、人才代办、政策申报、人员招聘、创客公寓,到创业辅导、投资融资、成果转化、产业促进、企业产品示范应用、市场推广等全链条、全生态的精品服务,助力创业企业健康快速成长。

二是形成了"项目孵化—企业孵化—产业孵化"的全过程孵化和"创业苗圃—孵化器—加速器"的完整创业孵化全链条。同时将孵化服务向前端延展,设立创业谷众创空间和集群注册平台,为优质项目(团队)提供"零成本创业",有效帮扶科技型、初创期、小微企业降低创业成本,规避创业风险。

三是构建了投融资服务平台,形成了"种子基金—天使投资—风险投资—产业基金"完善的融资链条,与600余家知名投资机构建立合作关系,解决了科技型创业企业融资难问题。同时还与银行、担保公司建立起紧密的合作关系,定期组织融资推介会、银企对接会等活动,协助企业开展债权融资。目前,园内企业累计获得债权融资约16亿元,股权融资90亿元。

四是成立洋创社区、中关村国际人才港和中关村科学城海外院士创新中心,通过设立专职服务团队、设立海外代表处、制定《建设国际人才社区支持办法》等,大力支持引进外籍人才和国际高端人才来京创业,打造国际化高端人才集聚地。

3. 发展战略

深入贯彻落实海淀区"两新两高"发展战略，切实推进以"创新合伙人"为支撑的"创新雨林生态"落地实践，积极助力中关村科学城、全国科技创新中心建设，海淀创业园正式发布"未来青年创业领袖（潜力独角兽企业）培育计划"，通过3年时间，孵化培育出一批技术水平高、创新能力强、发展潜力大的优质创新创业项目，依托海淀创业园完善的孵化服务体系和完整的孵化链条，面向拥有核心技术、掌握关键资源、具有竞争优势、具备高成长性的创新创业人才和企业，推出"资金、人才、市场、产业、品牌、特训"六方面举措和近100项服务内容，整合政府、企业、产业链、高校、科研院所、金融机构、科技中介、主流媒体等多方资源，培育青年创业领袖，孵化潜力独角兽企业。

同时，大力吸引高层次青年创新创业人才，特别是海外人才、国际人才，培育优秀企业和青年企业家；营造"科技孵化全生态"，打造优质企业"梯次孵育模式"，为不同发展阶段的人才和企业提供全方位、多层次的精准孵化服务，助力创业企业高质量成长、高能级发展；促进科技成果转化与产业化，打造创新活力涌动、创新人才聚集、创新氛围浓厚的世界一流孵化器。

（四）孵化成果

经过多年发展，海淀创业园孵化和培育出众多优秀的科技创新创业企业，逐步形成了一个快速成长、高速发展的优质企业梯队。这其中，有中国首家在纳斯达克上市的农业生物技术公司奥瑞金；创业板第一批上市企业，第一个研发并试制成功抗感染"药物中心静脉导管"，研制出国内首个用于治疗原发冠状动脉粥样硬化患者的血管内狭窄的生物可吸收支架的乐普医疗；在中小板上市，拥有完全自主知识产权的网络安全产品、可信安全管理平台、安全服务与解决方案的综合提供商启明星辰；中国第一家，也是目前唯一一家成功获得医疗机器人注册许可证，开辟国内智能化骨科手术先河，中国医疗机器人行业的领军企业天智航；中国先进水处理技术的开拓者德威华泰；国内领先的人工智能医疗影像诊断服务商推想科技；估值12亿美元、提供全程可监控专人直送服务的"独角兽"同城必应；国内首家致力于AR增强现实技术应用开发的触景无限；多场景一体化智能语音解决方案提供商普强信息；精密抛光材料专家国瑞升；发明世界首创电磁刀技术，助力中国高端医疗技术创新的安进医疗；拥有全球唯一的一滴血快速核酸现场检测技术平台、中国首家入选WHO官方名录核酸检测设备供应商的卡尤迪。众多优秀的"高精尖"创业项目和企业在海淀创业园的精心孵育下茁壮成长，成为共同推动中关村科学城建设发展的新锐力量。

二、北航天汇科技孵化器有限公司

（一）孵化器概况

北京北航天汇科技孵化器有限公司（简称"北航天汇"）于 1999 年 4 月由北京市科委、北京航空航天大学共同创立，是全国首家公司化运作的专业型科技企业孵化器。北航科技园持股比例达 39.81%，为北航天汇第一大股东。

北航天汇总部园区位于海淀区世宁大厦，现有孵化场地 28 712 平方米，其中：公共服务面积 3800 平方米，在孵企业孵化面积 20 390 平方米，集中办公区开放工位 500 个。2019 年，在异地分别下设北航天汇（淄博）科创中心和北航天汇（厦门）科创中心。

北航天汇依托北京航空航天大学的学科优势，聚集电子信息、AI、VR/AR、智能制造及航空航天领域等创业群体，广泛整合创新资源，通过构建"众创空间+孵化器+加速器"全链条孵化体系和硬科技孵化服务平台，建立服务流程与标准，创建战略新兴产业源头企业专业化服务模式。

截至 2019 年年底，北航天汇在孵企业数达 227 家，其中国家高新技术企业 50 余家，科技型小微企业、中关村高新技术企业占比 70% 以上。成立以来累计孵化企业 1200 余家，在孵企业累计融资额 25 亿元，累计授信额 6.2 亿元。目前，从北航天汇已经走出了上百家国家新技术企业，其中包括智明星通等在内的 19 家知名高科技上市公司。

（二）孵化器的建设和发展情况

1. 组织结构

北航天汇设总经理办公室，下设招商服务部、项目服务部、活动部、金融投资部、财务部，协力开展专业化服务、投融资服务两大核心服务内容。

2. 人力资源

（1）高管团队

李军，北航天汇董事长，高级工程师。毕业于清华大学精密仪器专业，科技部专家组成员，国家大学科技园评审组组长，中国技术创业协会法人和副理事长，同时担任中关村大学科技园联盟秘书长、北京创业孵育协会副理事长、北京科技咨询业协会常务理事、中国留学人员创业园联盟副理事长。1999 年发起成立北京北航天汇科技孵化器有限公司，2000 年筹备并成立北航国家大学科技园，拥有 20 年大学科技园、孵化器管理运营经验，开创了"建管分离"的大学科技园建设的北航模式。先后荣获科技部实施火炬计划十五周年、二十周年"火炬计划先进个人"、教育部"国家级教学成果奖"；中国留学人员创业园建设二十五周年"突出贡献个人"；北京孵化三十周年"时代先锋人物"等荣誉称号。

杨迎平，北航天汇联合创始人，副研究员、资深创业导师。拥有近20年的科技企业孵化器从业经历，长期从事科技企业管理、科技成果转化、科技咨询与决策咨询等工作，建立北航孵化器孵化服务体系，投融资服务支撑体系；针对创业企业所处不同发展阶段，探索尝试不同孵化模式；建立孵化器种子资金，制定投资管理及风险监控制度，促进孵化、双创工作有效进展。入选科技部创新基金专家库、北京市科委科技评审专家库、中关村海淀园科技评审专家库，在项目筛选、辅导及政策性融资方面具有丰富的经验。

曹伟伟，北航天汇总经理、天使投资人。曾管理15亿元规模的创投种子基金，主导投资项目27个，参与项目投资近70个，投资领域涉及电子信息、智慧医疗、智能硬件、大消费等行业。担任多家孵化器、高校创业导师职位。中关村创业生态促进会理事，中关村全球创新创业教育基金会监事，北京创业投资协会理事单位成员，为团队进行创业期企业的投资、指导、咨询等。

（2）运营团队

北航天汇全职管理服务人员20人，与在孵企业数的比例达到5.8%，其中博士1人、硕士9人、海归3人，核心团队主要来自清华大学、北京航空航天大学、北京师范大学，以及加拿大多伦多大学、英国曼彻斯特大学等国际名校，团队专业背景交叉、理管互补、具有计算机、MBA、投资学等不同教育背景及从事过科研、创业、技术服务等不同经历。

3. 发展历程

自1999年成立以来，北航天汇孵化运营模式经历了多次迭代，包括依托高校资源的成果转化孵化器业务模式1.0阶段、以增值服务为主的生存之道2.0阶段，以及构建数字孵化+垂直领域产业链条的3.0阶段的探索。

北航天汇累积孵化企业超过1200家，毕业企业超过500家，年申报专利数超过360项，孵化成果卓著。目前，北航天汇已经布局硬科技种子企业100余家，并且还在以每年30%的速度递增，已经形成虚拟现实、人工智能、大数据等四大产业集群。

4. 盈利模式

（1）房租收入

北航天汇孵化器目前经营孵化场地包括北京、厦门、淄博等地。因孵化行业相关政策扶持，政府或园区会以较低价格、合作前3年免除租金、房租补贴等形式与北航天汇孵化器达成房租租赁协议。

（2）技术服务收入

针对企业需求，北航天汇帮助其对接相应的技术资源、金融资源、产业资源等，从而促成技术服务合同，具体费用根据合同产生效益额的5%～15%收取。

（3）科研服务收入

北京航空航天大学研发实验服务基地向园区企业开放，为科研院所、高校、企业提供委托测试、检验认证、产品研发、科技成果转化和推广等技术服务。目前，北航天汇已与北京航空航天大学各院系36个实验室展开了深度合作，与园区企业签订科研咨询服务协议，利用实验室科研成果降低初创企业研发成本，提高企业自主创新能力。

（4）咨询服务收入

北航天汇孵化器通过定期调研企业信息，帮助企业及时梳理相关政策并寻找契合资质，有效对接双创专业服务机构，帮助企业完成政府项目申报等工作，从而收取项目合同额的10%作为咨询服务费。同时，北航天汇孵化器根据未来发展策略开展金融服务，帮助初创企业融资，并收取融资额的3%～5%作为金融服务费用。

（5）投融资服务收入

北航天汇孵化器目前正筹备多只创业投资种子基金，在开展孵化服务的过程中选择有发展潜力的创业企业，分阶段投入种子资金，以持股孵化方式持有创业企业股权，在企业规模化后获得股权收益，包括股权转让收益、股权分红收益等。

（三）孵化器的核心竞争力

1. 特色服务

针对增值服务机构同质化严重、跨区域企业服务和管理困难、服务信息时效性差、供需信息不对称、产业通道缺乏资源导入等问题，2019年，北航天汇对"汇·创"专业服务平台体系进行升级，推出数字孵化概念，成功转型为"国家高新技术企业"。以自主研发的云端孵化平台——基于人工智能的SAAS"汇·创云"系统为基础，将中小微企业供需信息及企业成长数据汇总集合，通过孵化器传统业务集成多个专业化技术服务，衔接延展线下"汇创实验室""汇·创业""汇·创投"三级孵化体系，形成各链条之间的有效衔接。其中，"汇·创云"作为孵化器企业数据、标准、管理的库平台及信息化图谱的专业孵化工具，支撑线下咨询孵化业务的开展；"汇创实验室"模块以整合高校实验室成果资源、科技创新性资源、人才资源为主，挖掘硬科技种子项目；"汇·创业"服务平台为硬科技企业汇聚产业和市场资源，加速成果快速向产业转化及大中小企业的融通；"汇·创投"服务平台筛选优质企业进行持股孵化。

北航天汇作为率先开展数字化转型的高新技术企业，为初创企业开发轻量级架构上云解决方案，提供 ECS 云服务器、RDS 与 DMS 数据库管理、OSS 图片存储、云监控及信息安全等产品，解决小微企业搭建软件系统的问题和痛点。

2. 优势分析

（1）品牌优势

北航天汇孵化器是从 1999 年就成立的老牌孵化器，是开展各项业务的基础，也是企业选择、信任北航天汇孵化器的重要原因。

2000 年被北京市科委认定为首批高新技术产业孵化基地，2004 年被科技部认定为国家级孵化器。2006 年成为首批"北京市留学人员创业园"。2010 年科技部授牌大学生科技创业见习试点基地。2014 年被北京市人力资源和社会保障局认定为首批北京市创业孵化示范基地。2015 年被科技部认定为国家级科技创业孵化链条示范单位。2016 年，北航天汇成为 17 家首批国家专业化众创空间中的 2 所高校孵化器之一。自 2017 年起，北航天汇连续 3 年被科技部评为国家级 A 类孵化器（目前北京地区 A 类孵化器仅 6 家）。2019 年，瑞典咨询机构 UBI Global 联合全球 40 多个国家政府机构在卡塔尔举行"全球孵化峰会"，北航天汇荣获"全球公立孵化器 TOP 10"。

（2）区位优势

北航天汇位于中关村北四环学院桥北航世宁大厦，背靠中国著名学府北京航空航天大学（简称"北航"），园区企业能充分享受到北航带来的人才资源、实验室共享仪器资源、图书资源便利。同时，北航科技园写字楼商圈是中关村高科技企业聚集区，加上地铁乘坐方便、公交线路多等交通便捷因素带来了人才招募优势，地缘位置的品牌有着不小的背书影响力。此外，北航天汇所在的北航科技园是中关村海淀园的园中园，同时享受北京市、中关村、海淀园的各项政府政策，是绝佳的高新技术企业孵化培育高地。

（3）科研资源优势

北航天汇整合高校科技基础条件资源，建设跨学院、跨领域的实验室、仪器设备、科技成果和科技人才 4 类开放科技资源的在线综合查询平台，在孵企业依据自身需求在线查询北航的科技资源开放服务，实现以孵化器为桥梁的校内科技资源对校外的市场化服务。与国家虚拟现实重点实验室、国家资源工程服务中心等多家科研机构和实验室签订了战略合作协议，为公司拓展高科技成果转化项目。

（4）创业人才优势

北京航空航天大学是我国著名的高等学府，师生创业人才基础深厚。在大学生创业人才培养方面，近 3 年双创活动筛选 86 家在校大学生创业团队入驻，成立实体公司的转化率为 70%，其中 80% 以上曾在国家级创业大赛中获奖。

（5）科学家导师优势

通过与北航实验室建立深度合作，通过校企合作、成果转化论坛、概念验证中心项目推介等渠道，从高校年轻讲师、教授和研究员中积极聘请高校创业技术导师资源。通过举行"科技对话"、协办"北航高校成果转化项目路演""概念验证中心项目路演"等活动，加强与北航科学家创业导师、孵化企业与高校科学家导师的联系，逐渐营造产学研紧密合作的生态。高校科学家导师团队31人，主要由北航相关领域教授及研究员组成。

（6）产业资源优势

北航园区有19家上市公司，通过汇聚行业龙头企业资源助力在孵企业发展加速。开展与时代凌宇、智明星通、北控环保、阿里云、宝马公司等行业龙头企业深度合作，通过实验与检测资源共享、对接行业龙头企业生产加工、仪器检测等设备资源，协助双创企业链接大企业在行业细分领域的技术和市场渠道；以市场需求导向为核心，联合专业投资机构及行业专家，形成多形式、多层次大中小企业融通、协同创新成果交流与技术合作，为产业链上下游企业提供集群出口。

（7）国际渠道优势

北航天汇是首批北京留学人员创业园、中国留学人员创业园孵化基地，先后赴美国、加拿大、日本参加国际交流活动，参加教育部留服中心举办的春晖杯项目评审及对接交流活动，引进了周洪超、李远等创业人才，通过后续的挖掘、培育，孵化了"志翔科技""云狸科技""知存科技"等中关村瞪羚技术企业、中关村前沿技术企业。

3. 发展战略

北航天汇不断探索新时代创新创业理念，有效利用北航高校和合作科研院所的有利条件，着力发挥优质资源的集聚效应，同时搭建北航天汇独有的"汇·创"孵化公共服务平台，实现创新与创业相结合、线上与线下相结合、孵化与投资相结合。

（四）孵化器孵化的优秀企业

1. 北京东方瑞丰航空技术有限公司

北京航空航天大学"虚拟现实技术与系统国家重点实验室"研发的实时三维图形平台 BH-GRAPH、分布交互仿真运行支撑平台 BH-RTI 等成果获得国家科技进步奖一等奖和2项二等奖，基于成果研制成功我国首套军用飞行模拟器和民用飞行模拟器。近年来，为中航615所、中国科技馆、中国商飞北研中心、中国航空电子所、民航总局、适航认证中心等研制了系列仿真验证设备、研制了C919模拟机、完成737-800模拟机商业级认证。

为抓住我国航空工业高速发展的机遇，2014年由重点实验室技术团队和北航天汇共同设立北京东方瑞丰航空技术有限公司，采用"投资+孵化"模式，探索产学研一体化的人员管理与激励机制、孵化器与技术团队共同持股转化模式；协助获得北航3项核心技术发明专利独占实施许可；协助对接行业投资机构完成3000万元战略发展融资。

2. 航宇智造（北京）工程技术有限公司

企业以薄壁管材液压、热气成形等先进制造技术为依托，研发核心工艺及其装备和生产线集成。在智能化装备方面，完成了国内首条4000吨通用全自动砌成管材液压生产线；先后为用户开发了750吨、3000吨、5000吨等系列化国内首台（套）航空航天、汽车制造装备，成功开发大批量生产线项目；并承担工业和信息化部"高档数控机床与基础制造装备"科技重大专项。

北航天汇协助企业对接北航实验室资源，并与北航签订了专利转让合同、建立实验室与企业协同创新模式；协助企业编制商业计划书、提供政策性融资服务，组织企业申请政府专项资金；组织参加"创青春"大学生创业大赛创业实践挑战赛，全程辅导协助企业斩获金奖，于2017年获得上海鸿立股权投资有限公司等机构2000万元战略融资。2019年，该企业先后进入丰田、通用五菱等厂商的核心供应体系，签约合同额超过5000万元。

三、中关村软件园孵化服务有限公司

（一）孵化器概况

北京中关村软件园孵化服务有限公司（简称"软件园孵化器"）成立于2001年11月28日。孵化总面积达34 301.82平方米，其中软件园孵化器自有产权2栋楼，面积为23 011.82平方米，山西大同创新基地托管面积为11 290平方米。

软件园孵化器紧密围绕企业从种子、苗圃、孵化、加速不同生命周期发展阶段，针对双创的特点和需求，积极构建包括政策引导、产业集群、创新平台、科技金融、国际合作、产业服务和党群服务的七大生态要素，不断优化完善适宜企业创新创业的生态体系，得到了相关政府部门和业界的高度认可并获得多项荣誉称号。自成立以来，累计服务企业1013家，留创企业199家，出孵企业975家，孵化成功率达96%，培育上市企业12家。

（二）组织结构

软件园孵化器现有员工共14人，其中在职人员13人，返聘人员1人。组织架构：

董事长 1 人，总经理 1 人，副总经理 1 人，财务总监 1 人，员工 10 人。分设办公室、财务部、对外发展部、企划部 4 个部门。

14 名员工中，年龄最大的为 56 岁，最小的为 30 岁，平均年龄为 39 岁，从事孵化器工作平均工龄为 9 年。员工中 100% 具有本科及以上学历，50% 的员工接受过孵化行业的专业培训（附图 2-2）。

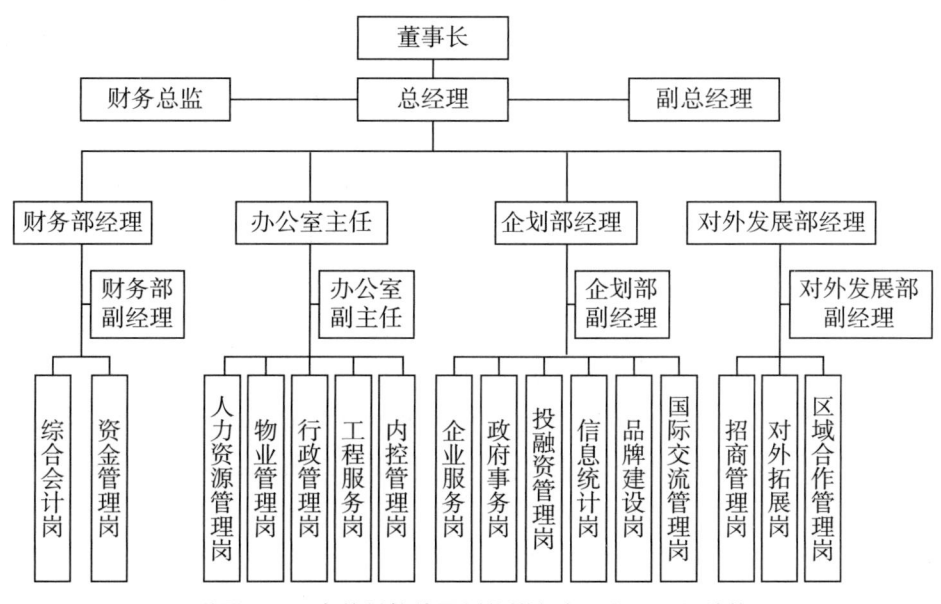

附图 2-2　中关村软件园孵化服务有限公司组织结构

（三）核心竞争力

1. 特色服务

建立一流服务标准，完善服务流程，梳理并总结出了"五个一"服务新架构，包括一个创新服务体系、一支创业导师团队、一组孵化服务流程、一套企业评估机制、一批优质服务机构，形成了标准化、流程化、网络化、品牌化的核心双创服务体系。

（1）创新服务体系

按照行业领域、项目源头、企业成长阶段 3 个维度，打造孵化服务体系，做精做实平台服务内容，逐步形成特色化服务产品，为管理输出打好基础。主要包括：软件人才服务平台、技术及产品推广平台、服务中介支撑平台、投融资服务平台、知识产权托管平台、国际交流合作平台。

① 软件人才服务平台。软件人才服务平台涉及 3 个方面：一是聚集高端人才。按

照重点产业领域产业聚集要求，制定相应引才政策，吸引海外人才及行业高端人才入驻并进行重点扶持。目前，已成功引进和培育"海聚工程""高聚工程"等高端人才70名。二是招聘软件人才。一方面引入了6家人才服务机构，保障入驻软件企业的人才管理、人才派遣、定制培养、开发、测试、猎头等各类服务需求；另一方面与达内教育集团合作，组织百家企业千名学生的大型人才双选会，每年组织3~4次，为企业提供约4000人次软件行业专业人才招聘机会。三是培训双创人才。第一，与院校合作建立高效人才供给渠道，为企业输送各层次多类型的专业人才。第二，与大学生创业园联合，从北京高校近千个大学生创业项目中，筛选出优秀创业项目入园进行孵化。第三，引入国际化创新理念，打造领先的双创培训体系，服务于合作院校和园区企业。

② 技术及产品推广平台。技术及产品推广平台包括两个方面：一是市场推广。2014年起建立技术融合推广平台，在产业细分领域尝试集群式孵化。在大健康领域，组织4家企业进行了技术融合，形成了多个技术产品，组团面向社区养老市场。目前，面向社区的科技助老聚合的技术和服务企业达到了40家，融合的技术产品达到40个，覆盖12个省市860个社区。在职业教育领域，瞄准智能制造技术和人才培养，在全国全面展开与院校、园区的合作。二是宣传活动。"创新之源"大会是软件园孵化器的品牌活动，主要功能是产品发布、投融资、品牌宣传、行业论坛。不仅有项目路演、行业论坛，同时现场设置项目展示区，邀请多家媒体对活动进行全程报道，为项目提供多维度宣传推广，增强了活动影响力。目前，已经成功举办九季，为优秀创业项目和资本打造了资源对接的平台。

③ 服务中介支撑平台。聚集了众多专业的中介服务机构，主要包括工商、税务、财务、法律、知识产权、信用征信、评估、投融资、上市辅导及政策咨询等，构建了从企业注册到企业注销全过程的专业中介服务，服务内容包括响应型服务和主动型服务，保障企业发展过程中的服务需要。

④ 投融资服务平台。为满足企业发展需要，软件园孵化器设立了500万元的孵化基金，向优质项目开展直接投资服务，先后投资了7家小微企业，并成功退出。软件园孵化器还拥有合作投资机构105家，合作基金12只，根据企业融资需求开展广泛的融资对接活动。近5年来，软件园孵化器内获得融资企业137家，融资规模近16亿元。

⑤ 知识产权托管平台。知识产权托管工程是北京市知识产权局为促进知识产权工作所打造的专用平台。软件园孵化器是北京市知识产权托管基地，其主要任务是促进企业知识产权创造、运用、管理和保护工作，基地在新入驻企业的知识产权"清零"、入驻企业的知识培训、制度建立、专利规划、知识产权申请和保护等方面做了大量工

作，企业的技术创新得到了促进和提升。

⑥ 国际交流合作平台。立足专业园区，面向全球视野，从全球资本对接、吸引海外人才、技术深入合作等出发点与其他国家及政府机构、国际创投平台和国际科技园营造创新合作模式。一是依托软件园联合中关村管委会、中关村发展集团与芬兰相关政府机构合作建立"中芬国际技术合作创新中心"，软件园孵化器参与其中，积极做好合作交流服务工作。支持园区企业"走出去"，对接外部市场，参与国际竞争。几年来，软件园孵化器与芬兰开展了合作交流活动，促成了双方企业的技术合作。二是园区与以色列孵化创业投资机构建立"中以国际合作技术创新转移中心"并设立中以创新基金，创新合作模式；软件园孵化器参与其中，积极做好项目企业落地服务工作。三是利用园区与北美、北欧、印度、以色列、日韩等16个国家和地区相关机构建立的业务联系，软件园孵化器做好海外人才的引入工作。四是园区与北欧、印度等10余个国际科技园及政府组织签订《战略合作协议》。利用这些资源，软件园孵化器畅通了引才渠道。

（2）创业导师团队

以企业需求为导向，强化创业导师服务制度落实，按照"一流导师、一流服务"标准，不断更新、扩充导师服务队伍，数量级地扩大企业、投资机构、专业人士、高校教师、科研院所技术人员等之间的互动。目前，创业导师团队31人，其中，天使投资人占23%、成功企业家占58%、高校老师占3%、科研院所技术人员占10%、其他人员占6%。

（3）孵化服务流程

服务阶段：贯穿"入驻—服务期—发展期—毕业"全过程。实施手段：组织导师评估、企业调查评估，组织企业培训、活动交流及资金服务和知识产权托管等。控制要素：办事时效、导师评估意见、企业参与度、融资效率、孵化周期。

（4）企业评估机制

建立了企业全程量化、标准化跟踪评价服务体系，包括企业入驻评估、发展状态评估、企业毕业评估、融资可行性评估。

（5）优质服务机构

专项服务机构，包括财税、法律、知识产权、征信等服务；人才服务机构，包括人员培训、人力资源管理咨询、外包、招聘等服务；投融资机构，涵盖种子期，天使轮，A、B、C等轮次的投资业务；平台合作机构，包括技术开发、创业服务、技术产品发布、知识产权托管等机构。

2. 优势分析

作为国家级众创空间，打造双创服务体系，建立创业咖啡厅、公共办公区等服务空间。开辟"创业服务驿站"和"创业学院"。在创业服务上，力求空间服务更灵活、基础服务更周到、高端服务更专业，制定了众创空间管理办法，采取了阶梯价格策略，对优质早期项目、留学生和高端人才项目给予政策支持；在资源上，抓住成果转化、创业孵化、产业聚集、园区服务、科技金融等关键环节，打通双创成长链，帮助优质项目获得更多的发展机会；在资本对接上，帮助资金需求企业连接专业天使投资机构、软件园区产业基金参与投资，创造发展的优越条件。

3. 发展战略

根据北京市十大高精尖产业发展指导意见、中关村国家自主创新示范区统筹发展规划等部署，结合中关村软件园产业资源优势及未来产业规划，软件园孵化器聚焦大信息产业，重点关注人工智能、大数据、5G 3个细分垂直领域，以孵化加速为核心，以投资孵化为手段，围绕种子期、初创期企业需求，构建全链条孵化服务体系，源源不断培育出一大批硬科技项目和高精尖企业，打造深耕大信息产业的升级版专业孵化器。立足现有空间载体，搭建硬科技孵化平台，升级孵化服务体系，强化产业投资，打造大信息产业孵化样板。形成有特色、能引领、可复制的孵化模式，扩大双创孵化服务空间，助力区域存量资产升级，延伸双创生态圈。

（四）孵化器孵化的优秀企业

1. 在孵企业：北京数字绿土科技有限公司

北京数字绿土科技有限公司（简称"数字绿土"），总部位于北京中关村软件园，是一家由留学人员创办的高新技术企业，在美国、深圳、武汉、苏州设立分公司，产品服务遍及全国并远销美国、澳大利亚、欧洲、日本、新加坡等多个国家和地区。数字绿土是世界知名激光雷达厂商Velodyne的全球战略伙伴，由朗玛峰创投、北极光、顺丰、启赋资本、国科投资等知名机构投资，累计融资额超过2亿元。

数字绿土专注激光雷达与影像融合技术，精于激光雷达、无人机、SLAM、摄影测量等技术实现三维空间实景的准确感知。自主研发了LiAir（无人机激光雷达扫描系统）、LiBackpack（背包激光雷达扫描系统）、LiEagle（机载激光雷达扫描系统）、LiMobile（车载激光雷达扫描系统）等多平台化的高精度三维信息采集设备，兼顾通用平台和行业扩展的点云数据处理分析软件LiDAR360、航空摄影测量软件LiMapper，为电力巡线、林业调查、地形测绘、勘灾应急、无人驾驶高精地图构建等领域提供核心技术解决方案。

2017年，数字绿土获批北京市发展改革委创新能力建设项目"轻巧型高精度激光雷达三维探测技术北京市工程实验室"，承担大量基础性、创新性、前瞻性和工程化课题及产品研究；同时跻身国家地理信息产业协会最具活力中小企业与高成长企业

TOP 50 名单前十，并且以 5078.76% 的近 3 年营业收入累计增长率荣登高成长企业 TOP 50 榜单榜眼。2019 年，数字绿土被中关村自主创新示范区评为中关村前沿技术企业。

2. 毕业企业：北京百家互联科技有限公司

2014 年 6 月，在软件园孵化器，新东方前执行总裁陈向东带领创建了 B2C 在线教育机构"跟谁学"，正式开始创业历程。团队成员主要由来自新东方等著名教育培训机构及百度、阿里、腾讯等互联网公司的精英组成。

"跟谁学"作为一家技术驱动型的教育科技公司，秉承"科技让教育更美好"的使命，坚持"培养兴趣，点燃习惯，塑造人格"的教育理念，通过"直播＋辅导"的在线直播双师模式，课程覆盖了小学、初中和高中全科，同时提供语言培训和职业资格类培训，使学生随时随地享受优质的教育资源，展现了"跟谁学"在线直播双师模式的质量更好、效率更高和价格更低的优势。

2014 年 6 月 16 日，"跟谁学"正式入驻软件园孵化器，同时，软件园孵化器引入的金融服务机构启赋资本作为天使投资入资"跟谁学"；9 月 22 日，"跟谁学"PC 测试版上线；10 月 22 日，"跟谁学"App（安卓版）上线；11 月 5 日，"跟谁学"App（IOS 版）上线；12 月 22 日，"跟谁学"PC 版正式上线。

2015 年 3 月 30 日，启赋资本联合其他投资商再次入资"跟谁学"。"跟谁学"宣布 A 轮融资 5000 万美元，同时宣布"跟谁学"App 2.0 上线。此次融资刷新了中国创业公司 A 轮融资纪录。《人民日报》、央视《经济半小时》、央视《对话》、北京卫视等主流媒体多次报道陈向东和他的"跟谁学"，2015 年 11 月，"跟谁学"获福布斯发布的"福布斯 2015 中国成长最快科技公司"称号。

2015 年 11 月，为适应快速发展需要，"跟谁学"在软件园孵化器的帮助下，搬入中关村软件园二期更大的发展空间。"跟谁学"仅用 1 年零 5 个月的时间成功毕业出孵，创造了软件园孵化器新的历史纪录。

2015 年 11 月 5 日，"跟谁学"App 3.0 上线；12 月 19 日，"跟谁学"商学院成立。2016 年 3 月 16 日，完成第一次万人直播课；3 月 31 日，发布新产品天校和百加宝；9 月，金囿学堂上线；10 月，百家云正式上线。2018 年 3 月，微师上线；5 月，"跟谁学"商学院正式更名成蹊商学院。

2019 年 6 月 6 日，"跟谁学"成功登陆美国纽约证券交易所，成为中国第一家在美国上市的 K12 在线教育公司，也是中国 K12 在线教育公司中唯一一家规模化盈利的企业。2020 年 6 月 30 日，"跟谁学"市值超过 1000 亿元，是目前中国唯一市值突破千亿元的在线教育企业，成为在线教育的引领者。

目前，数字绿土旗下产品有跟谁学、高途课堂、金囿学堂、小早启蒙、微师等。

"跟谁学"现有员工16 000人,以北京总部作为内容和技术研发中心、管理中心,同时在全国多座城市建立运营中心协同发展,包括郑州、武汉、西安、济南、太原、杭州、天津、合肥、南京等。"跟谁学"正在加快发展的步伐,通过科技促进教育升级,努力推进教育事业的发展。

四、北京中关村国际孵化器有限公司

(一)孵化器概况

北京中关村国际孵化器有限公司(简称"中关村国际孵化器")成立于2000年12月,位于上地信息产业基地核心区,现有2.16万平方米孵化场地。

中关村国际孵化器以国家"双创"战略为指导,勇于创新、积极转型,现在已经形成了良好的创业环境和创新的经营机制及有效的运营模式。在实现支持科技创新和服务留学人员创业等社会效益的同时,也实现了国有资产保值增值的经济效益,为孵化器的发展探索出了一条有特色的新路。中关村国际孵化器正致力于成为一家具有影响力的科技型国际化初创企业的孵化服务提供商。

目前,中关村国际孵化器共有在孵企业224家,主要为初创企业。当前在孵留学背景企业达30%,较好地体现了国际创业孵化的特色和成效。从业人数约3000人,企业产值约15亿元,利润9000万元。累计孵化科技类企业900余家,其中有700多位留学人员(40.2%为博士、52.5%为硕士),是全国留创人员数量最多、留创企业最集中的孵化园之一。累计已有1家企业在纳斯达克上市、12家企业在"新三板"挂牌,20人入选北京市"海聚工程"、5人入选中关村"高聚工程"、33人获得开办费。36人荣获"中关村优秀创业留学人员"称号。国家高新技术企业47家;中关村高新技术企业78家。累计金种子企业29家。在园瞪羚企业30家,在孵企业和毕业企业营业收入过千万的52家,获得国家高新技术企业51家,获得天使或风险投资企业16家,独角兽企业1家。

(二)孵化器的建设和发展情况

1. 组织结构

中关村国际孵化器有多元的产权结构,公司法人治理结构完善,股东会、董事会、监事会、经理层的权利义务明确,有比较完善的现代管理制度,是具有现代法人治理结构的新型国有企业。

企业服务部:主要负责项目引进、企业入驻、房屋统筹、毕业或离园、项目投

资、股权监管、项目融资、项目推介、拓展公司经营发展、战略合作、宣传工作及门户网站、技术服务平台的管理及维护、房租合同的签订及收入核算、企业档案管理等工作。同时为创业者提供相关政策及管理办法的咨询服务、落实政府对孵化园、在园企业的各种专项支持政策、协调各类中介机构、建立中介服务体系；组织并开展企业家沙龙活动、搭建技术服务平台；协助政府部门开展企业调研工作；定期走访企业，了解企业需求，帮助企业解决问题。

经营发展部：负责引进外籍创业者（团队）或海外优秀项目入园并提供服务；开展国际化品牌活动，挖掘"中关村国际孵化"品牌价值及拓展新资源等工作。

办公室：负责公司内部管理工作、人力资源、风险管理及信息化建设工作、为企业提供会议室使用服务及日常接待等工作，并为企业提供劳动用工政策咨询。

财务部：负责收缴企业房租等各项费用；对将要离园的企业进行各项费用核算；审核参股企业财务状况；为企业提供财务代理服务及建立和完善预决算管理体系，定期分析经营指标执行情况；参与制定有关经济合同范本，对所有经济合同的签订与支付进行审核。

行政管理部：全面负责楼宇物业及安全生产管理工作；负责企业货物进出的验收；根据企业要求，对办公区域进行改造和验收；负责昊海食堂的日常管理及公司固定资产、设施设备（包括电子设备）的管理、维护保养（附图2-3）。

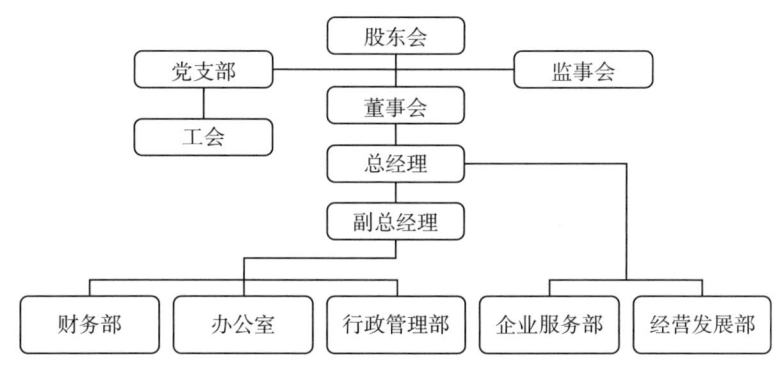

附图2-3 中关村国际孵化器组织结构

2. 人力资源

孵化服务团队16人，其中硕士2人，本科8人，大专6人。其中高级管理人员2人，占比为12.5%。中高层次专业化人才14人，占比为87.5%。

总经理张征，空军工程大学管理科学与工程专业硕士研究生，曾任空军丰台综合仓库工程师，空军后勤部司令部参谋，中关村管委会规划建设处主任科员，北京中关村软件园孵化服务有限公司副总经理。

副总经理樊敬愚，北京物资学院物资经济专业大学本科，初级经济师，曾任北京市汽车经营公司办公室统计、考核主管，北京鹏润房地产开发有限公司人事部招聘、培训主管，北京中关村国际孵化器有限公司总经理助理、办公室主任。

3. 发展历程

中关村国际孵化器成立于2000年，历经4个主要发展阶段：2000年12月至2013年12月，由中关村管委会主导，承担为海外留学人才归国创业提供服务的任务；2014年1月至2017年6月，由中关村管委会转入集团代管阶段；2017年7月至2019年9月，正式纳入集团转型升级；2019年9月起，纳入软件园管理体系，实现管理重组。

（三）孵化器的核心竞争力

1. 综合创业孵化服务

（1）基础服务

基础服务中心包括创空间、创服务两部分内容。创空间主要为空间载体服务，优化存量空间布局，满足创业者不同发展阶段空间需求。创空间具体服务包括入驻、续约、迁址、装修、申请监控、网络租用、车位租赁、会议室预订等。创服务持续汇集众多专业中介服务机构，保障企业运营基本服务需求。创服务包括周边酒店/餐饮、补充保险、工商注册、财税记账等。

（2）4S增值服务

4S增值服务包括创享（share）、创学（study）、创秀（show）、创融（synergy）4个主题，旨在通过加强产业组织能力，提升产业服务水平，汇聚、优化、整合资源与创新要素，促进园区企业创新发展。创享包括融资咨询、财务咨询、法务咨询、政策咨询、营销咨询、知识产权咨询、导师辅导和文化娱乐、运动休闲等；创学包括小型沙龙培训和大型讲座；创秀包括创业者路演展示、主题峰会、私董会等；创融包括区域协同、资本整合服务和国际合作接洽。

（3）"自有+协同"服务

中关村国际孵化器基于自身资源禀赋和能力，开展产业调查研究、持续优化"创翼+"生态服务体系、深化科技服务、完善孵化产业链、深度参与基金设立，体现了自身的服务特色。同时，加强与集团跨板块业务、本区域周边创业孵化平台间的协同，扩大服务的范围和能力，助力企业创新发展。

（4）国际特色服务

推进国际创新要素对接，提升国际化聚集效应。一是积极争取国际化政策；二是利用海外高校资源开展国内创业者培训业务，发挥海内外资源优势，探索国内市场化网络布局，开展园区企业海外市场推广和资源对接等国际化活动；三是搭建国际化信息发布平台，为园区引入国际创业人才和国际项目落地提供服务。

吸引高层次海外人才回国创业。中关村国际孵化器汇聚了众多入选北京市海聚工程的高层次海归人才，他们创办的公司已成为不可小视的创业主力和创业榜样。同时开展外籍创业人才的引进，落地国际领先的优秀项目，做好承接"中关村科技技术转移中心"工作，做好前期空间提升方案和国际化服务优化等相关工作。

积极对接海外创业孵化机构。与加拿大滑铁卢大学、俄罗斯创新与技术经纪人协会、马来西亚创世纪孵化器、创业印度（Startup India）等海外机构围绕技术转移、项目引进、人才交流、创业培训、项目投资等方面开展合作。

全力支持海外联络处的工作。发挥驻外联络处母公司的优势，加强工作对接，梳理并对接国内外企业的实际需求，推动国际交流合作。对暂时出现运营困难的海外联络处给予支持，帮助海外联络处渡过难关。

开展和参加有影响力的国际活动，聚集海外项目。2019年共举办三期大型海外项目路演和四期海外项目微路演，集中推介了来自俄罗斯、美国、加拿大、意大利、斯洛文尼亚、印度等国家的科技项目26个，推动资本与企业的对接与合作，为促进海外科技项目在中关村落地创造机会。参加海外学人中心活动，扩大园区影响力。

2. 优势分析

（1）"创翼+"生态服务体系

中关村国际孵化器根据在孵企业不同阶段的特点和需求，搭建了涵盖基础服务、4S增值服务和国际特色服务三级响应四大主题的8个系列品牌服务体系，即"创翼+"生态服务体系。通过加强自有服务和组织第三方专业服务机构提供协同服务，增强整体创业孵化服务能力和水平，为企业成长发展壮大提供有力支撑。

（2）全链条孵化

中关村国际孵化器全面开展"众创空间—孵化器—加速器"链条建设和服务工作，为企业提供孵育空间、集中办公、未来之星、孵化空间、加速空间多类型的创业空间，提供覆盖从种子苗圃、创业团队、小微企业，到成熟企业的全流程服务。众创空间现有1000平方米，虚拟企业30家，在孵企业47家；孵化器现有9500平方米，56家在孵企业；加速器现有7500平方米，43家在孵企业。

（3）资源链接能力

中关村国际孵化器现与32家知识产权机构、开放实验室、检测认证机构、科技条件平台、工业设计企业、创业媒体、猎头机构等专业第三方服务机构开展常态化合作，整合更多资源，聚集更多要素，为在孵企业提供高效、优质服务。同时建立了多层次创业导师队伍，聘请行业专家、成功企业家、投资专家，改善辅导方式、提高辅导效果。目前已有投资行业专家等创业导师30人，采取"一对一"和"一对多"的方式辅导企业 120 家。

（4）区域协同发展能力

积极寻找市内及外埠可合作资源，利用中关村品牌优势和自身孵化经验，拓展孵化空间和扩大运营规模。与北京、天津、成都、涿州、宁波等地的一些机构建立合作联系，其中与涿州京南开发区达成战略合作意向；与涿州新兴产业示范区签订了共建"中关村国际孵化园涿州科技产业园"合作协议，共同打造科技创新合作基地和科技成果转化基地；与江苏常州开展合作，帮助园内 3 家企业落地实现产业发展。

3. 发展战略

坚持"轻资产、强服务，活机制"原则，聚焦大信息与大健康产业，不断提高自身科技创新支撑能力，建立"空间＋投资＋服务"的创新运营模式，通过与双创主体建立强关系促进中关村国际孵化器从做地做房的"瓦片经济"向与双创主体共成长的"新经济"转型。同时发挥中关村国际孵化器的国际化资源优势，为中关村发展集团"以产业链为龙头，做强服务链、技术链，延伸园区链，拓展资本链"的"五链"融合集成服务能力提升策略提供国际化支撑。总体目标是到 2025 年，以集团"打造国际一流的创新生态集成服务商"的战略目标为引领，通过完成提升创业孵化能级、加强国际化网络建设、增强自身持续发展能力三类重点任务，打造世界一流的国际创新创业生态系统。

（四）孵化器孵化的优秀企业

1. 在孵企业：北京中元百宜科技有限责任公司

2018 年 7 月 6 日，由留学新加坡南洋理工大学的李振国博士创办的北京中元百宜科技有限责任公司注册成立，主要从事物联网解决方案和工业视觉检测及其相关软硬件产品的研究、开发、生产和销售。自成立以来，该公司已为多家企业和科研机构提供了成功的物联网解决方案，包括远程智能粮情测控系统、互联网加应急污水处理测控系统、远程污染源在线自动监控（监测）系统等多个物联网远传监测系统。在工业视觉检测方面，该公司自主研发的多种检测算法和检测系统，已经应用于多家不同行业制造业公司的布匹和工业金属件瑕疵检测、工件尺寸与涡轮压缩机截面的测量和检测、PCB 板在线检测等多个制造业企业项目，以及蓝藻计数和种类识别、液体蚊卵的识别等多个科研项目。2018 年 12 月，该公司参加并获得北京海外学人中心的第二十六批（2018 年第三批）留学人员创办企业开办费。2019 年 5 月 28 日成为北京股权交易中心挂牌企业（孵化版）。2019—2020 年，连续两年入选科技型中小企业。其被评为中关村高新技术企业。

2.毕业企业：北京思比科微电子技术股份有限公司

北京思比科微电子技术股份有限公司是由归国留学人员 2004 年在中关村科技园创办的专门从事 CMOS 图像传感器和多媒体处理器芯片设计、生产及销售的国家级高新技术企业，注册资金 5250 万元，2009 年改制为股份制企业，2015 年 8 月在"新三板"挂牌上市。该公司的核心技术为具有自主知识产权的"超级像素信号处理技术（SuperPix®）"和"超级图像处理技术（SuperImage®）"。围绕这些核心技术，该公司申请并授权了上百项专利，初步建立了自己的专利保护体系。公司成功研制了 8 万像素到 500 万像素多款国内领先的高性能图像传感器和图像处理芯片，打破了中国市场被国外公司垄断的局面，累计销售额超过了 20 亿元。被科技部、北京市等部门评为"中关村知识产权重点示范企业""百家创新型试点企业""中关村百家最具影响力信用企业"，承担了工业和信息化部"02 重大专项"和科技部"863"等国家级科研项目。2012 年通过了 ISO 9001 质量体系认证，现已发展成为一家国内外著名的 CMOS 图像传感器芯片供应商。公司在深圳和上海均设立了办事处，在太仓和天津分别设立了太仓思比科微电子技术有限公司和天津安泰微电子技术有限公司两个关联子公司。截至 2021 年 9 月末，公司人员有 190 人，集团总人员有 370 人。

五、望京留创园

（一）孵化器概况

望京科技园始建于 1999 年，位于北京市城区东北部的中关村朝阳园西区，坐标为望京国际人才社区，总建筑面积 10 万平方米，综合孵化面积 3.2 万平方米。2001 年以园区为中心的 3 平方千米正式加入中关村示范区，进一步扩大园区对北京市创新创业的影响力。2002 年，经人力资源社会保障部批复与北京市政府共建成为首批省部共建留创园——中国北京（望京）留学人员创业园（简称"望京留创园"）。2003 年为扶持留学人员创业，朝阳区政府出台《关于中国北京（望京）留学人员创业园的扶持办法》，设立"望京留创园留学人员创业专项扶持资金"，每年出资 1000 万元，支持园区长远发展。2018 年园区打造望京科技·易蓝空间，建成"前置孵化（众创空间）—常规孵化（孵化器）—加速孵化（加速器）—产业园区"的生态系统，形成区域多维度一体化的产业孵化格局。

多年来，望京留创园逐步形成了以新能源、新技术、新生命科学为发展业态的"三新"产业创业企业、总部企业聚集区，是集科研、办公为一体的智能化、多功能的高新技术企业孵化基地和留学人员回国创业基地，是培育扶植高新技术企业发展的创业园区，是促进科技成果商业化、产业化和国际化的专业服务机构。

望京留创园总建筑面积10万平方米，综合孵化面积3.2万平方米，孵化面积构成为望京留创园E座、F座、G座、望京创业发展园（加速器），其中E座、F座、G座为自有资产，望京创业发展园（加速器）为承租楼宇。

目前，望京留创园累计孵化企业800余家，其中包括跨国集团总部企业20余家，留学生企业600余家；累计毕业企业500余家；累计孵化高新技术企业600余家；累计孵化上市企业13家，其中科创板企业1家；累计吸引海创人才1600余人；累计为入驻企业申请财政资助8000余万元；累计完成产值30亿元，带动就业10 000余人。目前，望京留创园在园企业110家，在孵企业73家。园区累计吸引和培育海外高层次人才205人，其他省市级人才33人，各类高端人才共计238人，目前在园60人。

（二）孵化器的建设和发展情况

1. 组织结构

北京望京科技孵化服务有限公司（简称"孵化公司"）是望京留创园整体工作的运营主体。孵化公司共设置招商发展部、孵化服务部、投融资战略部、财务部和综合办公室5个部门。

招商发展部：负责园区招商引资、企业资格评定（入驻、毕业）、企业落地服务、技术/项目/产品合作对接等工作。

孵化服务部：负责入孵企业数据统计、政府部门对接、政策项目申报、品牌宣传推广、会务活动接待等工作。

投融资战略部：负责公司投融资项目整体工作、搭建园区企业投融资平台、协调园区与投资机构及金融机构间合作等工作。

财务部：负责财务预决算、财务核算、会计监督、财务管理等工作。

综合办公室：负责人事档案管理、文件起草备案、会议议题记录、固定资产管理等工作。

2. 人力资源

北京望京科技孵化服务有限公司是北京望京新兴产业区综合开发有限公司的全资子公司。孵化公司现有在职人员12人，从事孵化服务的专职人员10人，其中9名人员已取得创新创业导师资格证书。总经理张一女士自2009年从事留学人员创新创业孵化服务工作至今，积攒了10余年的丰富从业经验。

（三）孵化器的核心竞争力

1. 特色服务

望京留创园在各级政府的支持下，逐步建立起集合一支专项资金，搭建两个平台，突出三项服务的留学人员回国创业特色支撑服务体系。专项资金即《中国北京（望京）留学人员创业园专项扶持资金》，每年1000万元；两个平台即望京留创园海外招商引才联络站平台及留学人员沟通交流平台；三项服务即科技中介、科技人才及科技赋能服务，具体包括以下服务。

（1）项目诊断服务

搭建项目诊断服务平台，建立完善的"联络员+辅导员+创业导师"的孵化体系，通过企业入驻—毕业—续签—创业投资的评审诊断模式，为企业提供咨询诊断服务，对企业的经营战略、组织架构、企业文化、管理信息化、企业内控等内容进行评审，筛选优秀项目予以扶持，对发展中存在问题的企业予以诊断辅导。

（2）望京科技·腾飞企业赋能计划

园区邀请国内外知名企业负责人、行业专家及投资人作为创业导师全程陪伴入孵团队创业过程，全程提供个性化精准辅导，通过一系列方法论引导入孵团队对其创业项目、商业模式等进行不断的打磨和迭代，帮助企业解决实际创业过程中的难题，提高创业成功率。

（3）培训服务

针对留学归国人员对国内相关政策不了解这一实际情况，由园区主导，定期举办热点政策、项目申报、知识产权、工商、财税等专题培训；为创业者打造"腾飞研习社"的社交平台，针对创业者提供辅导咨询、团队建设、投融资辅导等链式服务，搭建创业者之间、创业者与园区、投融资机构之间多维度对接平台，提高创业者发现问题、分析问题和解决问题的能力，达到企业与个人同步发展的双重目标；举办高品质留创活动，如园区思享会、企业家联谊会、主题日、同领域闭门会等，促进企业之间的集体学习、经验交流和社会互动，为园区企业创造良好的交流环境。

（4）投融资服务

园区与多家银行支行、担保公司和风险投资机构开展战略合作，为入园企业提供融资服务。联合投资机制，覆盖了企业从初创期到发展期的资金需求，帮助企业实现科技成果成功转化，走向市场；与创业投资机构深度合作，通过邀请创业投资机构代表担任活动评委、嘉宾，园区定期组织"八分钟约会""三三会"等投融资对接活动，加强园区企业与投资人的沟通交流，促成优质项目快速对接资本，获得成长资金。

（5）中介服务

在继续推行"创业咨询+公司设立+入驻园区+孵化成长"一站式创业咨询服务的基础上，园区推出"中介超市"，为创业者提供知识产权、法务、工商、财税、政策驻场服务，免费为企业提供面对面的业务咨询服务，更快、更好地为企业解决相关问题；全面开通"孵化服务创新券"服务，鼓励园区企业和创业团队充分利用园区认定的中介服务机构的资源开展政策服务和科技创新。

（6）技术服务

搭建三专领域孵化平台，提供"三新"产业领域相关的技术服务，加强与大学和科研院所等创新源头的合作，建立测试、检测等公共实验室。利用园区周边跨国企业资源，加强合作，为园区在孵企业提供垂直孵化服务。对接生产力促进中心、技术转移中心等其他科技服务机构，形成与技术转移、创业服务、市场拓展和投融资等服务机构合作的互利共赢模式。

（7）智能服务

建立望京留创园智慧园区综合运营管理平台，打造服务中心、孵化管理、企业档案、产业分析四大功能板块，解决园区管理中企业信息缺失、滞后等问题，为实现数字化、信息化、标准化、现代化运营管理奠定基础；开通"企业盒子"微信小程序大数据分析决策管理系统，搭建孵化服务创新券兑换平台，进一步完善园区企业服务体系，实现园区智能化管理；打造"政策通"智能政策解读板块，做到让企业快速精准了解到符合自己目前实际情况的政策；打造AI赋能加速平台，帮助园区企业更好地展示公司形象及公司产品，并将所有展区构筑在同一平台，形成联动的生态链；推出智能语音服务助手，帮助来访者了解园区的信息。

（8）宣传服务

利用园区官微、官网、抖音等官方宣传平台强化品牌效应，用覆盖广泛的网络手段宣传园区政策、园区服务及园区企业情况，拓宽招商途径，提高望京留创园的品牌认可度。每年无偿为园区3家明星企业拍摄宣传片，通过不同形式的媒体宣传，提升入孵企业的影响力。

2. 优势分析

（1）区位优势

望京留创园位于北京市城区东北部中关村朝阳园西区，坐标为望京国际人才社区，周边汇聚世界500强企业、跨国总部企业，紧邻国际研发园、文化创意园。园区东邻机场高速、京顺路、京密路，北邻五环路，西邻京承高速，周边连通30多条公交线路，地铁14号线、15号线贯穿中关村朝阳园西区及北扩区域。周边汇集五星级昆泰酒店、家乐福、沃尔玛、望京小街、六佰本商业一条街等，紧邻多家医院、学校和住宅区，满足了创业者居住、生活、交通、商务、医疗等综合需求，是一个集居住、文化、教育、科研、高新技术产业为一体的新兴综合高科技园区。

（2）品牌优势

2002年，望京留创园经人力资源社会保障部批复与北京市政府共建成为首批省部共建留创园，是朝阳区迄今为止唯一一家省部共建留创园，先后被科技部火炬中心认定为国家级科技企业孵化器；被北京市科委认定为首批高新技术企业孵化基地；被北京市经信委授予北京市小型微型企业创新示范基地；被中国留学人员创业园联盟授予第一批中国留学人员创业园区孵化基地；被中关村国家自主创新示范区授予苗圃计划合作单位；被中关村人才特区建设促进中心授予中关村人才代办工作站；被中关村管委会和北京市政府侨办授予第一批中关村侨创园；被北京市知识产权局认定为北京市中小企业聚集发展示范区等。

（3）研发优势

2015年，利用北美联络站资源园区与哈佛大学医学院诺贝尔奖得主杰克·威廉·绍斯塔克教授合作共建"中国北京（望京）留学人员创业园—诺贝尔科技交流合作平台"，并由教授对接开始了与麻省总医院（MGH）、麻省总医院医学研究院的各方面交流与合作。园区建立与海外知名学府的沟通渠道，成功举办了"生命科学与产业发展"高峰论坛、"生命科学高端学术峰会"系列活动等，扩大园区全球影响力，与国际级人才形成高端互通交流。与美国麻省总医院（MGH）签订战略合作备忘录，成为国内第一个与MGH签署合作备忘录（MOU）的留创园。望京留创园是麻省总医院科学研究院联盟成员机构，是国内首家进入美国麻省总院科学研究院联盟成员机构的留创园。

（4）产业资源优势

望京留创园以新能源、新技术、新生命科学为产业定位，近千家中小企业、上百家跨国企业研发中心聚集在园区周边，园区定期组织施耐德、爱立信、默沙东、戴姆勒奔驰、安捷伦、美团网等世界500强企业、跨国总部企业和孵化企业举办科技成果转化对接活动，促进初创企业与总部企业的合作交流，链接上下游产业形成产业集聚效应，大企业赋能中小企业，实现园区内部垂直孵化。通过产业需求的有效对接，区域资源的高效利用，促进大企业与在孵企业之间的协同发展与合作共赢，逐步实现园区区域纵向一体化发展，推动产业链发展实现新的跨越。

（四）孵化器孵化的优秀企业

1. 在孵企业：杉数科技（北京）有限公司

杉数科技（北京）有限公司（简称"杉树科技"）由4位斯坦福教授及博士联合创立，

总部位于北京市，并在上海设有子公司。依托世界领先的优化算法和复杂决策模型的求解能力，为企业在海量数据环境下的复杂问题提供解决方案，利用数据为企业带来收益及成本端的显著变化。

杉数科技在成立第二个月就获得了来自真格基金和北极光创投的天使轮融资，成立仅一年后，又获得4000万元A轮融资，目前已完成B轮融资。依托自主研发的杉数智慧链平台，杉数科技可提供收益管理、库存优化、仓储优化、运输优化、网络优化与选址、生产排程等一系列行业性决策解决方案。合作方包括小米、顺丰、京东、德邦、中外运、滴滴、永辉、中国商飞、百威英博、嘉士伯、欣和、拜耳、蜀海、好丽友、六国化工等多家行业巨头企业。此外，国内首个由华人开发的商用数学规划求解器 Cardinal Solver 已经搭建完成，杉数科技基于 Cardinal Solver 继续对成熟的技术方案进行模块化与工程化，实现杉数智慧链的大规模商用。

孵化服务：杉数科技自入园以来，结合企业入园评审分析报告，园区提供政策咨询、项目申报、投融资对接、人才落户、实习生补贴、企业宣传片拍摄等系列服务，从多方面助力企业发展，扩大企业品牌影响力。

2. 毕业企业：北京释码大华科技有限公司

北京释码大华科技有限公司是一家拥有虹膜识别核心技术和完全自主知识产权的高科技公司。该公司的虹膜解决方案覆盖安防、公安、刑侦、反恐、社保、金融、教育、医疗等多个行业，目前该公司业务已覆盖多个省，以市和省为单位建立虹膜大数据库，为政府、机构、企业及个人提供专业化、个性化的整体解决方案，并为广大客户提供国际领先的算法级、芯片级的技术支持和开发服务。

该公司算法已达到识别速度小于1秒，识别距离达到6米的国际领先水平。截至2018年，已拥有国内外专利和自主知识产权200余项，同时完成手机自拍摄像头和虹膜摄像头"二合一"的重大技术突破，实现了虹膜硬件的零成本，获得了国际PCT发明专利群。该公司在2016年参与建设印度国家12亿人口的虹膜数据库，这也是目前全球最大的虹膜数据库。在长达一年的大规模算法性能测试和评比中，该公司的虹膜识别算法以99.93%的正确识别率在全球8家参与竞争的虹膜技术公司中排名第一并脱颖而出，成功拿到印度政府的STQC准入牌照。同时被新闻联播报道。

孵化服务：北京释码大华科技有限公司自入园以来，结合企业自身特性，园区提供创业辅导、资源对接、政策申报、知识产权申请、科技产品展示等精准服务，赋能企业高速成长。

六、中航联创科技有限公司

（一）基本情况

中航联创科技有限公司（简称"中航联创"）成立于 2014 年，是中国航空工业集团有限公司（简称"航空工业"）为响应和落实国家创新驱动、军民融合发展战略、"大众创业、万众创新"、"互联网 +"行动计划等一系列顶层战略部署，面向全社会打造的科技创新服务平台，是航空工业国家双创示范基地和军民融合国家专业化众创空间的主要建设载体。

中国航空工业集团有限公司是由中央管理的国有特大型企业，下辖 100 余家成员单位、28 家上市公司，是首家进入世界 500 强的中国军工企业。该公司设有航空武器装备、军用运输类飞机、直升机、机载系统与汽车零部件、通用航空、航空研究、飞行试验、航空供应链与军贸、资产管理、金融等产业。目前已形成专业门类齐全，科研、试验、生产相配套，具备研制生产当代先进航空装备能力的高科技工业体系，极大地推进了国防现代化建设进程，为国民经济发展和科技进步做出了重要贡献。

中航联创总部设于北京，在上海、深圳、成都、中山、苏州等 10 余个城市设有分公司，拥有中航爱创客线上平台，10 万余平方米产业孵化空间，以及专注早期创新创业项目的投资基金。依托航空工业先进设计、研发、技术、制造、供应链等产业资源优势，面向智能制造、无人机、高端装备、电子信息、物联网、机器人、虚拟现实、人工智能、医疗健康、新材料等军民融合新兴产业领域，通过线上线下相结合的方式，为初创团队及中小型科技企业提供技术、人才、资金、供应链、市场需求、政府政策等全产业链资源要素及全方位孵化服务，赋能创新创业项目/中小型企业高质量高速发展。

（二）发展历程

2014 年 9 月，中航联创科技有限公司正式成立。

2015 年 3 月，中航联创平台——爱创客正式发布运行。

2016 年 11 月，中航爱创客当选"互联网 + 创新创业"典型实践十强；12 月，上海、深圳、成都、中山、东莞、无锡、哈尔滨、洛阳、青岛、烟台等创新中心成立。

2017 年 4 月，入选北京市众创空间；5 月，李克强总理为航空工业"双创"工作点赞，并入选发展改革委双创示范基地重大项目专项；6 月，航空工业入选第二批国家双创示范基地，中航联创为建设主体；8 月，获 2017 年中国两化融合突出贡献"人气平台奖"；9月，中航联创入围北京国资委十家大企业带动小微企业创新创业工作计划；10月，入选发展改革委《2016年中国大众创业万众创新发展报告》典型案例；12月，入选科技部国家备案众创空间和科技部航空工业军民融合国家专业化众创空间。

2018年1月，中航联创创业投资发展有限公司成立；2月，入选北京市中小企业公共服务示范平台；12月，股权多元化改革，成功引入外部投资人。

（三）主要服务

1. 园区企业服务

中航联创基于10万+空间载体面积，打造行业垂直生态空间，为处于不同发展阶段的企业提供众创空间、专业产业园、工业厂房等多类型的、差异化的空间场地，以及项目咨询、商业策划、政策申报、知识产权、品牌推广、渠道建设、IT支持等全方位服务。中航联创有100多个战略合作伙伴，12 000多个航空产业资源，能够帮助在孵企业的研发设计、航空技术、原型试制、供应链、市场需求、订单等产业性资源精准对接及撮合。中航联创管理着超过3亿元专注新兴产业领域的早期创投基金，同时提供FA、银行科创贷等多种模式的资金对接服务，帮助初创企业解决资金问题。此外，中航联创通过举办"联创杯"创新大赛、航空产业对接会、航空工业创新实战训练营、创新主题培训及沙龙活动、高端论坛峰会等活动，进一步提升企业创新能力和创业技能。

2. 地方政府服务

为地方政府提供产业咨询规划，依据地方产业环境及发展优势，提供产业招商运营、产业培育等综合性产业服务；量身定制地方智慧双创服务平台，汇集创新要素资源、BI解析区域产业集群，构建产业图谱，助力从全局优化配置资源，促进区域产业高质量创新发展；围绕地方产业规划及发展，打造特色新兴产业园区，引入具有发展的企业项目，实现产业快速聚集；联合地方政府产业引导基金发起设立区域创投基金，挖掘、孵化、培育、投向区域企业，提升区域企业竞争力与活力，为地方经济蓬勃发展助力。

3. "中航爱创客"双创服务平台

2015年3月，中航联创O2O平台——爱创客正式发布运行。中航爱创客平台具备全球化的合作资源，与9701家企业和机构建立了合作关系，包括清华大学、中国科学院、国防科技大学、北京航空航天大学等国内高校，东京大学、新加坡国立大学、纽约大学、英国诺丁汉大学等国际高校，以及中国航天科技集团、中国兵器工业集团、中国电子科技集团、中国船舶重工集团等企业。目前，中航爱创客已经服务创业团队1540家，加速科创项目7712例。

中航爱创客依托集团产业资源与先进技术资源、完整的工业产品供应链资源、强大的全球化合作资源，通过高效的研发设计制造与试验能力，打造一站式服务平台，为企业提供场地空间、创业策划、企业注册等基础服务，并且为企业提供一系列增值服务，包括但不限于知识产权、法律咨询、网络推广、人才培训、软件开发、工业设计、原型制造等。

中航爱创客提供融资对接服务，建立线上项目库与投资库，通过数据推荐匹配，进行高效对接；举办线下专场创业项目对接会，与专业领域投资机构现场一对一洽谈；提供一站式财务顾问服务，对企业融资进行整体策划和指导，提高融资效率。融资资金来源主要包括3个方面：一是航空工业提供的创新创业基金、风险投资基金、产业发展基金等；二是地方政府引导基金、产业基金等；三是天使投资人、风险投资机构等。

七、紫荆花科技孵化园

（一）孵化器概况

2013年，由清华 VC/PE 课题负责人马培瑞先生联合20余位清华优秀校友代表，汇聚课题开设8年以来培养的来自五湖四海3000多名清华金融 EMBA 精英学员，共同组建而成。2014年12月24日，紫荆花科技孵化园创立，位于海淀区西三环航天桥商圈，地理位置优越，附近地铁环绕10号线西钓鱼台站和1号线万寿路站。

紫荆花科技孵化园（简称"紫荆花"）以"紫荆花，让创业不再艰辛，以服务创造价值，让创新赢得未来"为使命，致力于解决创业团队发展前期的核心需求，采取"以孵化投资助力创业成长"的发展模式，选择在新一代信息技术、人工智能和医疗大健康领域具有新技术和新模式的创业项目进驻孵化园。

目前，北京孵化园区孵化面积8000平方米，入驻创业企业及团队近100家。发展5年多来，累计孵化科技型创业项目和企业500余家、推荐超过50余家企业新四板挂牌，60余家分别获得国家高新企业、中关村高新企业、金种子培育工程、雏鹰人才计划、胚芽计划等资质荣誉，30余家获得国内资本基金机构的创业投资。已累计毕业创业企业50余家。

（二）孵化器的建设和发展情况

1. 组织结构

组织结构如附图2-4所示。

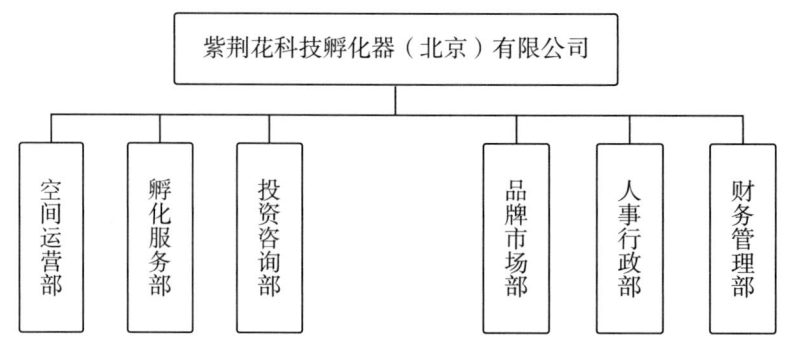

附图 2-4 紫荆花孵化器组织结构

空间运营部：负责为入园创业项目提供基础运营服务。

孵化服务部：为创业企业提供导师辅导、管理咨询、项目问诊等智力支持，为企业提供产业上下游市场资源及供应链资源，提供投融资对接，帮助优秀企业组织项目申报及相关政策协调；整合孵化器各企业的优势资源，促进企业优势资源的共享；为入孵企业提供高附加值的服务。

投资咨询部：负责行业研究分析工作，筛选投资项目，提供投后管理服务支持；负责起草投资项目意向书、协议书、经济合同等有关文件；参与入园项目审查，为项目提供咨询辅导和融资规划服务。

品牌市场部：与业内合作机构、高校等建立推广合作关系，建立创业圈媒体信息渠道。策划线下活动，执行各类活动的开展和监督。建立各方关系表格。根据品牌推广活动情况提交活动报告，提供市场分析报告。

人事行政部：制定公司人力资源规划，实施人才招聘工作；负责公司规章制度和工作规范的有效贯彻，以及修改和不断完善；组织公司培训计划、绩效考评、薪资福利和劳动关系管理；协调各部门工作；组织公司的各项文体团建活动；建立公司完善的文件和档案管理；公司日常行政工作支持。

财务管理部：负责公司财务管理、公司预决算、财务核算、会计监督和资金运作等工作。

2. 人力资源

（1）创始人介绍

马培瑞，紫荆花科技孵化园董事长兼 CEO，紫金汇创投创始合伙人，投融中国联盟理事长，中关村民营科技企业协会理事。被评为中关村股权投资协会 2016 新锐青年投资人，科技部和人力资源社会保障部创业导师，担任互联网+大学生创新创业大赛、中国移动互联创业大赛、海峡杯创业大赛等多届大赛决赛评委。

马培瑞致力于为早期创业项目提供全过程创业孵化和资本投资，支持数字化、智能化科创企业价值提升和成长加速。带领团队在国内建立了多个孵化基地，打造一家创业教育学院，管理两只创业投资基金，重点关注投资领域：人工智能、生物医疗和新一代信息技术产业方向，投资案例包括华颂种业、华弗生物、纳波克动力、易定制、无限空间等创业项目。

（2）管理团队

紫荆花运营团队共计22人，团队中平均年龄32岁左右，硕士学历占比15%，本科学历占比35%，其他人员均为大专以上学历。从事专业企业孵化工作人员占比70%，5年以上员工占比15%。

3. 发展历程

2014年11月，投融联盟与工业和信息化部电子科技情报研究所达成战略合作，联盟旗下孵化板块紫荆花科技孵化园落户海淀区万寿路。

2015年4月，紫荆花北京园区开业运营。10月，紫荆花科技孵化园受邀入驻天津创新创业特区，与腾讯空间、创始空间成为首批签约入驻的10家孵化平台之一。12月，发起成立早期创业投资基金"北京紫金汇创业投资基金"，首期基金规模5000万元，主要投资于智能科技领域种子轮和天使轮创业项目。

2016年5月，紫荆花分别被北京市科委、科技部认定为市级众创空间和国家级众创空间。同月，紫荆花天津孵化园开业。7月，举办第一期幼狮创业训练计划。

2017年1月，由中关村股权投资协会主办的第五届国际视野下的创新与资本论坛发布了中国青年投资TOP 100榜单，创始人马培瑞获评"2016中国青年新锐投资人"。4月，紫荆花合肥孵化园在合肥高新区创业产业园正式开业运营。9月，在中关村创新创业季期间，由紫荆花举办的第四届创业阳光会开幕。会议共吸引超过200多个创业项目、60多家服务机构及50多家投资机构参与。11月，紫荆花获得中关村科技园区管理委员会颁发的中关村创新型孵化器的资质认定，同年被授予为海淀区协同创新平台创新驿站。

2018年4月，紫荆花西安孵化园落户碑林区西北工业大学创新大楼。西安紫荆花定位为孵化智能科技、新材料及军民融合项目。5月，紫荆花与北京邮电大学、北京科技大学签署战略协议，共同为高校创业提供专业服务。10月，举办中关村智能科技应用发展与资本对接峰会，为参会的150余家智能科技企业和50家投资机构搭建对接交流平台。

2019年6月，发起成立投融菁英汇俱乐部，举办项目路演资本对接活动50余场，累计服务创业项目300余个，合作50余只知名投资基金，截至2020年11月帮助项目累计获得融资数亿元。7月，紫荆花与国家工业信息安全发展研究中心完善战略协议，依托该中心国家级实验室及中小企业公共服务平台，为项目提供检测、验证等技术服务，共同建设硬科技孵化载体。9月，紫荆花科技孵化园获得北京市经济和信息化局颁发的北京市小型微型企业创业创新示范基地的资质认定。11月，紫荆花科技孵化园获得北京人力资源和社会保障局颁发的第四批北京市创业孵化示范基地的资质认定。

（三）孵化器的核心竞争力

1. 特色服务

紫荆花是以促进科技成果转化、培养高新技术企业和企业家为宗旨的科技创业服务载体，是以人工智能技术发展和应用为方向的产业孵化器。通过开展创业培训、辅导、咨询，提供研发、试制、经营的场地和共享设施，以及政策、法律、财务、投融资、企业管理、人力资源、市场推广和加速成长等方面的综合服务，以降低创业风险和创业成本，实现精准人才孵化，提高企业的成活率和成长性，培养成功的科技企业和企业家。

紫荆花紧密围绕"人才+科技成果+知识产权+商学+资本+产业"六要素深度融合，发展新兴产业。沿着创新型孵化器的产业定位、功能定位，服务涵盖种子初创期、发展成长期、规模加速期等创新创业的优势新兴企业，合理构建"创业苗圃+孵化器+加速器"链式产业孵化体系。

紫荆花着力打造专业化孵化能力的建设，建立了"孵化+教育+投资+加速"的全链条、全过程创新生态支持系统。

在技术公共检测验证服务方面，联合开放实验平台提供工业信息安全、软件及智能硬件测评、数据取证分析和区块链与数据安全的检测、鉴定、评估和认证等技术咨询服务。

在科技成果转化落地服务方面，与清华大学技术转化中心、中科院物联网中心、中关村产业联盟、北京中科院老专家技术中心、中关村天合科技成果转化中心等合作伙伴，共同推动科技成果转化及项目落地投资孵化；通过与20多家中关村协会联盟建立了深度战略合作，为创业企业提供供应链对接、商机挖掘和市场推广服务。

在潜质项目投资方面，紫荆花定位于投资人工智能、智能硬件和高新技术类科技创新项目，汇聚了上百位优秀股权投资基金合伙人和经理人资源，定期开展项目路演评审，遴选潜质高科技创新创业项目，提供创业辅导及早期投资联动定向孵化服务，已参与投资数十个科技类创业项目。通过平台思维构建产业资源、智力指导和资本投资，培育打造一个创新创业企业聚合协同生态圈。

2. 增值服务

紫荆花除了为入驻企业提供空间、工位、工商财税、法律服务、人资社保等基础服务外，还帮助孵化项目对接产业链上下游创新资源，为在孵企业提供投融资、知识产权、管理咨询、市场推广等服务。有专、兼职创业导师队伍，为创业者提供创业辅导、培训、问诊等服务。通过日常性创业沙龙、创业路演、创业训练营等活动助力企业发展，依托共享实验室为企业提供技术评测和成果转化方面的核心服务项目。

3. 优势分析

（1）一站式创业服务

紫荆花建立了一站式科技创新创业服务体系，包括提供空间入驻、工商财税法、人资社保、知识产权、政策申报、创业培训、投融资对接、技术评测和成果转化方面的体系化服务。

（2）孵化陪跑计划

紫荆花专项打造的幼狮创业训练计划，已经开展了多期创业训练营，辅导创业项目上百个，定期开展创业问诊会、融资路演会、资本融洽会和菁英汇社群俱乐部等体系化服务，同时为创业项目提供商业模式优化、产品技术迭代、股权融资规划、品牌营销策划等深度孵化服务。

（3）自有投资基金

紫金汇创投为紫荆花体系内创业投资基金板块，聚焦新一代信息技术、人工智能和医疗科技方向，为紫荆花科技孵化园提供项目投资、投后管理及投资咨询等服务。投资阶段集中在从种子轮到A+轮。天使基金一期5000万元，VC基金2亿元，与多位知名投资人联合发起行业专项基金，同时与国内数十只一线创业投资和私募股权基金建立了合作关系，通过资本的力量为创业企业插上腾飞的翅膀。

（4）园区托管运营

经过多年的园区运营管理和生态建设的经验，以积极推动属地化创新创业发展为核心，采用BOT等模式，为合作园区提供产业咨询、招商合作和委托运营服务，导入优质创新资源，助力区域产业转型升级，打造特色产业园区。

4. 发展战略

未来10年，紫荆花将全力支持并孵化投资300余家科技创新企业，主要集中在新兴产业中的新一代信息技术和医疗健康行业领域，重点关注从初创阶段到A轮之间的具有成长潜质的创业项目，努力培育并打造出30余家明星或独角兽企业，坚守科技成果转化，助力创新创业发展。

（四）孵化器孵化的优秀企业

1. 孵化成果

目前，紫荆花已成功孵化四板挂牌企业51家，国家高新技术企业18家，中关村高新技术企业39家，中关村雏鹰人才企业6家，中关村金种子企业14家，北京市海淀区胚芽企业 7 家。

2. 优秀企业案例

（1）华颂种业（北京）股份有限公司

华颂种业（北京）股份有限公司（简称"华颂种业"）于 2016 年 4 月成立，是集马铃薯科研、示范、技术服务、产学研合作开发为一体的品牌化运作高科技企业，目前注册资本已增加至 10 267.0468 万元，拥有 5 家控股子公司，是中国蔬菜流通协会马铃薯委员会主任委员单位。华颂种业在全国贫困县通过推行马铃薯全产业链服务 MPP（Modern Potato Platform）模式，下设育种研究院、种薯、商品薯、种植服务、土豆食品、产业大数据平台六大板块，现有以硕士、博士为主的企业管理、技术研发、种薯生产、农产品经营、市场开拓等高层次人才 70 多人，致力于成为全球领先的马铃薯全产业链品牌科技服务企业。目前已获得 2 项发明专利，开发 10 余项新品种，另有多项发明专利正在申请中；先后获评为"中关村高新技术企业""国家高新技术企业""2016 马铃薯产业十佳服务商"等多项行业荣誉称号和资质。

紫荆花作为华颂种业的早期服务及投资机构，在政策服务方面帮助企业及时申报国家高新企业、中关村高新企业及中关村金种子企业称号，并且在早期成立期间，在孵化空间、孵化资金方面给予了一定支持。同时随着企业的发展，帮助企业与中国农业大学、北京市种子中心、内蒙古农业大学等国内外顶尖马铃薯科研单位搭建了合作关系。

（2）北京中科京安科技有限公司

北京中科京安科技有限公司是业内领先的智慧公安、智能交通整体解决方案与平台软件专业供应商，是北京市科委认定的国家高新技术企业、双软企业。该公司专业从事公共安全、公安交通、智慧城市、政府应急领域的软件研发与服务，致力于包括大数据分析与融合、云计算、空间地理信息分析与应用等前沿技术的研究与技术创新，拥有 31 个软件著作权及 4 个软件注册登记产品，包括地理信息公共服务平台、交通大数据应用平台、交通大数据模型及涵盖智能交通领域的软件应用。

北京中科京安科技有限公司入孵期间，正值疫情时期，紫荆花积极帮助企业协调资金，推荐与北京银行万寿路支行进行对接，成功获得该行的信用贷款，帮助企业解决燃眉之急，同时紫荆花通过减免租金及调整租金缴纳方式，帮助企业度过困难。

八、创客总部

（一）孵化器概况

创客总部是由北大校友、联想之星创业联盟成员企业 2013 年联合发起的从事科技成果转化的硬科技孵化器，定位为科技成果变现第一站，赋能产业智能化，聚焦人工智能和医疗健康，专业从事高校和科研院所的实验室技术天使投资与孵化，提供创新创业咨询、早期投资、业务对接和办公场地等，推动前沿技术熟化、应用推广，同时为大企业提供创新服务，加速内部创新，并引入外部创新资源，促进企业创新升级。

目前，创客总部有中关村、立水桥两个园区，共有 2641 平方米，其中地铁四号线中关村站位于中关村园区所在大厦 B2 层，交通便利，紧邻高校院所，创业氛围好，具备孵化服务基础条件，可为创新创业企业提供办公场所、会议室、茶水间等物理空间，中关村园区配备人工智能硬件实验室一间，提供简单的 3D 打印、电路加工、稳定性测试等功能，立水桥园区引进贝壳公寓，推进职住一体化，为创业者提供居住环境。创客总部还采购聚离子扫描电镜等设备提供制样、检验检测等服务。

截至 2019 年年底，创客总部总共孵化项目 500 个，共获得 24.91 亿元投资，创客总部投资了其中 73 个项目。创客总部投资的实验室技术项目主要来自北京大学、清华大学、北京航空航天大学、北京邮电大学、北京理工大学、中科院、天津大学、中国科学技术大学等高校院所，具体领域包括机器人、无人机、大数据、传感器、芯片、物联网、智能制造和智能医疗等。孵化器出资人包括 4 位合伙人陈荣根、李建军、尚冠军、张勇，外部投资人杭国强、王利平、卢建明，以及投资机构中科创星、凯风创投、德沃基金、优客工场。

创客总部是首批中关村硬科技孵化器、中关村管委会中关村创新型孵化器、北京市科委首批"众创空间"、科技部首批备案"国家级众创空间"、科技部新一代人工智能产业技术创新战略联盟双创推进组组长单位、中关村核心区新兴产业孵化器、中关村协同创新服务平台创新驿站、中关村金种子企业优秀推荐单位、北京院市合作协同创新战略联盟成员单位、海淀创业期科技型企业集中办公区、北京市新技术新产品（服务）首发平台、共青团中央和中国移动联合授予"中国移动互联网青年创新创业孵化基地"、北京市经信委中小企业服务平台认证机构、北京股权交易中心推荐机构会员、京津科技金融创新载体联盟副理事长单位、中国教育创新"20+"论坛副秘书长单位、中关村天使投资联盟理事单位、2016 年北京市众创空间品牌荣誉 TOP 10、2017 年智能行业最佳投资机构 TOP 10 等。

(二)孵化器的建设和发展情况

1. 组织结构

创客总部采取合伙人治理制度,由合伙人们共同管理公司,以合伙人为主对项目进行咨询服务,包括技术评估、市场分析、公司组建方案、知识产权处理、产品打磨、市场营销等,下设市场部、孵化服务部、业务部、投融资部、综合管理部(附图2-5)。

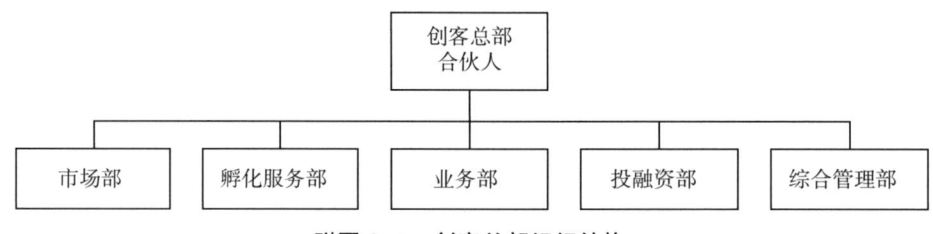

附图2-5 创客总部组织结构

市场部:负责新媒体运营、日常宣传、组织活动等。

孵化服务部:负责项目招募、场地、网络、工商、税务法务、知识产权、政策咨询等基础孵化服务和服务对接。

业务部:负责新技术、新产品需求的收集、整理分类、入库,撮合项目与需求方对接,促成双方合作,跟踪服务。

投融资部:负责基金管理、项目投资、协助项目后续融资及投后管理。

综合管理部:负责行政管理、财务、人力资源等工作。

2. 人力资源

(1)联合创始团队

陈荣根,创客总部合伙人、北大校友创业联合会副会长、中关村创业生态发展促进会副理事长。从事高校与科研院所实验室技术天使投资和孵化多年,中关村高端领军人才、科技部评审专家、2017年大学生创业者喜爱的十大天使投资人、新一代人工智能产业技术创新战略联盟理事。

李建军,创客总部合伙人、中关村高端领军人才、科技部创业导师、中国投资人中心发起合伙人、CCTV《创业英雄汇》导师、共青团青年创业梦想导师、北京青年互联网协会理事会理事,李建军先生有10余年的投资经验,曾获得"中关村最活跃天使投资人""中国最佳青年投资人""中关村创投之星""科技创投先锋"等称号。

尚冠军,创客总部合伙人、清华大学工商管理硕士、北京大学教育经济博士、中国教育创新"20+"论坛副秘书长,有10多年教育投资、融资、运营经验,先后任北京南洋发展集团副总裁、来福士船业公司融资副总裁、盛景网联副总等。

（2）管理团队

团队目前有16人，具有孵化服务行业经验从业者12人。其中博士1人、硕士6人。团队年龄结构为：20～30岁4人，30～40岁5人，40～50岁7人。

3. 发展历程

2013年12月创办之初，创客总部提供基础孵化服务，2014年11月成立了第一期基金，完善了功能，从2015年10月开始探索科技成果转化，并于2016年完全聚焦投资孵化高校和科研院所的前沿技术与技术精英，把孵化领域确定为以人工智能为主，医疗健康为辅。

（三）孵化器的核心竞争力

1. 特色服务

创客总部的定位是搭建实验室技术创新与产业应用之间的桥梁，通过商业化运营，在产业中推广应用，实现技术、人才、资金、产业互相融合，促进科技成果转化落地，同时帮助产业通过技术创新实现转型升级。

（1）成果转化孵化服务

创客总部形成了一套实用的创业方法论和丰富的创业资源，以此为基础向高校和科研院所的人工智能相关技术项目提供基础孵化服务，包括技术评估、市场分析、公司组建方案、团队配备、知识产权处理、产品打磨、市场营销、公司注册、办公场地等。

（2）产业推广服务

科研成果需要落地推广，创客总部组建专业团队，汇集大企业对新技术和新产品需求，为科技创业者对接市场。先后协助世界500强玛氏集团、京东物流、京东方、拜耳、中国移动、乔丹体育等30多家国内外知名企业对接前沿技术，与嘉兴、晋江、杭州、泰州、青岛等10多个全国百强县市企业集群建立起技术合作关系，建立稳定的需求渠道，有效促进前沿技术应用推广，为科技创业者带来了可观的销售收入。

（3）资本对接服务

创客总部除自有基金提供早期投资以外，同时与联想之星、峰瑞资本、中科创星、凯风创投、北大明德、泛海创投、中国华融等十几个机构形成数百亿投资联盟，支持项目获得第一轮启动资金，并对接下一轮投资人，同时与建设银行等银行建立合作，积极为项目引入更多资金和资源。

2. 优势分析

①协同创新模式：实现技术、人才、资金、产业互相融合，促进科技成果转化落

地，同时帮助产业通过技术创新实现转型升级。

②实战经验和方法论：有10余年创业经验的合伙人带领有实战经验的同事，结合多年创业、孵化创业者的经验和国内外科技成果经验，总结形成了创客总部市场化的科技成果转化路径和方法论。

③积累了一定的高校院所、产业、资金、导师等转化资源和孵化项目群体。并且在7年的不懈探索过程中，持续获得科研人员、创业者和社会各界的鼓励和支持。

3. 发展战略

创客总部致力于实现高端技术资源的集聚、产业需求的汇集、科技成果转化与产业技术升级的交汇合作、投融资对接合作。以技术孵化为主体，实现技术、人才、资金、产业互相融合，促进科技成果转化落地，协助技术产品化，实现商业化运营，同时助力产业技术升级，推动新旧动能转换、转型升级。经过多年的积累发展，创客总部探索了一条高校院所实验室技术市场化的科技成果转化路径。目前，负责日常联络和服务实验室的科研人员有500人，高校和科研院所成果转移转化部门人员有70人，多家大基金、大企业和多地产业聚集区形成了合作共赢的科技成果转化小生态圈。

（四）孵化器孵化的优秀企业

1. 北京云圣智能科技有限公司

北京云圣智能科技有限公司（简称"云圣智能"）是全球领先的工业智能无人机公司，是北大科技成果转化项目。云圣智能是一家以人工智能为核心，以四维实景地图、工业无人机、全自动机场、物联网云平台为载体，融合多元传感器，为行业及用户提供机、网、云一体化系统解决方案，通过提供产品、数据和服务，为国家安全、智慧城市、智慧电网建设提供天地联动指挥管控系统的国家级高新技术企业，产品已经在电力巡线、消防应急、城市安防等领域获得广泛应用。

2. 北京医准智能科技有限公司

北京医准智能科技有限公司（简称"医准智能"）是北大科技成果项目。早在2014年，该团队成员就开始研究机器学习算法，并将其应用于医疗影像辅助诊断，是国内该领域最早的探路者之一。在医疗AI的"人机大战时代"，这支队伍参加了国际肺结节检测大赛LUNA16并斩获冠军，成为亚太区首个夺冠的队伍。自公司成立以来，医准智能深耕临床一线，目前已推出肺结节智能检测系统、乳腺钼靶智能检测系统、肺部多病种智能检测系统，同时联合IBM Watson打造医学影像人工智能科研平台（达尔文智能科研平台），产品累计全国落地400多家医院。

九、北京德山科技有限公司（德山 M-Lab 生物医药孵化器）

（一）孵化器概况

北京德山科技有限公司于 2013 年年初响应园区产业转型的号召，将原有的厂房推平建造生产研发中心。为响应国家和园区的产业转型定位，该公司定位为生物医药基地，成为门头沟园区"一主三辅"主要发展产业之一。

德山 M-Lab 生物医药孵化器位于中关村门头沟科技园德山大厦，组建于 2015 年 12 月，作为门头沟区生命大健康产业创新创业的重要载体，是该区唯一一家针对医药健康领域的专业孵化服务机构。该公司共计投入近 3000 万元，对生产研发中心项目进行工程改造，根据生物医药基地的特点，满足生物医药企业的需求，先后对电力系统、污水处理系统、废气排放系统、公共服务配套设施等进行改造升级，以满足生物医药企业研发、生产、环评的需要。

（二）孵化载体及发展情况

德山 M-Lab 生物医药孵化器空间载体面积 1.6 万平方米，地上 11 层，地下 3 层，孵化面积 1 万平方米，公共服务面积 6000 平方米，大厦 1 层建设成企业展览展示区，为企业成果提供展示空间。大厦 10 层建有 68 个工位的集中办公区，为创业项目及初创企业提供创新创业的众创空间。建成较为先进的会议系统，建有容纳 100 人的报告厅及会议室。

经过近几年的孵化运营，已建成了"空间+服务+平台+投资"的孵化服务体系，并向京外地区进行资源的拓展，打造京西孵化器的品牌制高点。目前，该孵化器已有入住企业 78 家，拥有知识产权近 100 余项，主要为新药研发、诊断试剂及医疗器械等企业。该孵化器先后荣获中关村门头沟科技园"双创基地"、北京市科委"市级众创空间"、中关村创新型孵化器、北京市第二批小型微型创新创业示范基地、国家备案"众创空间"、2020 中国 100 家特色载体、北京市创业孵化基地等称号。

（三）孵化管理团队组织架构

德山 M-Lab 生物医药孵化器拥有一支实力雄厚，既懂专业又懂管理的团队。现有 10 名专职管理人员，其中 80% 以上具有本科学历，具有创业孵化人员初中级培训结业证书的 2 人，具有创业导师证书的 2 人，具有产业孵化研修班第一期证书的 1 人，能为企业提供全面的产业技术服务及孵化管理服务。

德山 M-Lab 生物医药孵化器组织结构为董事会领导下的总经理负责制，总经理负责公司的全面运营管理，总经理下设综合服务部、创业服务部、财务金融部3个部门（附图2-6）。

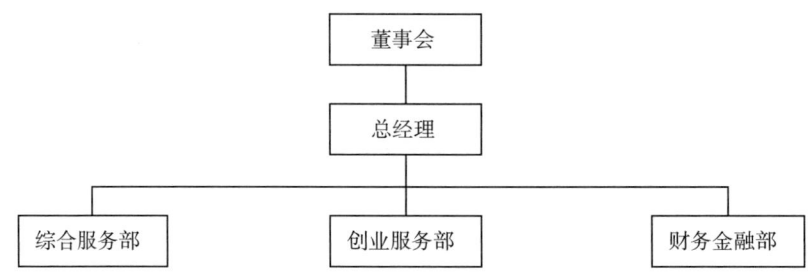

附图2-6　德山M-Lab生物医药孵化器组织结构

各部门主要分工如下。

（1）财务金融部

负责公司内部财务管理工作，同时向企业提供财务及金融政策咨询等服务。

（2）创业服务部

负责向企业提供产业服务工作。包括政府项目申报、产业联盟组织管理、产学研联合、高端人才引进与培育等内容。

（3）综合服务部

综合服务部负责企业招商、入孵企业管理、企业出孵、企业日常管理等内容。提供的服务包括中介服务、工商注册、人事代理、商务服务、实验室维护、实验设备维护维修等内容。

（四）孵化创业服务模式

目前，德山M-Lab生物医药孵化器已具备了独特的孵化管理模式、有效的经营机制、合理的内部治理结构、雄厚的技术力量及全新的服务理念。该公司在为中小生物医药企业提供创新资源共享、专业技术服务、创业辅导、投融资、吸引高端人才、成果转化、基础孵化、培育领军型企业等方面形成了独特的产业优势。以孵化空间为基础，以专业技术为引擎，通过有效资源整合，为企业提供创业服务。每年服务企业数均达到100余家次。为企业提供的具体服务包括：信息服务，通过建设德山M-Lab服务平台，在线为企业提供实验仪器在线预约，提供便捷的预约技术服务，通过园区微信公众号定期推送服务通知及服务咨询、QQ群信息推送服务；创业辅导服务，包括创业企业创业咨询、新入驻企业开业指导、政府产业政策咨询等活动，帮助企业申请高端人才资质和政府产业支持等，并帮助企业引进人才，为初创企业后续发展和管理提供保障，这些服务均为公益性服务；创业支持，开展知识产权培训、技术交流等技术转化和技术对接会等活动，增强园区技术产业氛围，推动园区技术协同交流和成果转化，组织中关村门头沟园举办关于干细临床研究备案专题的调研座谈会，组织门头沟科技园医药健康专委会赴海格威尔研究院实地参观学习交流等；人员培训，定期组织园区企业开展消防安全培训，邀请行业专家讲解实验室安全事故防范的知识，杜绝安全隐患，至今从未发生安全事故；投融资服务，组织企业与投融资机构进行对接，与近30家风投机构建立了长期的联系，组织企业参加国际生物医药产业论坛，根据企业需求组织一对一银企对接、项目路演辅导、金融专题讲座等，定期举办生物医药项目路演会，为企业提供良好的宣传对接机会，服务企业67家，这些服务全部为公益性服务；管理咨询服务，提供包括工商注册、税务政策培训、人事代理、法律事务、项目申报、宣传策划、政策咨询、商务服务等全方位、全过程的创业咨询服务。开展多次政策咨询活动，咨询内容包括人力资源、财务、发展战略；专业服务，根据园区医疗器械企业比较多，大多数企业对医疗器械法规及准入制度不清楚的问题，组织多场次注册申报知识讲座、政策法规宣讲、准入制度的解读等对接培训活动；特色服务，作为生物医药专业孵化机构，入孵企业全部是生物医药类企业，针对生物医药类企业的特点，主要提供一些专业特色服务，包括专业技术服务平台、定制化技术服务平台、知识产权服务，带动社会资源提供免费的创业服务。

建立门头沟科技园医药健康专委会，以"资源共享、合作共赢、协同创新、共同发展"为宗旨，通过汇聚各方的创新创业资源和社会渠道，联合天使投资、大学科技园、科研院所、医疗机构等各类组织，共同推动医药健康产业生态体系的完善、交互、融合和循环发展，搭建政企沟通、校企成果转化、企业与金融合作、成员单位之间战略合作，共同发展的投资促进平台。

（五）服务平台及技术服务平台的搭建

1. 建设企业创业资源共享平台，提供完整的创业服务

搭建网络共享平台，为企业提供信息资讯推送。德山 M-Lab 众创空间建设完成自主网站（http://www.deshanlab.com），汇集各类资源，及时为企业推送最新政策、项目申报通知等资讯，更多地为企业提供信息获取通道。搭建综合创业服务平台，为企业持续稳定的发展提供有效支持。

2. 合作共建医疗器械研发开放实验平台

该平台采用合作共建的模式，与入驻企业——北京百华百汇生物科技有限公司合作共建医疗器械研发服务平台，为园区企业提供一个资源开放、成本低廉的科技仪器设备的共享体系。

3. 建设科技金融服务超市

2018年10月，启动建立一个基于生物医药企业资源的"互联网+精准金融服务"的金融孵化平台。德山M-Lab生物医药孵化器为解决初创企业融资难、融资贵的问题，缓解小微企业项目发展的瓶颈，积极与投融资机构合作，开展项目融资对接服务、搭建投融资创业服务平台，帮助企业度过资金困难时期，实现项目的快速发展。搭建了"孵化+创投"的投融资服务平台，全方位地提升了中小生物医药企业的融资能力。该孵化器每年设立500万元的专项资金用于企业投融资服务，资金主要来源为德山M-Lab生物医药孵化器自有资金。资金主要用于对入孵企业项目种子期的股权投资、短期借款、房屋减免、项目合作、公共服务平台的运转等方面，真正从实处推动入孵企业迅速发展。

（六）发展战略规划

德山M-Lab生物医药孵化器以培育原始创新源头为目标，以服务需求为导向，促进资源开放共享，提升专业化服务能力，探索生物医药科研项目转化、孵化模式。着重培养企业应用研发和成果转化能力，加强临床研究服务和高端健康服务环节资源聚集，支持创新药物研发和成果转化，积极培育未来前沿领域基础研究项目。对标国内国际一流生物医药孵化器，打造集"专业化、市场化、国际化"为一体的生物医药科技企业孵化器。

（七）创业孵化成效

德山M-Lab生物医药孵化器利用自身在生物医药产业所具有的专业优势，在为中小生物医药企业提供创新资源共享、创业服务、专业技术服务、投融资服务等方面积极开展工作。

截至2021年10月，该孵化器已有入驻企业78家，良好的基础设施改造极大地降低入驻企业的创业成本。集聚的企业主要为新药研发、诊断试剂及医疗器械等企业，显现了良好的创新孵化成效。

1. 北京博雅晟康医学科技有限公司

北京博雅晟康医学科技有限公司成立于2014年12月，2016年2月入驻德山M-Lab生物医药孵化器，主要从事狂犬病毒荧光抗体检测试剂盒研发项目，该项目是由中国疾病预防控制中心病毒病学研究所提出的产品开发构想，北京博雅晟康医学科技有限公司进行产品开发，通过重组狂犬病毒核蛋白制备抗狂犬病毒的单克隆抗体，成功进行荧光素的标记，并结合RFFIT技术建立了一套稳定的检测狂犬病毒中和抗体的方法，并开发出体外检测试剂盒产品。针对博雅晟康医学科技有限公司的特点，德山

M-Lab 生物医药孵化器为其设计了 3 项重点服务方向。

2. 北京百华百汇生物科技有限公司

成立于 2014 年 1 月，是一家致力于生物创新药物和诊断试剂研发的高科技企业，在基因工程创新药物、疫苗和诊断试剂研发领域有着丰富的专业经验。2016 年 1 月，入驻德山 M-Lab 生物医药孵化器。

该公司拥有 1100 多平方米的研发平台和独立的中试车间。目前，在抗肿瘤新药、基因工程疫苗、口服糖尿病药物、诊断试剂等方面取得了可观的进展，在研治疗白血病新药项目已完成小试，获得合格的小试样品，正在进行动物实验。在生物制药 CRO 服务方面与多个生物制药研究单位建立了密切的合作关系，为客户提供上游构建、工艺研究、制剂研究及整个新药申报等各种服务。

3. 北京沙东生物技术有限公司

该公司于 2016 年 1 月 29 日入驻德山 M-Lab 生物医药孵化器，是一家从事创新性新药研发的高新技术企业，自 2001 年成立后一直聚焦于死亡受体靶点药物（CPT）的研发，获得了国家 863 项目、国家重大新药创制、国家创新基金等资助，是国内首家获得死亡受体靶点类药物临床研究批件的研发单位，也是目前世界上该靶点临床研究进展快、研究深入的研发单位。CPT 是治疗肿瘤的 Ⅰ 类新生物制品，在 Ⅰ 期和 Ⅱ 期临床研究中安全性好、疗效明确，适应证是多发性骨髓瘤，以后将开发肺癌、乳腺癌等适应证临床研究。目前正进行 Ⅲ 期临床研究，设计 417 例患者入组，现已完成了 370 多例，目前完成 Ⅲ 期临床试验并获得新药证书，并建设生产基地。CPT 产品已获得了包括美国、欧盟、日本、中国等世界主要经济体的专利授权。

十、北大孵化器

（一）孵化器概况

北京北达燕园科技孵化器有限公司（简称"北大孵化器"）成立于 2002 年 5 月，由北京北大科技园有限公司控股，注册资本 5000 万元，是北京大学和中关村科技园区管委会共建的创业孵化基地，是科技部认定的国家级科技企业孵化器、国家备案专业化众创空间、产学研合作示范基地，是北京市科委认定的北京市高新技术企业孵化基地，也是北京市人事局认定的北京市留学人员创业园。北大孵化器现有可支配孵化面积约 19 003 平方米，分别位于方正国际大厦 6 层（北大创业孵化营）、北京市海淀区中关村北大街 127-1 号（北京大学人工智能成果转化工程化中心），为入驻企业提供孵化使用面积达 15 060 平方米，包括"产业研究区""集中办公区""项目交流区""项目展示区"四大空间，包含工作办公区、大会议室、小会议室、路演厅、展示区，其中公共服务区域面积达 2019.48 平方米。

北大孵化器坚持以"专业化、国际化、生态化"为发展方向，依托北京大学优质科技创新资源，围绕"一基地、一体系、一平台"3 个方面着力开展投资建设，打造创新人才与创新技术"高地"，建设创新创业服务"高速公路"。其中，"一基地"是以"发展原创科技·建设精品园区"为宗旨，着力打造以北大科技园城府园区为核心的北京大学创新创业孵化基地和科技成果转化基地；"一体系"是着力构建"创启未来"双创服务体系，包括以人为本的创业服务体系和以创新要素为基础的技术服务体系，通过完善的服务体系，在全国相关城市进行应用示范，服务地方经济建设；"一平台"是依托北大科技园智能科技服务平台，运用互联网思维，打造平台型的科技资源流量入口和科技创新成果出口，以双创大数据为核心，高效聚合北京大学科技创新资源、北大科技园网络化资源、市场化全要素资源，构建围绕"创业＋创新""线上＋线下""技术＋服务""产学研＋商业驱动"的线上线下一体化平台。

（二）孵化器的建设和发展情况

1. 组织结构

北大孵化器下设 3 个部门，分别为企业发展部、科技服务部、政府事务部。企业发展部主要负责北大科技园创新中心、北大科技园南区高科技企业项目招商、空间运维、社群管理及行政工作；科技服务部主要负责北大孵化器科技服务业务的发展规划、业务管理及落地实施，负责创新孵化活动业务，企业科技咨询业务、科技投资业务，以及创新资源与合作伙伴发展管理；政府事务部主要负责北大科技园、北大孵化器相关资质维护、政策申报、承办落实相关政府交主办的一系列科创活动。

2. 运营团队

经过多年的科技企业孵化器运营实践及人工智能专业化众创空间建设探索，北大孵化器形成了以人工智能等前沿科技产业领域为主的创业孵化运营团队，涵盖基础服务、成长辅导、投资对接、技术对接、市场对接等多个领域的专业技术人才。创业孵化运营团队共有 11 人，其中高级职称 1 人，中级职称 1 人，创业导师 6 人，技术经纪人 3 人；团队中拥有硕士研究生学历的 7 人，本科学历的 4 人。

3. 发展历程

北大孵化器面向区域产业转型升级打造科技创新"高地"，面向科技创新企业建设创新创业服务"高速公路"，以"双高"服务"双创"，践行北京大学服务社会经济发展的国家使命。2006 年北京市人事局、北京市科委授牌"北京留学人员创业园"；

2010年建设高校学生科技创业实践基地，联合高校培养创新创业人才；2012年获得科技部颁发的"国家级科技企业孵化器"；2015年联合北大团委、校友会成立"北大创业家俱乐部"，汇聚北大校友人才资源；2016年北大创业孵化营获科技部第二批众创空间认定；2017年获评国家专业化众创空间示范单位；2018年人才培养工作更进一步，荣获中关村人才特区建设中心"中关村人才代办工作站"证书；2019年获评"中关村硬科技孵化器"。

（三）孵化器的核心竞争力

1. 特色服务

在研发测试服务方面，北大孵化器以硬科技创业孵化为导向，联合燕园微构分析测试中心，共建公共技术服务平台，面向生物医药、新材料、电子信息、能源环保、装备制造等关键领域，为各行业、各领域企业提供包括技术咨询、委托测试、数据分析、工艺设计、产品研发等内容在内的咨询、测试、设计、研发等全过程的科技服务，为企业开展技术创新和产品孵化提供高水平的科技支撑服务。燕园微构分析测试中心作为北京市科委认定的首都科技条件平台，是北京大学研发实验服务基地，依托北京大学雄厚的科研实力与综合学科优势，充分整合优质科技资源，服务企业。目前，基地共开放仪器设备4127台（套），开放72个国家级、市级重点实验室，拥有200多位科技人才。

在技术咨询服务方面，北大孵化器与北京大数据研究院合作共建北京大学人工智能产业化孵化平台，通过搭建垂直、纵深的人工智能专业化孵化生态，汇聚国内外一批优质的人工智能创新创业项目，邀请人工智能产业领域专家、学者，开展系统性线上线下孵化培训，促进"产学研用"的紧密结合，形成多学科交叉、产学研融合发展的人工智能前沿技术策源地。该平台建立相对完备的大数据与人工智能技术创新服务的资源池，签约专家数量达到300个以上，签约合作机构数量达到200家以上，可提供线上咨询、服务推荐、服务定制、专家预约、线下研讨、服务交易、质量评价等技术创新服务。

在技术转移服务方面，北大孵化器设立北领技术转移学院，旨在培育技术转移青年骨干和后备人才，面向高校、新型研发机构、技术转移与科技服务机构、科技企业及政府科技管理人员招生，通过系统的课程学习、课题实践、人才评价及技术转移业务平台资源对接，促进创业人才及技术转移专业人才成长。

在产业咨询规划方面，北大孵化器建立创新研究院，依托北京大学强大的科学研究实力，融合北大孵化器丰富的科技服务运营经验与高端专业人才优势，专注于科技园区运营、区域经济发展及前沿科技领域产业研究，面向政府与企业提供科技政策咨询、产业研究、园区规划、运营策略等具有前瞻性的研究咨询服务，是北大孵化器科技服务与园区运营的重要软实力和科技智库。

2. 优势分析

北大孵化器与北京大学人工智能相关院系深入合作，链接北京大学王选计算机所、北京大学信息科学技术学院、北京大学数学学院等院系，与北京大学团委、学工部、科技开发部协同合作，促进科研成果在平台上产业化落地及科研条件平台与创业企业共享。充分发挥北京大学在前沿科技领域的科研资源优势、专业技术优势及人才优势，在前沿科技创新领域建立全面的合作关系，北京大学专注于科技成果生成、北大科技园聚焦科技成果转化、北大孵化器则关注成果落地和企业孵化，从而打通创新源头到市场主体之间的渠道，形成良性的科技创新、成果转化生态。

北大孵化器是国家级科技企业孵化器、国家级专业化众创空间，同时也是中关村硬科技孵化器。已完成从众创空间到科技企业孵化器，再到加速器、产业园的全链条建设，形成了以北大创业孵化营（人工智能国家专业化众创空间）、北大孵化器（国家级科技企业孵化器）、北京大学人工智能产业化孵化平台（中关村硬科技孵化器）和北大科技园（国家863计划成果产业化基地、北京市高新技术产业专业孵化基地）等为代表的全链条孵化载体，构建了项目培育、孵化、加速、产业化于一体的全流程服务体系。

自主创业大赛品牌——"创启未来"国际青年科技创业大赛以"创新驱动"国家战略为方向，以全球化视野为指引，着眼于世界前沿科技和高端人才，着力增强科技驱动发展新动力，是提升自主创新能力的国际性创业大赛。自2014年举办首届"创启未来"国际青年科技创业大赛起，至今已成功举办7届，每年深度跟踪因技术创新推动的产业领域及新兴业态，将赛事站点拓展至国内外10余个经济核心区，举办近700场次双创孵化活动，吸引超过5000个国内外优质项目参赛，评选超过260个来自世界各地的团队和项目晋级全球总决赛。

（四）孵化器孵化的优秀企业

1. 北京合思信息技术有限公司（易快报）

易快报是中国连接型费用管理平台开创者，致力于企业SaaS领域云产品及服务的创新，运用前沿的互联网应用技术和先进的企业管理软件理念，提供企业差旅订购、电子报销、费用控制、发票管理等一站式服务，从而帮企业实现降本增效，为企业提供有力的业务决策支持。北大孵化器积极为易快报提供专业技术、孵化投资等方向的导师辅导，通过培训课程及导师座谈交流等形式，定期为易快报解决创业过程中遇到的实际问题，帮助易快报全方位赋能成长。目前，易快报累计服务企业客户超过17.5

万家，代表客户有中国海油、绿地集团、每日优鲜、逻辑思维、蓝海华业、销冠科技等知名企业。2021年8月，易快报完成了10亿元D轮融资，领投方为软银愿景二号基金，明势资本、曼图资本、老虎环球、红杉中国等老股东持续跟投，由寰亚资本独家提供融资顾问服务。

2. 北京妙笔智能科技有限公司

北京妙笔智能科技有限公司（简称"妙笔智能"）成立于2019年1月，是一家NLP领域的新创AI公司，专注于中文内容生成引擎的技术研发和运用，妙笔研究院与北京大学王选计算机研究所顶尖NLP团队建立了深度技术合作，由百度风投、联想、蓝色光标投资设立。北大孵化器积极为妙笔智能提供孵化投资、技术转移等方向的服务，定期通过创业辅导、定期访谈等形式，发掘企业创业过程中遇到的难点，通过帮助妙笔智能对接人民网资源、搭建展示交流平台等赋能手段，推动妙笔智能发展。目前，妙笔智能拥有NLP特别是NLG领域的多项技术专利，该技术可广泛运用于各类内容创作、分发和监测评估，同时，源于妙笔AI写作技术建立的自媒体矩阵，可快速形成流量巨池以帮助企业提升品牌传播效果，降低传播成本。据介绍，"妙笔智能机器人"项目一改新闻创作给人们的固有印象，基于自然语言生成技术，已实现利用AI智能快速撰写、改写、发布新闻/资讯和基于新闻智能生成长视频或短视频功能，并已建立了完全由机器人自主管理的自媒体矩阵。

十一、中关村集成电路设计园

（一）园区概况

中关村集成电路设计园位于北京市海淀区北部，地处中关村国家自主创新示范区北部研发和高技术产业带的核心位置，由中关村发展集团及首创置业两大国企品牌共同创立，园区总建筑规模达22万平方米。作为北京市政府推进集成电路产业发展重点落实项目，中关村集成电路设计园按照世界一流科技园区的标准，聚合上下游产业及大信息产业，面向全球IC企业提供全生命周期成长空间，助力不同企业向国际化企业高速迈进。

芯创空间是IC PARK打造的集成电路专业孵化器，以IC设计领域为核心，辐射产业链上下游领域，以推动硬科技自主创新、高校院所科技成果转化为宗旨，构筑IC设计产业轻资产、专业化的服务平台，促进集成电路产业链协同创新发展。芯创空间是中关村集成电路设计产业生态的重要组成部分，面向中小微企业，提供孵化、创业投资、导师、平台及一站式EDA、IP、流片、检验检测等服务，形成创新链、产业链、资本链相连的闭环式孵化链，从科技金融、专家导师、共性技术到知识产权、海外对接、行业资源，面向集成电路设计领域，打造中关村集成电路硬科技孵化平台，给创业者带来覆盖全生态链的产业服务。

（二）园区的建设和发展情况

1. 组织结构

党群工作部：根据党的路线、方针、政策和上级党委、集团公司党委的指示、决议，提出集团公司党的工作任务，制定实施的具体措施。

园区运营部：搭建园区服务商体系，整合服务商资源；为园区的运营创造良好环境，接待各级部门的来访，做好外联工作；建立并完善园区管理制度，确保园区管理工作有序开展。

产业投资部：根据公司投资战略，拓展投资资源，发掘投资领域的项目和机会；开展行业投资分析、公司投资分析，筛选投资项目，做出评估意见或提出投资方案；负责公司投资项目的投后管理、投资退出等工作；负责集成电路行业研究、跟踪国内外行业界动态，提供广泛的动态分析。

财务部：负责公司财务管理、公司预决算、财务核算、会计监督和资金运作等工作。

经营管理部：负责公司战略研究工作；负责公司经营调控工作；负责公司项目的管理等工作。

人力行政部：制定公司人力资源规划，实施人才招聘工作；负责公司规章制度和工作规范的有效贯彻，以及修改和不断完善；组织公司培训计划、绩效考评、薪资福利和劳动关系管理；对公司日常行政工作进行支持。

成本管理部：负责公司预结算工作的统筹、开展与实施；负责统筹审核各项目预结算方面的洽商、变更、签证等经济文件；统筹管理编制公司有关预结算方面的工作计划、统计报表；熟悉和掌握有关工程造价方面的法规和材料设备的市场价格。

2. 人力资源

（1）负责人介绍

储鑫，2004年7月至2009年9月任北京市昌平区发展改革工委委员、区发展改革委副主任（2002年9月至2005年5月在北京师范大学中文系新闻学编辑出版专业在职学习，获文学硕士学位）；2009年9月至2010年8月任北京市昌平区发展改革工委委员、区发展改革委副主任、调研员、区金融服务办公室主任；2010年8月至2015年3月任北京市昌平区回龙观地区工委副书记、办事处主任、回龙观镇党委副书记、镇长；2015年3月至2015年11月任北京市总工会服务工会常务副主席；2015年11月至 2017 年 10 月任北京中关村生物医药产业投资发展有限公司（原北京中建中关村生物医药产业投资发展有限公司）党支部书记、董事长；2017 年 10 月至 2021 年 1 月任中关村发展集团科技园区事业部总经理；2021 年 1 月至今任北京中关村集成电路设计园发展有限责任公司党支部书记、董事长。

许正文，2003 年 9 月至 2004 年 11 月于英国诺森比亚大学纽卡斯尔商学院 MBA 学习，获工商管理硕士学位；2009 年 7 月毕业于澳门科技大学 DBA，工商管理博士；2008 年 1 月至 2009 年 7 月任香港建勤金融控股集团中国区副总裁兼投资银行二部和战略研究部总经理，上海建勤科技有限公司 CEO；2009 年 7 月至 2012 年 7 月任北京金力控股集团副总裁兼股改上市领导小组组长；2012 年 7 月至 2019 年 6 月任北京中关村软件园发展有限责任公司副总经理；2019 年 6 月至今任北京中关村集成电路设计园发展有限责任公司执行总经理。

（2）管理团队

中关村集成电路设计园运营团队共 36 人，团队中硕士学历占比 33%，本科学历占比 60%，其他人员均为大专学历。园区服务工作人员占比 92%，5 年以上员工占比 96%。

3. 发展历程

2016 年园区开工建设，2018 年竣工交付，2019 年是园区由"建设期"向"运营期"全面转型的第一年，园区构建"一平台三节点"产业服务体系，强化了园区产业服务能力，探索形成了创新服务模式。

2020 年，根据北京市委书记蔡奇同志调研园区时要求做好园区企业服务管家的工作指示精神，园区全面推行企业服务管家制度，紧贴企业实际需求，进一步优化提升园区服务能力，将园区建设成世界一流的集成电路产业园（附图 2-7）。

附图2-7　园区荣誉资质

（三）园区的核心竞争力

1. 特色服务

中关村集成电路设计园聚焦 IC 设计研发门槛高、周期长、人才紧缺等核心关键问题，进一步做实"一平台三节点"产业服务体系，通过整合、聚合的方式扩大机构合作数量，建立合作机制，丰富服务内容，制定服务标准，提升服务能力，梳理发布服务包，提供线上线下的产业服务，探索轻资产对外输出合作模式，在助力企业自主创新研发的同时，实现园区长期可持续发展。

2. 优势分析

一平台：在现有"十大产业服务平台"基础上，通过进一步整合各类社会资源和专业机构，完善园区创新生态系统，打造线上线下相结合的一站式企业服务中心。

孵化节点：以科研成果转化和技术成果转化为突破口，联合高校院所和龙头企业，建立技术创新和技术产业化机制，提供全方位创业服务。

人才节点：以人才培养和人才供需平台建设为突破口，加速形成园区自主创新的人才培养机制和人才产业化服务机制。

投融资节点："科技金融＋认股权池＋基金投资"覆盖企业早中晚期全生命周期的资本服务体系。

3. 发展战略

公司围绕发展集团"轻资产、强服务、活机制，固根基、补短板、扬优势"的基本主线，以"4+2"服务体系为主轴，聚合国内外集成电路产业优质创新资源，加快构建面向集成电路领域专业、集中、高效的全周期产业服务体系，成为具有国际引领效应的开放型、平台型、枢纽型集成电路专业集成服务商，制定实施"336"战略。

"3"：重点布局满足"新场景、新基建、新未来"三新产业所需的关键集成电路领域；

"3"：优化提升产业资本、产业空间、生态服务"三大体系"能力；

"6"：强化组织、资金、空间、激励、协同、品牌"六大保障"。

（四）园区孵化的优秀企业

1. 孵化成果

2020年，中关村集成电路设计园已经聚集了比特大陆、兆易创新、兆芯、文安智能在内的数十家集成电路设计龙头企业和50余家上下游企业，依托产业的发展优势，全维赋能芯片企业发展。

2. 优秀企业案例

（1）北京地平线科技有限公司

北京地平线科技有限公司（简称"地平线"）以边缘人工智能芯片为核心，为产业提供具备极致效能、开放易用的赋能服务。

地平线为自研AI芯片规划了完备的研发路线图。2017年，地平线即推出了中国首款边缘人工智能芯片；2019年，地平线又先后推出中国首款车规级AI芯片征程2、新一代AIoT智能应用加速引擎旭日2。2020年，地平线进一步加速AI芯片迭代，推出新一代高效能车规级AI芯片征程3和全新一代AIoT边缘AI芯片平台旭日3。2021年7月，推出业界第一款集自动驾驶和智能交互于一体的全场景整车智能中央计算芯片征程5，单芯片AI算力达128 TOPS。随着征程5的推出，地平线成为业界唯一能够提供覆盖从L2到L4全场景整车智能芯片方案的边缘人工智能平台型企业。

地平线目前已同奥迪、比亚迪、长安汽车、长城汽车、东风汽车、广汽集团、红旗、江汽集团、理想汽车、奇瑞汽车、上汽集团等主机厂达成深度合作，快速搭建开放共赢的智能汽车芯生态，更多搭载地平线征程系列芯片的车型将陆续发布。

（2）北京比特大陆科技有限公司

北京比特大陆科技有限公司（简称"比特大陆"）成立于2013年，在超高性能计算领域具有强大的研发能力。

比特大陆是一家专注于高速、低功耗定制芯片设计研发的科技公司，拥有低功耗高性能的16 nm工艺集成电路的量产经验，成功设计量产了多款ASIC定制芯片和集成系统。重点面向世界的中小型企业及个人用户，目前销售服务网络覆盖了全球100多个国家和地区。比特大陆拓展人工智能硬件及软件产品，研发深度学习加速卡及服务器、深度学习云平台等系列产品及服务，扩展云基础设施与人工智能计算领域。专注于高速运算芯片、集成电路IC行业、互联网金融、高性能运算HPC、机器学习算法等AI人工智能。

（3）兆易创新

兆易创新成立于2005年，总部设在中国北京，于2016年8月在上海证券交易所成功上市，目前拥有超过1100名员工，是一家致力于开发先进的存储器技术、MCU和传感器解决方案的领先无晶圆厂半导体公司。

该公司的核心产品线为存储器、32位通用型MCU及智能人机交互传感器芯片与整体解决方案，产品以"高性能、低功耗"著称，为工业、汽车、计算、消费类电子、物联网、移动应用及网络和电信行业的客户提供全方位服务。在中国市场，NOR FLASH产品占有率排名第一，同时也是全球排名前三的供应商之一，累计出货量近160亿颗，年出货量超28亿颗；2021年6月，推出了首颗DRAM产品GDQ2BFAA系列，标志着正式入局DRAM这一主流存储市场；目前MCU已经发展成为中国32位通用MCU市场的主流之选，并以累计超过6亿颗的出货数量、超过2万家客户数量、28个系列370余款产品，在覆盖率上稳居中国本土首位。

十二、京东智能城市数字经济产业园

（一）简介

京东科技集团定位为专注于产业发展的数字合作伙伴，集团70%以上员工为研发和专业人员，拥有50多位全球顶级科学家，其中4位科学家入选IEEE Fellow。京东科技集团于2016年开始布局数字经济产业园，与城市合作共建线下线上数字经济服务平台，推动本地实业企业数字化转型和创新，建设数字经济标杆示范区。

京东智能城市数字经济产业园（简称"京东智能城市"）依托京东18年来积累的品牌优势、商业模式经验、研发技术、生态产业资源优势及地方政府、高校、投资机构等外部资源，同时与京东零售、物流、健康、科技等业务板块拉通资源形成合作，共同赋能园区内入驻企业快速成长。京东智能城市数字经济产业园区别于传统的孵化器，它更像是一个产业生态的数字化创新平台，为创业者不仅提供基础的工商财法税服务，还为创业者提供企业上云、数字化创新技术、供应链、电商渠道、投资、资源对接、办公空间、产教融合、人才招聘等一站式数字化转型服务。

（二）京东智能城市产业孵化模式及成果

目前，京东智能城市数字经济产业园已在全国45个地方落地运营，空间面积共达30万平方米，服务企业超过4000家，2020年园区入驻企业营收总额累计达250亿元。自2016年成立至今，京东智能城市数字经济产业园始终以坚持"技术+产业"为宗旨，深耕人工智能、物联网、无界零售、数智供应链、大健康、SaaS化企业服务等垂直领域创新生态发展。其中，在园区内分别设立创新中心和商家服务中心。创新中心是基于人工智能、云计算、物联网的科技类创业创新孵化服务平台，致力于将京东内部资源和外部行业资源整合，赋能科技初创企业快速成长；商家服务中心则是倾向于帮助传统企业实现数字化转型升级。依托京东科技坚实的技术平台优势、品牌优势及生态优势，打造出了具有京东特色的创新创业成果。

①京东智能城市（重庆）数字经济产业园示范园案例。园区位于重庆市南岸区烟雨路9号国瑞中心19层及18层，面积近3000平方米，自2019年3月启动运营以来，园区累计注册企业97家、入驻企业34家、入驻118人、明星企业6家。立足重庆城市产业特色，构建了"一基地+三中心"——重庆市京东数字经济产业基地、西南电商聚集中心、国家智能制造产业创新中心，"互联网+大健康"示范中心，以电商聚集中心和企业孵化为载体，为地区产业项目搭建展销平台、导入电商能力、提供智能生态，促进"产业上云转型"和"云上产业聚集"，推动重庆经济社会发展向数字化、网络化、智能化的更高阶段迈进，产业智能化发展迎来"重庆时间"。成功获批重庆市级众创空间、重庆市级孵化器。

重庆环问问科技有限公司是一家专业建设环保云系统的科技型企业。2019年，该公司正式入驻京东智能城市（重庆）数字经济产业园，在获取云资源、底层技术及市场拓展等过程中，获得了京东智联云的强大助力，在理论、实战、案例等多个方面得到"全副武装"。自从入驻后，加快了产品升级迭代速度，产品从研发阶段进入市场运营阶段，产值从30万元增长为600万元。该公司主要获客渠道由线下转变为线上，通过直播手段获取了一大批客户，同时通过京东智联云AI技术，给传统的环保巡检巡查工作赋予智能化，让线下环保工作变得更方便。

②京东航天数字经济示范园案例。该园区位于西安市航天基地东长安街501号运维国际总部大厦，运营面积共13 800平方米。自2017年落地以来，园区依托当地产业政策、航天基地扶持政策，同时借助国家新一代智能供应链人工智能开放创新平台，输出京东生态资源，释放云计算、AI、大数据等技术势能，智能供应链不断赋能当地产业，助力区域转型，构建"云上开发区"。

以西安恒盛集团为例，入驻京东航天数字经济示范园之前，商砼行业整体信息化基础较弱，发展水平参差不齐，面向全产业链的信息协同和共享机制尚未建立，缺少建材一站式的解决方案门户，商砼上下游涉及生产、物流、建筑商、开发商、个体司机等主体，交易仍以线下为主，面临不透明、不规范和不通畅等问题。商砼上下游产业链各主体现有管理模式缺乏在线化的日常履约，如报单系统和协同沟通系统协同工具无法实现发起需求、交易、履约协同的高效闭环；同时搅拌车、泵送车等多种车辆运营过程缺乏信息化监管，物流安全无法得到充分的保障。入驻后，西安恒盛集团提出希望搭建面向商砼产业链的B2B平台，建立商砼生产企业与物流环节的新型协同机制，优化物流资源配置，实现线上线下集采集销的全产业链的带动，最终形成"集采集销 + 物流 + 增值服务"的全新模式。

在此背景下，京东科技集团为恒盛集团打造了国内首个建筑行业的B2B平台——"商砼之家"，该平台实现了商品展示、线上预约交易、物流调度跟踪、大数据分析、异常预警等功能，房地产商（建筑承包商）和工地施工方可以方便地向商砼（建材）工厂预约下单，并能跟踪订单和物流进度，实现高效交易和流通。西安恒盛集团通过智能商砼供应链平台，实现从管道型企业向平台业务的转型和一站式协同服务，实现线上线下集采集销的全产业链条带动，基于平台实时掌握全盘的商砼需求、交易、调度和运输等信息。项目实施后，企业日常履约效率提升30%。

当下，借势京东科技核心技术优势，像恒盛集团一样的传统企业，正以前所未有的数字升级意愿，点燃产业创新动力，不断从小众走向大众，推动数字技术大规模迅速地融入实体经济。经过3年多的发展，目前示范园已有包含苹果、羊奶粉、陕西名优特产、居家生活、食品饮料、茶叶酒水及数码家电等数十个行业品类品牌在内超过400家优质企业入驻。"冰峰饮料""泾渭茯茶""秦宝牛肉""陕果集团"等一大批龙头企业及"佳帮手""西域美农"等西北规模化电商企业纷纷"走进来"，数字经济助力传统产业发展的聚集效应逐步凸显。

③京东（仙游）数字经济产业园示范园案例。2021年8月26日，京东（仙游）数字经济产业园（简称"仙游"）入选国家电子商务示范基地。自2018年落地以来，在京东云的技术支持下，京东智能城市助力仙游解决了工艺美术、油画等行业在品牌品

质、营销模式、人才等方面的短板，有力促进了仙游传统产业的转型升级，同时盘活带动地方经济高质量发展。

目前，京东（仙游）数字经济产业园内已招商入驻企业超过660家，在京东开店的企业超过400家。京东为这些企业提供了全方位的配套服务，让园区企业尝到了"拎包入住"的"甜头"。莆田尚和工艺品有限公司自2019年入驻园区后，企业销售额从不到1000万元直接飙升至3000万元。2020年12月，产业园直播服务中心正式揭牌，直播中心联合多个平台、共享超过50多个直播空间、汇聚了200多家直播企业。其中，莆田仙创空间信息科技有限公司自入驻以来，打造了一支49人的专业直播队伍，公司无论从销售额、产值、发展规模都实现大幅增长。

数据显示，2020年仙游红木等产品全年线上销售新增20亿元。京东智能城市入驻两年多以来，已成功带动红木产业数字化转型，完善线上线下生态配套和政策，盘活7.5万平方米的办公面积，形成数字化转型企业生态集聚。

京东（仙游）数字经济产业园立足仙游工艺美术产业，正在实施"131"计划：建设1个平台（全球工艺美术品展示交易平台）、3个中心（全球工艺美术大数据中心、电商生态集聚中心、产业创新中心）、1个研究院（仙作文化研究院）。整个项目依托京东商城、京东物流及京东科技等产业生态服务能力，来打造"全国工艺美术产业＋互联"深度融合的数字经济平台标杆。这一平台将构建中国"仙作"工艺美术行业标准规范体系和服务体系，形成中国红木家具、商品油画行业价格指数。

（三）京东助力传统企业数字化转型案例

1. 老坛子泡菜

老坛子是四川眉山一家传统泡菜企业，在入驻京东智能城市之前，面临着传统销售渠道遭遇天花板、找不到突破口、线上销量为零的局面。入驻后，京东大数据反向定制报告，开发电商新产品，并帮助邀请行业专家解决发酵应用技术方面问题，在线上协助打开销售渠道，提供店铺运营指导，店铺详情页免费设计，入驻自营店；与此同时帮助对接京东物流资源，帮助降低物流与仓储成本，协助参与泡博会，获得央视报道宣传。2019年8月销售额不足500元，目前平均月销售额超过50万元，京东线上累计销售额破千万元。

2. 四川百觅农业发展有限公司

四川百觅农业发展有限公司（简称"百觅"）是一家集基地种植、产品加工生产、渠道分销于一体的产销综合类企业。在入驻京东智能城市后，京东通过电商、物流、资源、活动等多方面赋能帮助企业迅速实现数字化转型。在物流赋能方面，对接京东物流，与百觅共建京东云仓，面积达6600平方米，集合所有本地物流资源，提供产品仓储、物流配送等一站式服务。在电商赋能方面，7天内实现开店，有专业的店铺运营指导、详情页设计等；2020年9月，百觅成功进入京东自营（产地直发），仅两个月店铺销量便达到了10多万单。在资源支持方面，提供数十万的京东云资源支持；在活动赋能方面，全程参与"双十一"、京东助农、京东直播，打通京东助农频道，2021年2月位列柑橘品类生鲜POP流行榜第1名。自从2019年8月入园以来，线上累计销售额已超9000万元，线上线下累计销售额逾亿元，助力企业全方位升级。

（四）京东智能城市数字经济产业园孵化科技企业案例

①湖南鹏城信息技术有限公司成立于2018年11月，是一家基于"互联网+"的大型二手车物流平台公司，主要从事全国二手车配送服务，是优信、瓜子、车易拍等国内主要二手车交易平台的长期合作伙伴，目前该公司共有签约司机5000余人，业务覆盖全国（西藏除外）。该公司致力于使用新技术、新方法解决传统物流行业（汽车物流）的前、末端配送难题。该公司拥有自己的研发管理团队，自主研发了一整套配送系统，包括管理平台和移动端App。2020年该公司入选中国科技创业贡献奖。

②济南荷鲤文化传媒有限公司是一家以慕课微课制作为主的企业。该公司先后获得18项软件著作权，具有专业视频应用服务平台技术，智能化、网络化视频监控平台技术；跨平台、跨领域数字内容服务与应用平台技术；多业务应用平台技术；高清、宽动态、低照度摄像技术；大容量、高压缩监控后端处理技术；面向视频服务的云存储系统技术；电视屏幕、手机屏幕、电脑屏幕互动与融合技术；视频应用服务内容保护技术等。该公司已于2021年7月进行高新技术企业申报，同时完成了国家科技型中小企业入库。

附录三 大企业共享创业平台建设与运营规范

团 体 标 准

T/CATE 0001—2020

大企业共享创业平台创建与运营规范
The Establishment and Operation Specification of Large Enterprises Shared Entrepreneurial Platform

2020-09-04 发布　　　　　　　　　　　　　　　　　　2020-09-05 实施

中国技术创业协会发布

前　言

本文件依据《中华人民共和国标准化法》和《团体标准管理规定》，按照《标准化工作导则 第1部分：标准化文件的结构和起草规则》（GB/T 1.1—2020）给出规则起草。

本标准由中国技术创业协会提出并归口。

本标准起草单位：青岛海创汇创业服务有限公司、韵网（北京）科技有限公司。

本标准参编单位：海尔集团、三一集团、中国金茂、京东智联云、普华永道、新希望集团、一汽集团、万向集团、东方电子集团、北京电子控股有限责任公司、阿里云创新中心、小米谷仓、毕马威、创头条、埃米空间、普天电子城孵化器等。

本标准主要起草人：刘长文、颜振军、张峰海、高善武、张小康、臧玉红、王文江、李志磊、刘瑾、方赈、张金阳、刘锋、陆犇、刘向锋、龚小北、杨荣旭、姜冬妮、李红建、徐伟、杨林、王清刚、洪华、章品书、陈志刚。

引　言

为深入实施创新驱动发展战略，推动创新创业高质量发展，我国创业孵化行业应当与时俱进，积极探索适应新经济模式的产业孵化和智能孵化。大企业创立的共享创业平台，可以有效发挥产业组织作用、提供产业链资源，是有效的产业孵化载体。

大企业创立共享创业平台是其自身持续创新的需要，可以提升大企业内部创新创业的质量；客观上，也可以支持外部创业者与中小企业成长与发展。大企业共享创业平台通过大企业双创升级与发展大企业创业投资，促进大企业与中小企业的融通发展，可以极大推动我国创新创业发展。

本标准的目的是为有转型升级需要的大企业建立共享创业平台提供模式指引，规范共享创业平台的组织功能与评价体系结构，说明具体实施要点及操作形式。

大企业共享创业平台创建与运营规范

1 范围

本文件明确了大企业共享创业平台的系统性建设实施中的相关术语、定义、平台创建流程与平台运营流程。

本文件适用于由大企业独立创建或由大企业主导并联合第三方共同建立的共享创业平台的建立与运营。

2 规范性引用文件

下列文件对于本文件的应用是必不可少的。凡是注日期的引用文件，仅针对标注日期的版本适用于本文件。凡是不注日期的引用文件，其最新版本（包括所有的修改单）适用于本文件。

GB/T 4754 国民经济行业分类

GB/T 19012 质量管理 顾客满意 组织处理投诉指南

GB/T 34670 技术转移服务规范

3 术语和定义

下列术语和定义适用于本文件。

3.1 大企业 Large Enterprise

符合 GB/T 4754 中大型企业认定标准；聚焦特定领域，在本领域内拥有强技术研发能力、高品牌溢价等优势；同时拥有上游供应链、中游研发生产、下游营销渠道等全产业链资源的集团型企业。

3.2 共享创业平台 Shared Entrepreneurial Platform

为创业者和中小企业提供辅导、投资融资、研究开发、人才匹配、品牌营销、运营支持、产业链、供应链等孵化加速服务的机构和体系。

3.3 大企业共享创业平台 Shared Entrepreneurial Platform of Large Enterprises

大企业独立建立或与其他机构合作建立的共享创业平台，主要服务于大企业内部创业者及外部创业者和中小企业。通过接入自身及合作伙伴的产业链与供应链资源及服务，加速创业者及中小企业成长。同时，大企业通过投资入股创业企业获得相应股权收益，并通过开放产业应用场景与创新技术的相互促进，创造新的业务增长点，增强品牌影响力，回馈社会。

4 大企业共享创业平台的创建与运营

4.1 总则

大企业共享创业平台是以创业人才、产业资源、资本等创业要素的开放共享为基础，旨在推动大企业实现内部创新孵化、转型升级和外部创业企业获得产业加速、资本赋能，以产业生态的开放共创为前提，搭建的孵化、投资、交易等融通发展机制驱动的开放式创业平台。（可参考附录A）

平台创建主体需紧密参与平台创建过程中的各个方面，以达到平台与创建主体和服务对象良性共生的目的，因此创建主体首先需是符合主创建主体和服务对象良性共生的目的，因此创建主体首先需是符合主体要求的大企业，其次创建主体自身也需进行相应的组织调适。

平台在运营的过程中需充分考量自身产业组织者、双创载体、创建主体转型升级载体等多重属性，建立相应的发展规划、业务流程、管理规范与机制及自身评价体系，从而充分满足平台创建与运营过程中各方参与者与服务对象的需求。

4.2 大企业共享创业平台的创建

4.2.1 创建主体

大企业共享创业平台的创建主体需要符合以下条件的聚焦特定产业领域的大企业。

（1）企业自身处于转型升级时期或有转型升级需求。

（2）企业因转型升级而创建了开放创新的体系架构或拥有体系改革自主权。

（3）企业自身形成产业规模，可为在孵企业提供产业资源，帮助在孵企业快速成长。

（4）企业自由现金流充足，可在不影响自身经营的前提下为在孵企业提供早期资金。

平台需由聚焦特定产业领域的大企业单独创建或与第三方合作创建。创建过程需以满足上述条件的大企业为主导，资源共创方根据主体不同可以分为：掌握特殊领域关键优势资源的企业、知名高校及科研院所、产业规划方向契合互补的政府机构等。资源共创方根据提供的资源享受相应收益。

4.2.2 服务对象

大企业共享创业平台的服务对象为：

—— 内部创业者及企业；

—— 外部创业者及企业；

—— 产业链中的其他主体。

4.2.3 创建可行性研究

大企业共享创业平台的可行性研究以创建主体大企业自身未来三到五年战略规划为基础，重点评估平台功效与满足创建主体大企业规划需求匹配性与平台持续发展能力。具体的评估要点需包含创建主体适合性评估、创建主体规划与平台拟发展规划匹配性评估、创建主体资源及连接资源与平台所需资源匹配度评估、创建主体组织调适可行性评估、拟创建团队适合性评估、创建风险评估、平台持续发展竞争力评估几方面。

4.2.4 创建主体相应组织调适

为更好地建立与运营大企业共享创业平台，创建主体大企业需做出相应的内部组织调适。大企业内部组织结构需能支持从串联式向并联式转变，形成以用户为中心，资源方、合作方、内部员工齐参与的利益共同体，以利于快速响应与配置资源，满足内部及外部用户需求。大企业需结合自身特点进行组织结构设置，在大企业内部需有对应的机制创新，基本原则是需利于内部的每个员工变为网络组织中的节点，激发节点能动性，驱动节点间可自由并联，连接用户创造价值。具体的组织调适示例可参考附录C。

4.2.5 管理结构与能力建设

大企业共享创业平台需具有可实现资源网络整合与服务定制对接的组织架构。组织架构中的每个部门均是为内外部创业者及中小企业提供服务的对接部门，每个部门也均是资源网络的整合部门。组织架构中需包含外部资源对接、内部资源整合、投资融资、综合管理四部分业务模块，每一个业务模块的具体组织架构由平台根据自身人员规模与需要动态调整。

大企业共享创业平台的建设是系统工程，平台各业务模块团队需由创建主体内部与外部人员混合组成，其管理结构的设计是为了建立平台融通内外的孵化服务能力，平台具体的能力建设模型可参考附录 B。

4.2.6 服务体系

大企业共享创业平台服务体系主要包含基础服务、增值服务、投资服务三个层级，如表1所示。服务资源需由大企业内部直接提供或由大企业共享创业平台链接外部资源并持续更新。

表 1 服务体系

服务层级	主要内容
基础服务	满足服务对象基础需求，如空间、商务、法务、财务等
增值服务	满足服务对象加速成长需要的相关资源尤其是产业资源，如技术研发、品牌、供应链等
投资服务	满足服务对象各个成长周期的资金需求，如种子投资、风险投资等

4.3 大企业共享创业平台的运营

4.3.1 发展规划

大企业共享创业平台的实际运营发展规划以适配性为原则。平台为创建主体大企业根据自身创新转型升级需要所创立的共享创业平台，其发展规划需符合大企业自身、当地政府、国家政策几方面规划，以满足企业发展目标为主。具体发展规划需包括以下几方面。

——平台孵化产业方向规划；
——平台孵化产业结构规划；
——平台孵化产业技术规划；
——平台孵化企业数量规划；
——平台孵化企业规模规划；
——平台自身成长规划。

4.3.2 标准孵化业务流程

孵化业务是大企业共享创业平台的主营业务，平台需建立从企业招募到毕业后跟踪服务的完整与规范的孵化业务流程，并设立相应的规范与管理制度，具体业务流程见下图。

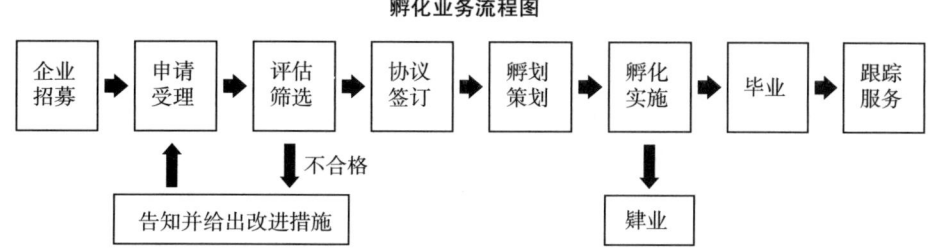

孵化业务流程图

4.3.3 管理规范与机制

平台需建立针对不同业务环节的管理规范与机制，发布相关文件并保留修改记录。平台业务规范需包括以下几方面，其中技术转移与服务机构管理需满足 GB/T 34670 与 GB/T 19012 相关规定。

——项目入孵；
——项目筛选；
——在孵项目管理；
——孵服务管理；
——技术转移；
——服务机构管理；
——孵化资金使用管理；
——统计管理；
——企业信息保密；
——企业档案管理。

4.3.4 人员绩效管理

平台人员绩效管理需考量不同服务对象与自身发展，具体绩效管理包括以下几方面。

——创孵成效；
——产业链服务成效；
——创建主体贡献；
——平台自身发展。

4.3.5 在孵企业毕业标准

达到以下标准之一企业即可毕业。

——在孵企业被大企业共享创业平台创建主体大企业内部并购，成为创建主体新事业部或子公司；

—— 在孵企业实现独立上市或独立大规模融资，可独立保证稳定资金来源；

—— 在孵企业营业额及利润达到足够规模，经营现金流为正且稳定。企业内部组织体系完备，不再需要平台提供服务；

—— 平台投资与股权退出。

4.3.6 在孵企业毕业流程

1）组织平台专家委员会评审企业是否达到毕业标准（内部并购及上市无此流程）。

2）根据评审结果，发出毕业通知书或肄业通知书。

3）办理毕业手续，退还平台资源。具体退还方式及资源明细根据事先约定确认。

4）对毕业企业出具毕业证明。

5）建立毕业企业档案。

4.3.7 评价

大企业共享创业平台评价主体需由以下三种方式之一组成。

—— 由创建主体大企业内部人员组成的评价委员会；

—— 委托第三方专家进行独立评价；

—— 第三方专家与创建主体大企业内部人员共同组成评价委员会。

由评价主体每年或每个规划周期对平台进行评价打分，平台每个评价模块与总分均需满足相应的评分标准。针对不满足评分标准的模块，平台需聘请外部专家给出改进方案并在下一个评价周期内重点监控。平台评价体系需包含表2所述的四个模块。

表2 评价体系

评价模块	解释
平台服务体系	平台服务体系的完善程度与服务能力的强弱程度，一般分为对现有服务体系的评价和未来发展的评价
创孵绩效	平台实际的创业孵化成果，一般包含在孵企业数量、规模、营收等方面
平台创建主体贡献	平台为创建主体所做的贡献，主要体现形式包含财务、技术、文化等方面
平台可持续发展	平台自身持续发展能力，主要包含平台自身的营收、利润、估值等方面

附录 A
（资料性附录）

制造业"双创"平台的内涵

本附录以阐释制造业类型的大企业双创平台内涵为附录，为大企业共享创业平台的创建提供参考，明晰创业平台应具备的主要功能方面的内容。具体实施过程中，依据大企业平台聚合的资源不同，可进行相应的调整。

A.1 制造业"双创"平台的定义

制造业"双创"平台是面向制造业与互联网全面融合需求，以工业网络、工业软件、工业云和工业大数据等技术为支撑，以人、设备、技术、资本等制造要素的在线化和业务系统的集成化为基础，以研发、生产、孵化等制造能力的开放、交易为核心，以多方参与、高效协同，合作共赢的融通发展机制为纽带，推动企业生产制造全过程，全产业链、产品全生命周期全方位创新的开放式平台。如图 A.1 所示，从当前实践看，近年来涌现的诸多工业云平台、工业互联网平台、分享制造平台、众创平台、众包平台等都属于制造业"双创"平台的范畴。

制造业"双创"平台的构成要素包括：推进主体、技术基础和环境建设三类要素。其中，推进主体是最关键的要素，由"双创"平台的管理方、制造企业、互联网企业、电信运营商、信息技术服务企业等多类主体所组成。各参与主体基于"双创"平台实现信息流、知识流等链接交互，推动价值创造方式从价值链走向价值网络。

第二类是构成"双创"平台的技术基础设施要素，包括硬件基础设施、软件基础设施、网络基础设施、基础性支撑平台等，用以支撑企业研发设计、生产制造，经营管理等方面的协同创新活动。第三类是平台运营环境建设要素，包括创新资源管理，平台运营管理，准入门槛，知识产权保护等方面的制度规则等，用以调动各参与主体的积极性，能动性，保障平台的管理能力和服务功能得到充分发挥，实现制造资源高效配置和供需高效对接。

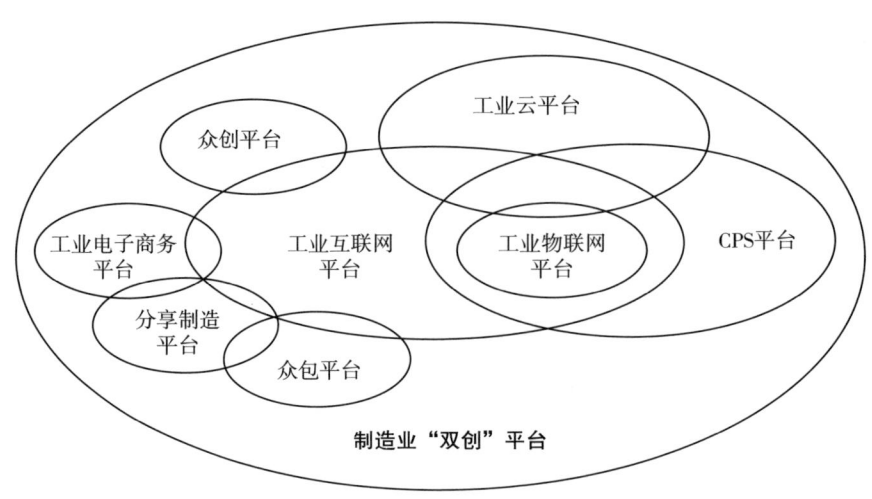

图 A.1 制造业"双创"平台的范畴

A.2 制造业"双创"平台的主要功能

A.2.1 高效汇聚整合资源

开放共享是互联网时代创新发展的重要方式，基于先进网络技术的"双创"平台具有突出的开放性、虚拟性、协同性等属性，在企业生产经营中的网络效应与规模效应日益凸显。制造企业通过基于互联网的"双创"平台，突破时空限制，跨越行业界限，在全球范围内整合集聚，开放、共享各类创新要素和制造资源，推动制造资源的高效对接和优化配置，能够有效提升企业的设计，制造，管理和服务水平。

A.2.2 变革组织管理模式

互联网时代，如何最大程度激活企业员工的创新力、创造力，成为制造企业组织管理模式变革的核心要义。大型制造企业在建设"双创"平台过程中，通过组织结构与管理机制创新，充分挖掘释放企业内部"众"部门、"众"环节、"众"员工的创业创新潜力，推动企业向网络化、平台化、扁平化创新型组织转型发展。一些大企业通过设置创新单元、组建创新团队等组织管理创客化方式，优化管理流程，缩短创新周期。还有一些大企业借助互联网的力量，通过把企业组织变成互联网的节点，将企业转型为孵化创客的平台，实现"双创"平台创新资源的无边界链接和快速聚散，吸引企业内部员工和外部创业者进行创业创新，推动企业由传统科层制管理向适应互联网时代的平台化多中心自组织转型发展。

A.2.3 牵引生产方式

智能化变革通过共享创新资源，优化供需对接，减少中间环节，推动开放普惠，基于互联网的"双创"平台正在推动创新要素加速向多业务、全链条、全周期渗透，深刻改变着生产方式。

一是驱动生产方式网络化、协同化变革。"双创"平台是制造技术和信息技术深度融合的有效载体，促进了企业内部以及企业间研发设计、生产制造、营销管理各系统的无缝衔接和综合集成，推动相关企业集聚化，协同化生态化发展，将生产服务协作扩大到了全产业链，催生了网络化协同制造，智能工厂等新型制造模式。

二是加快向个性化定制模式转型。个性化定制的关键是激发消费者创新活力，将消费者创新与企业创新紧密结合，进而实现企业柔性化生产、零库存运营的创新发展。"双创"平台通过推动企业创新创业资源的数字化、在线化、交互化、共享化，催生出更多贴合市场需求的新技术、新产品、新服务，实现供需信息透明化、消费者深度参与和生产过程柔性化，有助于形成即时化、个性化、精准化的制造新模式。

三是推动制造业向生产服务型转变。一些大型制造企业通过"双创"平台开拓附加值更高的服务化新业态，使服务化成为制造业价值链的主要增值点，同时依托"双创"平台促进信息流技术流、资金流和物流的贯通与整合，大幅降低制造企业服务化转型成本，推动制造业与服务业加速融合，提升发展质量和效益。

A.2.4 构建创业创新生态圈

平台是创新资源富集的高地，是制造技术和信息技术深度融合的有效载体。美德两国有实力的跨国公司都非常注重通过构建开放式创新平台集聚各行业力量，打造以平台为核心的智能制造产业生态圈。大企业通过建设"双创"平台，集聚整合技术、人才、资金等要素资源，不断丰富创业孵化、专业咨询起检测投融资、知识产权等服务，加强与中小企业的传业分工、服务外包、订单生产等多种形式协作，打造形成资源富集、创新活跃、高效协同的产业创新生态圈，实现产业链协同创新与生态化发展。在这一生态圈中，大企业是核心主体、中小企业是重要参与者、科研服务机构是重要支撑。大企业利用"双创"服务于自身转型升级，进一步强化技术、品牌、市场优势，不断增强创新能力；围绕大企业优势资源，中小企业发挥专业分工优势，瞄准细分领域和"长尾"需求，突出差异化特色，找到精准的市场定位，从而成长为小而强的隐形冠军，延长和丰富了产业链；科研院所、金融机构、第三方服务中介等主体的加入，推动形成资金链引导创新创业链、创新创业链支持产业链、产业链带动就业链的良性循环模式。

A.3 制造业"双创"平台的核心特征

如图 A.2 所示。

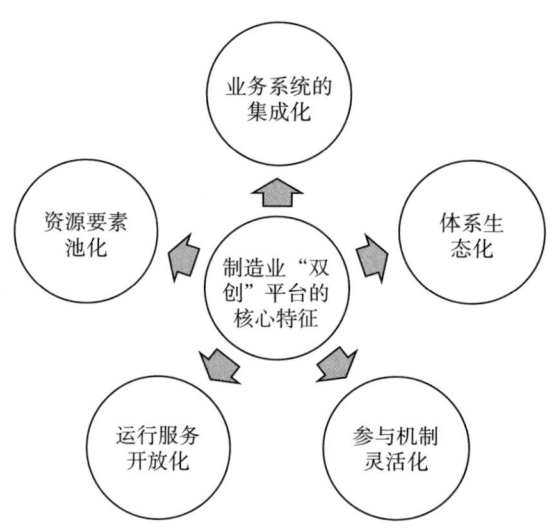

图 A.2　制造业"双创"平台的关键特征

A.3.1　资源要素池化

资源要素池化是"双创"平台建设的前提。企业把"双创"平台构建在云计算架构体系上，推动研发工具、仿真系统、模型库、管理软件，制造执行系统等大型应用软件和数据存储、治理、挖掘、分析逐步向云端迁移，通过虚拟化方式形成巨大的资源池，支撑企业更高效地汇聚，动态配置创业创新资源。

A.3.2　业务系统集成化

系统集成化是"双创"平台建设的基础。企业内部系统集成化是指把研发设计信息化、产品信息化、生产信息化、管理信息化、业务流程和组织再造等重点环节打通。只有做到系统之间的集成和互通，才能打通和整合企业内部，企业之间以及企业与用户之间的各类资源，实现数据要素与传统要素之间的跨界融合、资源动态协同和按需优化配置，从而提高企业的综合效益。

A.3.3　服务能力开放化

服务能力开放化是"双创"平台建设的重点。当前企业仅仅依靠内部的资源进行高成本的创新活动，已经难以适应快速发展的市场需求以及日益激烈的企业竞争。制造业"双创"平台拥有开放的边界，通过互联网搭建需求者和供给者双方共享的商业化平台，将全球互联网及行业先进的技术，知识、产品、理念、模式集合起来，将企业的研发设计，生产制造、物流、人才培训、检验检测等能力交易在线化、市场化，并通过质量认证，企业征信等配套服务完善能力交易市场，为制造企业发展及时提供最佳解决方案。

A.3.4 参与机制灵活化

参与机制灵活化是"双创"平台建设的重要保障。制造业"双创"平台在资源整合、管理模式、运行机制、开放服务等方面都需要结合企业实际需求，创新体制机制，确保能够充分挖掘释放"众"企业、"众"部门、"众"环节、"众"员工的创业创新潜力，激活传统企业中的人和组织，助推形成基于互联网的新型制造业发展理念、战略、组织、流程、管理和业务模式。

A.3.5 体系生态化

体系生态化是"双创"平台建设的高级阶段。围绕生态系统主导权的竞争是产业竞争的最高形态，其本质是整合"平台+服务提供商+用户"生态资源，构建基于"双创"平台的制造业生态。这要求企业在生态系统的形成、演化中不断调整优化自己的功能定位，及时更新拓展相关的管理参量和服务边界，在定位优化中不断提升自己的价值链，形成分工有序、协同创新的"双创"生态。

附录 B
（资料性附录）

大企业共享创业平台能力建设参考模型

大企业共享创业平台的建设是系统化工程，需要具备三方面的能力：产业资源网络构建能力、资本生态整合能力、内外部创业辅导的导师网络构建能力（图 B.1）。

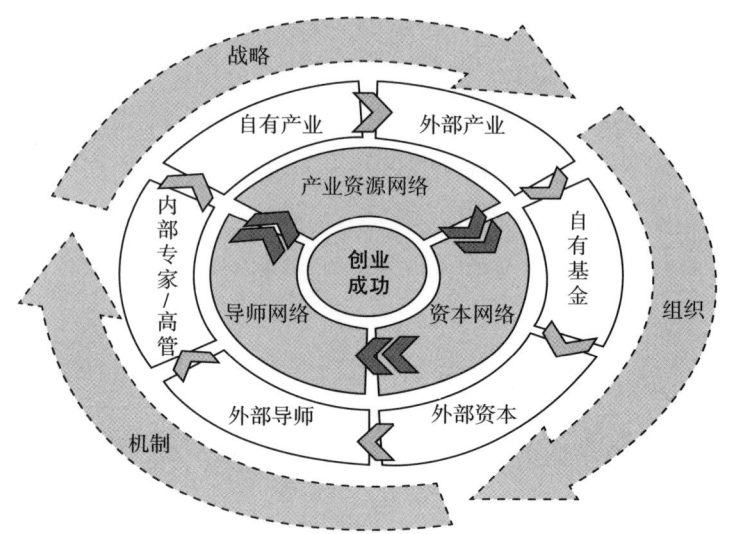

图 B.1　大企业共享创业平台能力建设参考模型

其中，产业资源网络构建包含内部产业资源开放和外部产业资源的整合，需要大企业顶层战略支持和组织架构设置及分享机制创新的支撑；资本生态整合包含自有资金投放能力和外部资本嫁接能力；导师网络构建能力包含大企业内部专家、创业家和外部的创业导师接入、运转、维护、扩展的能力。如图 B.1 所示，给出了大企业共享创业平台能力建设的参考模型，其核心是大企业内外部项目对创业成功的持续需求，围绕帮助创业成功加速的目标，配置产业资源、资本、导师三方面的能力，大企业平台化战略驱动组织架构调整，支持内部产业资源开放，通过增值分享的机制驱动外部产业、资本、导师资源各板块自运转，同时三方面相互融合补充、相互驱动，形成良性的循环，激发更多内部优质创业项目孵化，吸引更多外部优质创业项目进入大企业共享创业平台，带动更多优质的资本方、导师资源加入，三方面能力之间互相促进，形成不断增强的回路，产生快速运行的"飞轮效应"。

附录 C
（资料性附录）

平台化战略及组织变革转型共享创业平台的参考示例

本附录是针对战略及组织变革转型共享创业平台的参考示例——H 集团。

背景说明：H 集团是首批国家双创示范基地之一，在实施建设创业平台的实践和经验，在平台能力建设及开放机制建设方面，创业平台由内部创业、外部创业的进化层次上，具有较为充分的参考价值。

C.1 以 H 集团为创业平台创建主体，做实基础

从 2012 年年底开始进入生态品牌战略阶段，将从传统制造企业转型为共创共赢的物联网社群生态。现阶段，H 公司已经延伸到家电、通讯、IT 数码产品、家居、物流、金融、房地产、生物制药、医疗健康、创业服务等多个领域，已成为全球领先的美好生活解决方案服务商。公司始终以创造最佳用户体验为核心，深入全球 160 个国家和地区，服务全球 10 亿+用户家庭，拥有 4 家上市公司，成功孵化了 5 家独角兽企业和 23 家瞪羚企业，在全球设立了 10+N 开放式创新体系、25 个工业园、122 个制造中心、108 个营销中心和 143 330 个销售网络，拥有自创品牌和并购品牌以及孵化的新品牌等众多生态品牌和新物种。

在转型过程中，H 从战略、组织、员工、用户、薪酬和管理六个方面进行了探索，以此打造动态循环体系。从战略层面建立起以用户为中心的共创共赢生态圈，实现生态圈中各攸关方的共赢增值；从组织层面打破传统的科层制组织结构，变革为灵活的节点网状闭环组织。

在此过程中，员工从被雇佣者、执行者转变为创业者、动态合伙人，目的是要构建社群最佳体验生态圈，满足用户的个性化需求。通过将"企业付薪"变为"用户付薪"的薪酬机制，驱动员工转型为真正的创业者，在为用户创造价值的同时，也实现自身价值；在管理创新上，通过探索非线性管理模式，最终实现引领目标的自演进。

在全国"大众创业，万众创新"的号召下，为更有效的实现"从制造产品到孵化创客"的转型，更好的承接 H 公司人人创客转型战略，同时将集团的产业资源向全球创业者开放，于 2014 年 5 月成立了 H+创业孵化加速平台，这是一个市场化、专业化、集成化和网络化的创客孵化加速器，同时也是一个开放的共享式创业平台。

C.2 持续推进组织调适，激发创业创新活力

聚焦战略及组织转型落地，提出"三化"：企业平台化、用户个性化、员工创客化。2015年H集团提出了"人人是创客，引爆引领"，提出"三化"。

C.2.1 企业平台化

时代的发展，要求企业不仅要打破传统的科层制，更重要的是要变成平台。全世界的所有企业都是金字塔形的，这是工业革命时期德国人马克斯·韦伯提出来的科层制，一层一层下来，也叫作官僚制；互联网时代要求组织需要被颠覆，把企业颠覆成平台化。

通过中心化、去中介化，将组织结构有原来的封闭组织转变成开放的创业生态圈，在管理模式上，原有的职能部门变为共享平台和驱动平台，共享平台包括人力、法务等共享服务功能，以保证小微公司活而不乱；驱动平台是帮助小微公司明确商业路径，为其创造一个可发现和解决问题的恒温生态环境。在营销模式上，原有的以制造企业为中心的串联结构被颠覆，取而代之的是以用户为中心的开放式并联平台，也就是研发、制造、物流、销售、售后等节点均为用户目标负责，进而实现了进行一次性交易的顾客转变为可交互的用户的模式转变。

平台的目的是每个人都来创业，每个人都来体现自身价值。下一步，创造的价值能不能满足用户需求，通过下面第二点"用户个性化"来说明。

C.2.2 用户个性化

用户不同于顾客，顾客是交易对象，交易完毕即终止，而用户是有个性化需求的交互对象，参与产品和服务的全流程，交易结束仅仅意味着服务的开始。互联网时代催生了"用户个性化"需求，H为此将过去的大规模制造转变成为现在的大规模定制。在"RDHY"管理模式指导下，H依托全球首创的工业互联网平台，在H集团内部从2015年试水互联网工厂，至今已经建成并投产15+个。用户通过这些互联工厂，可以根据自己的喜好选择产品的颜色、款式、性能、结构等，甚至可通过平台交互的方式定制一个专属产品或服务，同时用户可通过互联网移动终端设备实时查看自己定制的产品进展，或者实时下单，实现了可视化定制模式。在这一过程中，各个节点的员工直接与用户交互，从而让用户全流程参与到产品的设计和迭代中，满足了用户个性化需求。在外部，也将大规模定制的模式复制到衣食住行康养医教等15个跨行业跨领域的板块，满足更多用户个性化需求。

C.2.3 员工的创客化

原来企业的员工就是从被雇佣者、执行者，变成创业者、合伙人，是主动创新创业。原来企业有很多很多层次，现在变成了只有三种人：平台主、小微主、创客。这

三种人互相不是领导被领导的关系,而是创业范围不同的关系。

H公司通过建立双创机制和平台,构建创业创新的新生态,落地员工创客化。第一,搭建创业共享机制,员工持股、骨干跟投、超额利润超额分享、利益攸关方共创共享;第二,建立共享创业平台,开放核心资源,比如供应链、研发、渠道等,根据企业所处的不同创业阶段,从平台、资本、人才、科技、产业五个方面进行价值赋能,帮助创业企业从种子到瞪羚、再到独角兽的加速成长,提高创业成功率;第三,构建创业创新的新生态,在物联网时代,产品被场景替代,行业将被生态覆盖,H集团搭建的H+是孵化创业家的平台。

C.3 服务对象:由内而外,三个层次

第一个层次,在H集团内部垫付科层制,让企业成为创业平台,集团内先后共计涌现出68个脱离主体创业的小微公司。

第二个层次,面向外部社会化创业者开放平台,H集团将供应链、研发、渠道等资源开放,加速项目成长,提升创业成功率。

第三个层次,由国内创业者到国外创业者,H在全球11个国家布局加速器,将全球一流的创业资源开放,目前已帮助近200个项目在平台上加速。

C.4 管理结构和服务体系

目前,H+已经搭建了H+云、H+空间、H+加速营、H+基金等4大业务板块,并构建了产业资源社群、空间社群、交互社群、培训社群、服务社群、金融资本社群等6大社群体系。

4大业务板块展现了H+创业平台在全球范围内的强大生命力。具体来看,已吸引了全球4000+的创业项目,形成了覆盖全球的H+云;而H+空间则是通过海创汇在全球布局的40+个创业基地形成的创业社群生态圈,这个生态圈不只是H本身,更是拥有多种多样的外部攸关方;加速营打造了一个"产业+导师+资本"的精准加速模式,可以根据创业项目不同的发展阶段进行精准加速,保证资源的最大化利用,提升创业成功率;而H+VC基金则是强调一种生态投资的概念,生态投资不是单纯的资金投资,而是在资本之外对创业项目进行全流程赋能,为他们提供各种资源支持,与他们共同成长。

6大社群体系最大的特点,就是可以精准地定位不同的创业项目、不同的创业需求,形成一种覆盖创业全产业资源的服务模式,保证创业服务无盲区、无死角。例如产业资源社群,H+在这个社群中汇聚了研发、市场、工业互联网、大企业联盟等多种产业资源,为创客在生产、投产环节提供帮助;培训社群则有企业大学、瞪羚实验

室、留学生创业计划、海外游学这类培训资源，为创业者提供在人才培养、海外交流等方面的服务。这些全产业资源就好比我们有根的创业土壤，在H+平台上，创客不再是草根创业，而是有根创业。

而驱动H+演化成为创业生态的关键就是机制的建立，为此，H+通过构建资源方的共创共享机制，创业项目遵循"优进劣出、共同成长"的热带雨林法则，以及H+平台的小微创业合伙人的机制，进而驱动整个加速器平台为所有创业者提供全方位、全周期、全要素的创业赋能加速服务。

截至2020年3月，在H+创业平台的建设和运营推动下，被吸引来与H集团共创的创业项目超过4000家，项目总估值1200亿，加速项目343个，种子轮215家，天使轮45家，A轮及以上83家，孵化出上市公司2家，独角兽5家，瞪羚23家。其中，H集团内部项目68家，包括2个上市公司，3个独角兽，项目总估值近600亿。

参考资料

［1］《中华人民共和国标准化法》（2017修订）．
［2］《中华人民共和国促进科技成果转化法》（2015修订）．
［3］《团体标准管理规定》（国标委联〔2019〕1号）．
［4］《标准化工作导则 第1部分：标准化文件的结构和起草规则》（GB/T 1.1—2020）．
［5］《团体标准化第1部分：良好行为指南》（GB/T 20004.1—2016）．
［6］《科技企业孵化器管理办法》（国科发区〔2018〕300号）．
［7］《国家级科技企业孵化器认定管理办法》（索引号：111111/2019—00046）．

附录四 北京地区国家级孵化器、国家备案众创空间、北京市级科技企业孵化器名录

（一）北京地区国家级孵化器（64家）

序号	运营管理主体
1	北京高技术创业服务中心有限公司
2	中关村科技园区丰台园科技创业服务中心
3	中关村科技园区海淀园创业服务中心
4	北京望京科技孵化服务有限公司
5	北京北航天汇科技孵化器有限公司
6	北京启迪创业孵化器有限公司
7	北京科大方兴科技孵化器有限责任公司
8	北京中关村国际孵化器有限公司
9	北京赛欧科园科技孵化中心有限公司
10	北京奥宇科技企业孵化器有限责任公司
11	北京中关村软件园孵化服务有限公司
12	北京康华伟业孵化器有限责任公司
13	汇龙森国际企业孵化（北京）有限公司
14	北京普天德胜科技孵化器有限公司
15	北京华海基业科技孵化器有限公司
16	北京九州通科技孵化器有限公司
17	北京博奥联创科技孵化器有限公司
18	北京汉潮大成科技孵化器有限公司
19	北京中关村上地生物科技发展有限公司
20	北京理工创新高科技孵化器有限公司
21	北京中关村生命科学园生物医药科技孵化有限公司

续表

序号	运营管理主体
22	北京京仪科技孵化器有限公司
23	汇龙森欧洲科技（北京）有限公司
24	北京瀚海润泽科技孵化器有限公司
25	北京瀚海博智科技孵化器有限公司
26	北京北达燕园科技孵化器有限公司
27	北京牡丹科技孵化器有限公司
28	北京亦庄国际生物医药投资管理有限公司
29	创新工场（北京）企业管理股份有限公司
30	北京人大文化科技企业孵化器有限公司
31	北京厚德科创科技孵化器有限公司
32	北京交大科技孵化器有限公司
33	北京华商置业有限公司
34	北京牡丹创新科技孵化器有限公司
35	北京嘉捷美锦科技发展有限公司
36	北京中关村京蒙高科企业孵化器有限责任公司
37	北京宏福科技孵化器股份有限公司
38	北京乐邦乐成创业投资管理有限公司
39	博雅燕园科技企业孵化（北京）有限公司
40	北京东方嘉诚文化产业发展有限公司
41	北京创业公社投资发展有限公司
42	中关村意谷（北京）科技服务有限公司
43	北京赢家伟业科技孵化器股份有限公司
44	北京东创空间文化产业发展有限公司
45	北京京辰瑞达科技孵化中心
46	北京华电天德科技园有限公司

续表

序号	运营管理主体
47	北京国投尚科信息技术有限公司
48	北京北控高科技孵化器有限公司
49	贝壳菁汇科技集团有限公司
50	锋创科技发展（北京）有限公司
51	北京斯坦福科技孵化器有限公司
52	北京普天电子城科技孵化器有限公司
53	北大医疗产业园科技有限公司
54	北京云基地云计算科技发展有限公司
55	北京天亿弘方投资管理有限公司
56	同方科技园有限公司
57	北京正开科技有限公司
58	北京禾芫科技孵化器有限公司
59	北京京仪融科科技孵化器有限公司
60	京卫惟科生物科技孵化（北京）有限公司
61	北京首科创融科技孵化器有限公司
62	北京搜宝创展科技孵化器有限责任公司
63	大唐创新港投资（北京）有限公司
64	北京东升科技企业加速器有限公司

（二）国家备案众创空间（147家）

序号	运营管理主体
1	中关村科技园区丰台园科技创业服务中心
2	北京赛欧科园科技孵化中心有限公司
3	北京奥宇科技企业孵化器有限责任公司
4	北京中关村软件园孵化服务有限公司
5	北京普天德胜科技孵化器有限公司
6	北京理工创新高科技孵化器有限公司
7	北京京仪科技孵化器有限公司
8	北京瀚海博智科技孵化器有限公司
9	北京北达燕园科技孵化器有限公司
10	北京人大文化科技企业孵化器有限公司
11	北京厚德科创科技孵化器有限公司
12	北京华商置业有限公司
13	北京宏福科技孵化器股份有限公司
14	北京东方嘉诚文化产业发展有限公司
15	北京创业公社投资发展有限公司
16	中关村意谷（北京）科技服务有限公司
17	北京赢家伟业科技孵化器股份有限公司
18	北京国投尚科信息技术有限公司
19	贝壳菁汇科技集团有限公司
20	锋创科技发展（北京）有限公司
21	北京斯坦福科技孵化器有限公司
22	北京普天电子城科技孵化器有限公司
23	北大医疗产业园科技有限公司
24	北京趣酷科技有限公司
25	北京北航科技园有限公司

续表

序号	运营管理主体
26	中财大科技园（北京）有限公司
27	北京科聚思网络科技有限公司
28	纳什空间创业科技（北京）有限公司
29	北京迪希工业设计创意开发有限公司
30	中文发集团文化有限公司
31	北京市文化创新工场投资管理有限公司
32	北京极地加科技有限公司
33	北京北服时尚投资管理有限公司
34	首邦（北京）资产运营有限公司
35	创业邦（北京）传媒文化有限公司
36	汉唐信通（北京）咨询股份有限公司
37	国安龙巢（北京）科技投资有限公司
38	光合空间（北京）企业孵化器有限公司
39	北京创客空间科技有限公司
40	北京车库咖啡孵化器运营管理有限公司
41	清华大学经济管理学院
42	北京创客帮科技孵化器有限公司
43	北京 3W 孵化器管理有限公司
44	氪空间（北京）信息技术有限公司
45	北京联想之星投资管理有限公司
46	北京天使汇金融信息服务有限公司
47	北京金种子创业谷科技孵化器中心
48	北京创业未来传媒技术有限公司
49	北京爱思创芯汇咨询有限公司
50	北京飞马旅企业管理有限公司

续表

序号	运营管理主体
51	亚杰汇（北京）网络科技服务有限公司
52	燕园校友投资管理有限公司
53	北京虫洞创业之家科技服务有限公司
54	启迪之星（北京）科技企业孵化器有限公司
55	北京硬创空间科技有限公司
56	北京清创纪元创业教育科技有限责任公司
57	北京清创科技孵化器有限公司
58	太库（北京）科技孵化器有限公司
59	北京创业谷科技孵化器有限公司
60	北京东晟合创科技孵化器有限公司
61	北京云基地云计算科技发展有限公司
62	阿尔法沃夫（北京）加速器科技有限公司
63	兰天使创新创业孵化器有限公司
64	万巢（北京）众创空间有限公司
65	优府科技服务（北京）有限公司
66	北京中关村国际数字设计中心有限公司
67	北京银行中关村分行
68	北京远见育成科技孵化器有限公司
69	北京巨峰智海商务服务有限公司
70	北京建设大学（中国农业大学科技园）
71	北京众合海川科技孵化器有限公司
72	北京天亿弘方投资管理有限公司
73	北京海置科创科技服务有限公司
74	北京衫晒科技孵化器有限公司
75	北京 U 家创业投资管理有限公司

续表

序号	运营管理主体
76	紫荆花科技孵化器（北京）有限公司
77	大唐网络有限公司
78	校际空间（北京）科技孵化器有限责任公司
79	同方科技园有限公司
80	一九一一文化传播（北京）有限公司
81	北京库尔好同学科技有限公司
82	雷雷伙伴（北京）科技孵化器有限公司
83	北京智泽惠通科技孵化器有限公司
84	北京宏泰智会科技服务有限公司
85	星库空间（北京）创业投资有限公司
86	黑钻石（北京）文化传媒股份有限公司
87	北京北方车辆新技术孵化器有限公司
88	九一金融信息服务（北京）有限公司
89	北京创新谷科技孵化器有限公司
90	北京海聚博源科技孵化器有限公司
91	北京方和正圆科技企业孵化器有限公司
92	优客工场（北京）创业投资有限公司
93	鼎石天元投资（北京）有限公司
94	北京正开科技有限公司
95	北京快投会网络科技有限公司
96	北京东尚泰和科技有限公司
97	北京中科电商谷信息技术有限公司
98	北京鸿坤理想投资管理有限公司
99	北京禾芫科技孵化器有限公司
100	北京通明湖信息城发展有限公司

续表

序号	运营管理主体
101	北京安快创业科技有限公司
102	北京九城软件有限公司
103	中孵高科产业孵化（北京）有限公司
104	北京国联万众半导体科技有限公司
105	北京安创空间科技有限公司
106	北京厚德昌科投资管理有限公司
107	北京昌品城市文化发展有限公司
108	中航联创科技有限公司
109	北京即联即用创业投资有限公司
110	逐鹿仁德（北京）科技孵化器有限公司
111	北创营（北京）科技孵化器有限公司
112	北京金丰和科技企业孵化器有限责任公司
113	智创工坊（北京）科技有限公司
114	北京市化学工业研究院有限责任公司
115	北京星火国创企业管理有限公司
116	北京京仪融科科技孵化器有限公司
117	京卫惟科生物科技孵化（北京）有限公司
118	北京国泰青春商业有限公司
119	北京天作理化科技孵化器有限公司
120	北京业主行网络科技有限公司
121	北京优投科技孵化器有限公司
122	中民国投（北京）投资控股有限公司
123	北京智汇互联科技孵化器有限公司
124	北京北化大科技园有限公司
125	北京倪帮尔科技孵化器有限公司

续表

序号	运营管理主体
126	微创业（北京）企业管理服务有限公司
127	北京九州众创科技孵化器有限公司
128	青创动力（北京）科技孵化器有限公司
129	北京中关村软件园发展有限责任公司
130	北京创新方舟科技有限公司
131	微软（中国）有限公司
132	北京瀚海华美国际咨询有限公司
133	清控道口财富科技（北京）股份有限公司
134	英库百特科技服务（北京）有限公司
135	北京德山科技有限公司
136	北京科创空间投资发展有限公司
137	北京鸥鹏科创科技发展有限公司
138	北京思客空间科技有限公司
139	骏一知识产权运营（北京）有限公司
140	中咨合创（北京）科技孵化器有限公司
141	中粮营养健康研究院有限公司
142	北京国数创业创新企业管理有限公司
143	北京首科创融科技孵化器有限公司
144	北京金隅启迪科技孵化器有限公司
145	北京嘉润创业商务有限公司
146	北京睿思创业空间科技有限公司
147	大唐创新港投资（北京）有限公司

（三）北京市级科技企业孵化器（81家）

序号	运营管理主体
1	北京高技术创业服务中心有限公司
2	北京北航天汇科技孵化器有限公司
3	北京中关村国际孵化器有限公司
4	北京赛欧科园科技孵化中心有限公司
5	北京奥宇科技企业孵化器有限责任公司
6	北京中关村软件园孵化服务有限公司
7	北京康华伟业孵化器有限责任公司
8	汇龙森国际企业孵化（北京）有限公司
9	北京九州通科技孵化器有限公司
10	北京中关村上地生物科技发展有限公司
11	汇龙森欧洲科技（北京）有限公司
12	北京牡丹科技孵化器有限公司
13	北京亦庄国际生物医药投资管理有限公司
14	创新工场（北京）企业管理股份有限公司
15	北京创业公社投资发展有限公司
16	中关村意谷（北京）科技服务有限公司
17	贝壳菁汇科技集团有限公司
18	北京斯坦福科技孵化器有限公司
19	北京高创天成国际企业孵化器有限公司
20	北京创客帮科技孵化器有限公司
21	北京联想之星投资管理有限公司
22	燕园校友投资管理有限公司
23	北京硬创空间科技有限公司
24	北京创业谷科技孵化器有限公司
25	北京天亿弘方投资管理有限公司

续表

序号	运营管理主体
26	紫荆花科技孵化器（北京）有限公司
27	同方科技园有限公司
28	星库空间（北京）创业投资有限公司
29	鼎石天元投资（北京）有限公司
30	北京正开科技有限公司
31	北京禾芫科技孵化器有限公司
32	中孵高科产业孵化（北京）有限公司
33	北京国联万众半导体科技有限公司
34	北京安创空间科技有限公司
35	北京厚德昌科投资管理有限公司
36	北京即联即用创业投资有限公司
37	北创营（北京）科技孵化器有限公司
38	北京京仪融科科技孵化器有限公司
39	京卫惟科生物科技孵化（北京）有限公司
40	北京天作理化科技孵化器有限公司
41	北京优投科技孵化器有限公司
42	北京瀚海华美国际咨询有限公司
43	北京乐邦乐成科技孵化器有限公司
44	中关村创客小镇（北京）科技有限公司
45	北京科创空间投资发展有限公司
46	北京鸥鹏科创科技发展有限公司
47	北京中关村创业大街科技服务有限公司
48	北京华卫天和生物科技有限公司
49	北京时代凌宇科技孵化器有限公司
50	北京中科创星科技有限公司

续表

序号	运营管理主体
51	北京首科创融科技孵化器有限公司
52	北京青禾谷仓科技有限公司
53	北京首都科技发展集团科技服务有限公司
54	中科智能互联（北京）科技发展有限公司
55	北京贝壳京工时尚创新科技有限公司
56	奇绩创坛（北京）投资管理有限责任公司
57	北京创园国际科技有限公司
58	北京科方创业科技企业孵化器有限公司
59	北京景大空间科技有限公司
60	北京东辉达科技孵化器有限公司
61	北京西啬威荣科技发展有限公司
62	北京大华无线电仪器有限责任公司
63	北京火炬人科技有限公司
64	北京小威科技孵化器有限公司
65	荷塘探索国际健康科技发展（北京）有限公司
66	北京机电研究所有限公司
67	北京莞京创新科技服务有限公司
68	北京芯创空间科技服务有限责任公司
69	北京天安科创置业有限公司
70	北京星光拓诚投资有限公司
71	北京维鲸科技有限公司
72	北京华卫康健科技孵化器有限责任公司
73	中东集团物业管理有限公司
74	北京渡业投资管理有限公司
75	宝业通（北京）科技孵化器有限公司

续表

序号	运营管理主体
76	北京瀚海智业国际科技发展有限公司
77	北京众智鼎昌科技产业有限公司
78	北京东升联创科技孵化器有限公司
79	北京昌科国际科技有限公司
80	北京军腾博奥科技服务有限公司
81	北京亚杰商汇咨询有限公司

参考文献

[1] HUTCHINSON G E. Concluding remarks [J]. Cold spring harbor symposium on quantitative biology, 1957, 57 (1507): 239.

[2] CLAUSEN T, RASMUSSEN E. Open innovation policy through intermediaries: the industry incubator programme in Norway [J]. Technology analysis & strategic management, 2011, 23 (1): 75-85.

[3] MOEEN, MAHKA, AGARWAL, et al. Incubation of an industry: heterogeneous knowledge bases and modes of value capture [J]. Strategic management journal, 2017, 38: 566-587.

[4] HANSEN M T, CHESBROUGH H W, NOHRIA N, et al. Networked incubators. hothouses of the new economy [J]. Harv Bus Rev, 2000, 78 (5): 74-84.

[5] BØLLINGTOFT A, ULHØI J P. The networked business incubator-leveraging entrepreneurial agency? [J]. Journal of business venturing, 2005, 20 (2): 265-290.

[6] MCADAM M, MCADAM R. The networked incubator: the role and operation of entrepreneurial networking with the University Science Park Incubator (USI) [J]. The international journal of entrepreneurship and innovation, 2006, 7 (2): 87-97.

[7] BRUCE K, JULIE W. The rise of innovation districts: a new geography of innovation in America [J]. Washington, D.C.:Brookings Institution, 2014.

[8] SAXENIAN A L. Regional networks and the resurgence of silicon valley [J]. California management review, 1990, 33 (1): 89-112.

[9] ANNALEE. Regional advantage: culture and competition in silicon valley and route 128 [R]. Cambridge:Harvard University Press, 1994.

[10] KEEBLE D, LAWSON C, MOORE B, et al. Collective learning processes, networking and 'institutional thickness' in the Cambridge Region [J]. Regional studies, 1999, 33 (4): 319-332.

[11] LONGHI C. Networks, collective learning and technology development in innovative hightechnology regions: the case of Sophia-Antipolis [J]. Studies, 1999, 33: 333-342.

[12] Tap into the digital ecosystem of the israeli high-tech [EB/OL]. [2021-05-21]. https:// www.ivc-

online.com/.

[13] A catalyst for research,our innovation unites academia,private initiatives and government agencies［EB/OL］.［2021-05-21］.https://innovationisrael.org.il/en/contentpage/innovation-israel.

[14] Innovation authority-strategy and policy［EB/OL］.［2021-05-21］.https://innovationisrael.org.il/en/contentpage/strategy-and-policy.

[15] Israel innovation authority's 2021 innovation report［EB/OL］.［2021-05-21］.https:// innovationisrael.org.il/en/sites/default/files/Israel%20Innovation%20Authority%2 0-%202021%20Innovation%20Report%20-%20English%2017.6.pdf.

[16] Boston magazine［EB/OL］.［2021-05-21］.http://www.bostonmagazine.com.

[17] Innovation district case studies -north branch industrial corridor modernization［EB/OL］.［2021-05-21］.https://www.cityofchicago.org/content/dam/city/depts/dcd/supp_info/industrial/innovation_district_case_studies.pdf.

[18] Boston rising：uncovering the hub's entrepreneurial ecosystem［EB/OL］.［2021-05-21］.http://entrepreneurship.babson.edu/boston-rising-uncovering-the-hubs-entrepreneurial-ecosystem/.

[19] Massachusetts technology collaborative［EB/OL］.［2021-05-21］.http://masstech.org/sites/mtc/files/documents/Innovation_Overview/Massachusetts%20STEM%20Talent%20Pool%20Pitch%20Deck.pdf.

[20] Learning from Boston：implications for Baltimore from comparing the entrepreneurial ecosystems of Baltimore and Boston［EB/OL］.http://www.abell.org/sites/default/files/publications/CD-BaltoBostonEntreEcosys813.pdf.

[21] A program of the venture cafe foundation-2016 impact report［EB/OL］.［2021-05-21］.http://districthallboston.org/wp-content/uploads/2017/04/Impact-Report-2016.pdf.

[22] The development of Boston's innovation district：a case study of cross-sector collaboration and public entrepreneurship［EB/OL］.［2021-05-21］.http://intersector.com/wp-content/uploads/2015/10/The-Development of-Bostons-Innovation-District.pdf.

[23] Accelerate startup ecosystem development［EB/OL］.［2021-05-21］.www.startupgenome.com.

[24] 朱春全.生态位态势理论与扩充假说［J］.生态学报,1997（3）：324-332.

[25] 孙大海.轮次孵化模式,培育企业领袖［J］.中国高新区,2007,9：24-25.

[26] 颜振军.中国企业孵化器发展的八个趋向［J］.中国高新技术产业导报,2014,10(11)：1-2.

[27] 吴克烨.创新孵化价值链的概念与内涵［J］.改革创新,2016,2：65-66.

[28] 庄亚明,李金生.基于区域核心能力的新兴产业孵化模型研究［J］.科学学与科学技术管理,2007,7：130-134.

[29] 刘晓英.虚拟科技孵化网络构建研究[D].大连：大连理工大学，2006.

[30] 赵泉午，刘小燕，刘川郁.面向虚拟孵化社区的跨平台资源聚合机制：基于猪八戒网的案例研究[J].中国科技论坛，2020（12）：124-133.

[31] 张省，曾庆珑.创新街区：内涵界定与模式构建[J].科技进步与对策，2017，34（22）：8-12.

[32] 科技部.2021年科技部火炬中心工作要点[R/OL].（2021-05-26）[2021-05-27].http://www.chinatorch.gov.cn/kjb/tzgg/202105/fbc725a39e6a416da5e8611be7aa7d78.shtml.

[33] 潘涌，茅宁.创业加速器研究述评与展望[J].外国经济与管理，2019，41（1）：30-44.

[34] 汪艳霞，钟书华.科技园区企业"孵化-加速"耦合对接模式[J].科技创业月刊，2019，32（6）：1-5.

[35] 颜振军.拥抱创业经济[M].北京：人民邮电出版社，2019.

[36] 徐敏赛.竞争优势培育视角的商业孵化机制[D].杭州：浙江工业大学，2019.

[37] 范月蕾，王恒哲，毛开云.大波士顿地区生命科学孵化器的成功要素研究[J].世界科技研究与发展，2019，41（3）：328-335.

[38] 董艳春，徐治立，霍宇同.从奥巴马到特朗普：美国科技创新政策特点和趋势分析[J].中国科技论坛，2017（8）：168-174.

[39] 丁宏.奥巴马政府"创业美国"计划的政策评析及其启示[J].世界经济与政治论坛，2012（4）：70-79.

[40] 宋洋，刘明.以色列技术孵化器成功经验与启示（上）[N].中国科学报，2019-02-28（006）.

[41] 殷群.企业孵化器与自主创新[M].北京：科学出版社，2010.

[42] 董洁，孟潇，张素娟，等.以色列科技创新体系对中国创新发展的启示[J].科技管理研究，2020，40（24）：1-12.

[43] 中共北京市委关于制定北京市国民经济和社会发展第十四个五年规划和二〇三五年远景目标的建议[EB/OL].（2020-12-07）[2021-05-21].http://www.beijing.gov.cn/zhengce/zhengcefagui/202012/t20201207_2157969.html.

[44] 北京市"十四五"时期国际科技创新中心建设规划[EB/OL].（2021-11-03）[2021-11-21].http://www.beijing.gov.cn/gongkai/guihua/wngh/sjzdzxgh/202111/t20211124_2543346.html.

[45] 北京城市总体规划（2016年—2035年）[EB/OL].（2017-09-29）[2021-05-21].http://www.beijing.gov.cn/gongkai/guihua/wngh/cqgh/201907/t20190701_100008.html.

[46] 北京市十大高精尖产业登记指导目录（2018年版）说明[EB/OL].（2018-12-29）[2021-05-21].http://jxj.beijing.gov.cn/zwgk/zcwj/bjsszc/201911/t20191113_511294.html.

[47] 北京市加快科技创新发展新一代信息技术产业的指导意见[EB/OL].（2017-12-20）[2021-05-21].http://www.beijing.gov.cn/zhengce/zhengcefagui/201905/t20190522_60664.html.

［48］国家发展和改革委员会.2020年中国大众创业万众创新发展报告［R］.北京：人民出版社，2021.

［49］胡海鹏，袁永，邱丹逸，等.以色列主要科技创新政策及对广东的启示建议［J］.科技管理研究，2018，38（9）：32.

后 记

本书是合作的产物。我的博士研究生和硕士研究生李静、吴欣彦、陈鹏、姚景民、孟珊珊、樊子瑜是团队的主要成员，他们搜集和翻译资料、起草初稿、参加讨论，李静还兼作课题组的秘书并允诺把她硕士论文的主要部分放在课题报告和书中，樊子瑜还承担了书稿的排版校对工作。首都科技发展战略研究院研究总监刘杨博士承担了创业孵化体系评价的任务。北京师范大学经济与资源管理研究院的宋涛副教授参加了大纲和评价指标的讨论。韵网公司总经理于志慧参加了本书体例和框架的讨论。当然，书中所有的疏漏、不当，甚至错误，概由本人承担。

本书及课题研究的北京创业孵化30年的历史部分得到了北京创业孵育协会秘书长刘志广、常务副秘书长闫芳的协作，这也是我们一起为2019年举行的北京创业孵化30年总结所完成的一个任务。对外经贸大学兆一副教授提供了最新的以色列的有关资料。挪威SIVA（the Industrial Development Corporation of Norway）的创业孵化高级顾问EirikLysø提供了有关挪威开展产业孵化项目的研究报告。天津市科技创新发展中心副主任马凤岭提供了上海大康加速器建设的资料。北京地区20多家创业孵化机构的同行提供了他们的最新介绍，这些内容有的放在了正文中，有的做了附录。在课题研究的一年多时间里，世界各地特别是国内创业孵化同行们的实践、研究和感悟给了我很多启示。

感谢所有参与者的贡献！

向30多年来奋战在创业孵化一线的一代一代孵化人致敬！

感谢北京市科委的董齐超处长和相关领导给予我这样的信任，把这个重要的"命题作文"交给我和团队。感谢课题的主管工程师谢丽娇女士，她的专业和敬业让这个研究得以有成效地开展。感谢科学技术文献出版社的丁坤善先生和他的团队，让本书能够顺利面世。

出版这本书既是个规定动作，又是我和团队的一个心愿，期望北京的创业孵化事业有更多人关注支持、有更深刻的变革、有更快速的跨越。

孵化器是个好东西。25年前我研究孵化器，后来把孵化器作为职业，始料未及。

2015年以来，能回到创业孵化行业，做且只做与孵化器相关的教学、研究、行业推动、国际链接等事情，我深感幸运和快乐。感谢让我得遂心愿的各位，我会用加倍的努力来回报你们的宽容、关爱和付出。

  一代接一代的创业者，让这个世界变得越来越好；一个县域、一个城市、一个国家乃至全球的企业孵化器，成了创业者的家园，成了创新生态的内核。我深信，创业精神，是跨越肤色、种族、信仰和地域阻隔的世界精神；所有创业都是本地的，在数字化时代所有的创业及创业孵化又都是全球的。全世界孵化者联合起来！

颜振军

北京师范大学经济与资源管理研究院教授

首都科技发展战略研究院执行院长

韵网（全球智能孵化网络）创始人

2021年10月